URBAN STRATEGY
STUDIES（2025）

城市战略研究（2025）

主　编　伍庆

执行主编　覃　剑　程风雨　邹小华

中国财经出版传媒集团

经济科学出版社
Economic Science Press

·北京·

图书在版编目（CIP）数据

城市战略研究.2025 / 伍庆主编. -- 北京 ： 经济
科学出版社，2025.2. -- ISBN 978 - 7 - 5218 - 6762 - 6

Ⅰ. F299. 2

中国国家版本馆 CIP 数据核字第 2025PX0919 号

责任编辑：李 雪 袁 溦
责任校对：郑淑艳
责任印制：邱 天

城市战略研究 （2025）

CHENGSHI ZHANLÜE YANJIU (2025)
主编 伍 庆
执行主编 覃 剑 程风雨 邹小华
经济科学出版社出版、发行 新华书店经销
社址：北京市海淀区阜成路甲 28 号 邮编：100142
总编部电话：010 - 88191217 发行部电话：010 - 88191522
网址：www. esp. com. cn
电子邮箱：esp@ esp. com. cn
天猫网店：经济科学出版社旗舰店
网址：http：//jjkxcbs. tmall. com
固安华明印业有限公司印装
787×1092 16 开 22 印张 323000 字
2025 年 2 月第 1 版 2025 年 2 月第 1 次印刷
ISBN 978 - 7 - 5218 - 6762 - 6 定价：118.00 元
（图书出现印装问题，本社负责调换。电话：010 - 88191545）
（版权所有 侵权必究 打击盗版 举报热线：010 - 88191661
QQ：2242791300 营销中心电话：010 - 88191537
电子邮箱：dbts@ esp. com. cn）

前　　言

　　本书由广州市社会科学院组织编写，是一部以城市发展战略为核心研究对象，以深入推动城市发展战略的理论创新与实践探索为导向的综合性学术文集。本书的文章内容广泛涉及经济学、地理学、社会学、政治学等多学科相关研究领域，秉持兼具国内和国际视野的理念，既高度重视理论的构建，又注重个案的剖析，旨在为国内外学术界搭建一个专门研究城市发展战略、深入探讨相关复杂问题的优质平台，从而全面推动国内外学术界在城市发展战略领域的广泛交流互动以及该领域学科建设的稳步发展。

　　当前，世界正经历百年未有之大变局，城市化进程以前所未有的速度不断推进，城市在全球发展格局中的核心地位日益彰显且越发重要。城市，作为人类文明的高度集聚地和现代社会发展的主要动力源，已然成为全球经济、文化、科技等诸多要素汇聚与交融的关键节点。超大城市则凭借其强大的资源集聚能力、创新辐射能力和广泛的国际影响力，逐渐成为全球经济、文化和科技发展的核心引擎；城市群则以其内部城市间的紧密联系、协同效应和规模优势，成为推动区域乃至全球发展的重要力量。然而，需要关注的是全球化在曲折中不断前行，受此影响城市之间的竞争与合作关系正变得日益错综复杂。在这样的大背景下，城市发展战略的深入研究，对科学合理地制定符合城市自身特色与发展需求的城市发展战略，对实现城市自身的可持续发展、促进城市与区域的协同共进以及优化全球城市体系等均具有不可替代的价值和意义。

　　在我国，随着经济的持续稳定发展和城市化进程的加速推进，城市发展也站在了新的历史起点上，面临着诸多全新的挑战与机遇。为此，习近平总书记围绕城市工作发表了一系列重要论述，深刻阐述了中国特色社会主义城市发展的价值取向、内在规律和治理方法。党的二十大、党的二十届三中全会为中国式现代化城市发展精心绘制了清晰明确的发展蓝图，强调要坚持人民城市人民建、人民城市为人民，促进城市在创新能力提升、产业经济发展、空间布局优化、生态环境保护、幸福宜居生活等多维度协调均衡发展。显然，中国城市的发展既遵循城市发展的一般规律，又体现了以中国式现代化全面推进强国建设、民族复兴伟业的战略要求，是人类追求文明进步的一条新路。

城市发展战略的研究有着悠久的历史渊源。自城市诞生以来，人们就开始不断思考如何规划和发展城市。然而，作为一个专门的、系统的研究领域，其学科建设仍然处于不断发展演进的过程之中。国内外众多学者从各自不同的学科视角出发，对城市发展战略展开了广泛而深入的研究，并且已经取得了颇为丰富的研究成果。这些成果犹如繁星点点，从不同侧面照亮了城市发展战略研究的广阔天空。然而，尽管成果丰硕，但目前仍然迫切需要一个专门的、权威的学术平台来系统整合这些分散的研究成果，进一步促进学术界内部的广泛交流互动，进而推动城市发展战略学科向着更为成熟、完善的方向大步迈进。

2024 年，顺应时代发展的强烈需求，本书应运而生。本书深度依托广州市社会科学院区域发展研究所、广州城市战略研究院、广州市人文社会科学重点研究基地广州国家中心城市研究基地等多个实力雄厚的研究机构的强大研究力量。广州市社会科学院区域发展研究所长期深耕于城市与区域发展相关的研究领域，在理论研究方面不断深入探索，构建了一系列具有重要参考价值的理论框架；在决策咨询方面，凭借扎实的研究功底和敏锐的洞察力，为地方政府的城市发展决策提供了众多科学合理的建议，积累了丰富的实践经验。广州城市战略研究院自成立以来，始终以城市重大战略研究为重中之重的核心任务，通过积极开展与国内外众多知名机构的广泛合作，不断拓宽研究视野，汲取前沿的研究理念和方法，在城市发展战略研究领域形成了独特的研究优势。广州市人文社会科学重点研究基地广州国家中心城市研究基地，经过多年的精心建设和持续发展，在城市发展战略研究方面已经积累了深厚的学术积淀，拥有一支高素质、专业化的研究队伍，为城市发展战略相关研究提供了坚实的理论基础和智力支持。这些机构将携手为本书的长期稳定发展提供全方位、强有力的坚实保障。

本书精心设置了党的二十届三中全会精神与中心型世界城市建设、城市经济、城市与区域、他山之石等多个特色版块。在党的二十届三中全会精神与中心型世界城市建设版块中，将深入细致地研究如何将全会精神全面、深入地贯彻到广州建设中心型世界城市的战略规划与实践过程之中。涵盖从区域协调发展的战略高度出发，深入探讨广州如何与周边城市形成紧密的协同发展关系，实现资源的优化配置与共享，产业的合理布局与协同升级等；从创新驱动发展的视角出发，分析广州如何在科技创新投入、创新人才培养与引进、创新生态环境营造等方面进行战略布局，以提升城市的核心竞争力；从生态环境保护的维度出发，研究广州如何构建绿色发展模式，在城市建设与发展过程中实现经济发展与生态保护的良性互动与平衡等多方面的深入研究。城市经济版块将聚焦于城市经济发展进程中的一系列关键问题，如产业升级转型的战略路径选择、创新经济发展模式的探索与培育、城市竞争力评价体系的构建与提升等多方面的深入研究。城市与区域版块着重关注城市与周边区域之间错综复杂的互动关系，包括深入剖析区域协同发展的内在机制、精准定位城市在区域发展中的独特功能与角色、探索城市与区域之间要素流动与资源配置的优化模式等丰富内容。他山之石版块将精心挑选并深入介绍国内外其他城市在发展战略制定与实施方面的成功经验，不仅仅局限于对成功经验的简单罗列，而是深入挖掘这些经验背后的深层次因素，如城市治理模式、政策导向、文化传统、社会结构等对城市发展战略的影响，从而为广州以及其他城市在制定和调整自身发展战略时提供全面、深入且具有可借鉴性的宝贵经验。

　　尽管城市发展战略研究在过去的岁月里已经取得了数量可观的研究成果，但作为一个新兴的、充满活力与挑战的研究领域，仍然存在许多亟待进一步深入探索的问题。例如，在理论架构方面，虽然目前已经有了一些基础的理论框架，但如何构建一个更加系统、完善、具有广泛解释力和预测力的城市发展战略理论体系仍然是一个巨大的挑战。这需要整合多学科的理论知识，融合宏观与微观的研究视角，综合考虑城市发展的历史、现状与未来趋势等多方面因素。在实践方面，如何更加有效地将现有的理论成果转化为城市发展实际决策中的科学依据，如何确保理论与实践之间的紧密衔接，避免理论与实践的脱节现象，也是一个需要深入思考和解决的问题。本书怀着热切的期望，立志成为一个汇聚各方智慧与力量的高端学术平台，诚挚欢迎国内外广大的学者积极踊跃地在这个平台上发表高质量的论作，围绕城市发展战略相关的热点、难点问题展开热烈的学术争鸣与深入的探讨交流，共同推动城市发展战略领域向着更高水平、更深层次不断发展。我们深信，通过本书持之以恒的努力，能够为城市发展战略的研究开辟更为广阔的学术空间，为构建更加科学合理、符合城市发展规律的城市发展战略贡献积极的力量，进而助推全球城市向着可持续发展的目标稳步迈进。

目　　录

党的二十届三中全会精神与中心型世界城市建设

城 市 经 济

党的二十届三中全会精神与中心型世界城市建设

导　　言

　　城市尤其是中心城市是全球经济增长的引擎。根据 2023 年 11 月联合国人居署发布的《释放城市潜力：可持续城市发展的投资之道》（Unlocking the Potential of Cities：Financing Sustainable Urban Development）报告，城市已经贡献了全球 80% 以上的 GDP，到 2050 年城市人口占世界人口的比重将达到 72%。与此同时，城市的规模也在不断扩大，集中体现为城市人口和覆盖面积的快速增长。改革开放以来，我国经历了世界历史上规模最大、速度最快的城镇化进程，常住人口城镇化率由 1978 年的 17.9% 提高到 2023 年的 66.16%[①]，中心城市和城市群正在成为承载发展要素的主要空间形式。在迈上全面建成社会主义现代化强国的新征程上，增强中心城市和城市群等经济发展优势区域的经济和人口承载能力仍将是我国优化生产力布局、促进区域协调发展的重中之重。

　　紧紧围绕推进中国式现代化进一步全面深化改革，党的二十届三中全会对如何健全推进新型城镇化体制机制作出了战略部署，明确城市建设必须坚持人民城市人民建、人民城市为人民。广州是我国改革开放的排头兵和重要的国家中心城市，其发展一直得到党中央的高度重视。习近平总书记明确要求广州实现老城市新活力，在综合城市功能、城市文化综合实力、现代服务业、现代化国际化营商环境方面出新出彩；寄望广州积极推进粤港澳大湾区建设，继续在高质量发展方面发挥"领头羊"和火车头作用[②]。以此为根本遵循，2024 年 9 月，国务院正式批复《广州

---

①　王培安. 以人口高质量发展支撑中国式现代化 ［N/OL］. 人民日报，2024 - 11 - 19，https：// baijiahao. baidu. com/s？ id = 1816100322384601035&wfr = spider&for = pc.

②　吴姗，赵梦阳，罗艾桦. 广州：老城市焕发新活力 ［N/OL］. 人民日报，2021 - 10 - 24，http：// qh. people. cn/n2/2021/1024/c182757 - 34971259. htm.

市国土空间总体规划（2021—2035 年）》，明确了面向未来广州的城市
性质、核心功能和目标任务。贯彻落实习近平总书记视察广东广州重要
讲话、重要指示精神以及党中央、国务院对广州城市建设的使命定位，
着眼于推进中国式现代化广州实践，中共广州市委十二届八次全会明确
提出大干十二年、再造新广州，到 21 世纪中叶全面建成具有经典魅力
和时代活力的中心型世界城市。

  城市发展既有一般共性规律，也有自身独有特点。那么，何为中心
型世界城市？顾名思义，"中心型"体现了城市在全球城市网络体系中
的位势，"世界城市"则体现了城市在全球城市网络体系中的能级。与
中心型世界城市直接相关的理论：一是世界城市理论研究，国内外学者
对这一议题的研究最早可追溯到帕特里克·格迪斯（Patrick Geddes），
其在 1915 年率先使用了"世界城市"的概念。此后，彼得·霍尔
（Peter Hall）、约翰·弗里德曼（John Friedmann）、科恩（R. Cohen）、
萨斯基亚·萨森（Saskia Sassen）等著名学者从不同角度对"世界城市"
的概念进行了分析和界定，重点是强调城市强大的连接能力、影响能
力、配置能力、控制能力和竞争能力，这亦是世界城市区别于一般城市
的主要特征。二是世界城市网络的研究，强调城市不是孤立存在，城市
之间的联系构成了世界城市网络，而联系强度则直接或间接地影响城市
的禀赋优势和功能作用，进而决定了其在全球城市体系中的竞争能力。
显然，虽然中心型世界城市本身是一个针对广州城市发展特点提出的全
新概念，但其背后却有世界城市理论、城市网络理论等城市与区域发展
理论的支撑，透过这些理论将可以更好地理解中心型世界城市内在理论
逻辑和未来建构思路，也有助于其他城市如何寻找符合自身特点的发展
模式和行动方案。

  本期共有 7 篇文章结合党的二十届三中全会精神从不同角度对广州
建设中心型世界城市这一主题进行了分析论述。其中，"中心型世界城
市的理论基础与内涵特征"系统梳理了中心型世界城市理论基础的演
化、主要特征以及主要类型。"广州建设中心型世界城市的思路目标与

路径策略"从总体上对广州建设中心型世界城市的战略环境、支撑条件、核心思路和实施路径进行了分析。"广州建设中心型世界城市的演进逻辑与功能目标"则从历史的大视角对广州建设中心型世界城市的演进逻辑进行了分析。"区域协调视域下广州建设中心型世界城市研究""人文城市发展战略视野下打造人文广州城市新典范的路径选择""'双碳'背景下广州建设低碳城市的路径探析""世界城市视角下提升广州国际航运功能的路径探讨"等文章亦可视为从某一具体领域或视角对广州建设中心型世界城市进行分析研究。

当然，中心型世界城市作为一个新概念，还需要不断结合理论发展和实践变化进行提炼总结和学理建构，也期待未来能有更多学者关注这一主题研究。

中心型世界城市的理论基础与内涵特征*

邹小华[1,2]　覃　剑[1,2]　吴　煜[3]**

（1. 广州市社会科学院区域发展研究所，广州 510410；

2. 广州城市战略研究院，广州 510410；

3. 湖南警察学院马克思主义学院，长沙 410138）

摘要： 世界城市居于全球城市体系顶端，是全球化的产物和最重要的发生地。网络时代全球连通度的增强，强化了部分世界城市在全球城市体系中的中心功能。中心型世界城市作为全球控制与资源配置中心、高端现代服务中心、科技创新策源中心、高端产业引领中心、高端价值创造中心以及开放的枢纽门户城市。当前全球范围内的城市主要通过提升城市的全球经济服务联系、基础设施联系、政治机构联系、科技创新联系、投资贸易联系以及文化创意联系等方式，提升自身在世界城市网络中的控制力与服务能力，建设综合型或特色型中心型世界城市。中心型世界城市发展类型的多样性表明，不同城市应根据自身禀赋优势，选择适合自身的中心型世界城市建设道路。

关键词： 中心型世界城市；全球联系网络；控制力；全球资源配置

世界城市的概念提出由来已久，其内涵随着全球化的扩展和深化的

---

　* 基金项目：本文系广州市社科规划课题"广州提升法律服务全球竞争力路径对策研究（编号：2023GZQN69）"、广州市哲学社会科学发展"十四五"规划 2024 年度市委市政府重大课题"广州建设中心型世界城市研究"（2024GZZD37）阶段性成果之一。

　** 作者简介：邹小华（1986—），男，副研究员，研究方向为城市全球化、城市网络、生产性服务地理。

　　覃剑（1985—），男，研究员，研究方向为城市战略、区域发展与数字经济。

　　吴煜（1988—），男，讲师，博士后，研究方向为实践美学。

不断演进，在全球范围内的影响力和接受度持续提升。以纽约、伦敦、东京为代表的顶级世界城市，以其发展的全面性以及在全球城市体系中的强大主导力和控制力，成为各国城市发展竞相学习的"标杆"。改革开放以来，得益于外商投资、国际贸易等全球化力量带来的外部动力，中国经济实现持续、快速增长，中国受全球化影响的方式也由早期的"引进来"逐渐变为"引进来"与"走出去"相结合，中国城市在全球化进程中的主导力不断提升。在此背景下，中国各大城市也相继提出建设国际大都市、世界城市、全球城市等目标，充分体现了全球化水平对于中国城市发展的重要性。党的二十届三中全会提出，要"加快转变城市发展方式，推动形成超大特大城市智慧高效治理新体系"。以广州为代表的中国城市经历了改革开放以来的经济快速增长，城市整体实力、全球化水平以及在全球城市体系中的地位得到显著提升。与此同时，中国城市也面临发展方式与结构转型，以及城市全球竞争力进一步提升的瓶颈问题。在此背景下，广州提出建设"中心型世界城市"的战略构想，通过进一步强化在全球城市网络中的引领作用，持续提升城市综合实力以及在全球城市体系中的竞争力。中心型世界城市作为世界城市概念的衍生，其理论来源及主要特征如何？与传统的世界城市概念有何区别？建设中心型世界城市的路径有哪些？回答这些问题，有助于深化和拓展现有世界城市理论，对于国内城市进一步提升城市全球化水平以及全球竞争力，也有重要的启示意义。为此，本文通过对中心型世界城市理论基础进行梳理，试图总结中心型世界城市的主要特征，并从网络联系的视角，归纳中心型世界城市发展的类型，以期为国内外城市发展提供启示。

一、中心型世界城市的理论基础

（一）世界城市

世界城市（world city）的概念最早由格迪斯（Patrick Geddes）于

1915 年提出，指的是那些在人口和资源方面最为突出的大城市或城市区域[1]。霍尔（Peter Hall）首次从政治、经济、文化、贸易、基础设施以及科技等方面，对伦敦、纽约、东京、巴黎、兰斯塔德、莱茵 - 鲁尔、莫斯科等世界（区域）城市所具备的重要职能进行了阐释[2]。弗里德曼（Friedmann）及其合作者在前人理论的基础上，从新国际劳动分工空间组织的视角，从经济、社会、政治、城市空间结构等 7 个方面，对世界城市的内涵、形成机制及其可能产生的影响进行了详细阐述。早期关于世界城市概念与内涵的理解，是在资本主义经济主导的世界体系背景下提出的[3]，其反映的是资本主义世界经济组织的重要节点[4]，未能完全刻画全球化影响下的世界城市发展图景，相关研究更多是对世界城市具备的一些属性的探讨，并且关注的是城市本身，因此，未形成系统的世界城市理论。

（二）世界城市体系

1986 年，弗里德曼在提出世界城市猜想的同时，还创造性地提出了世界城市等级体系。其认为世界城市并不是孤立的，而是存在于一个相互联系的体系之中，并且首次将世界范围内的主要城市划分为核心和半边缘两个等级（其中每个等级内部又细分为首要城市和次要城市）[5]。到 20 世纪 90 年代，关于世界城市体系的研究不断增多，相关研究主要基于不同属性指标，如跨国公司总部及分支机构数量等[6,7]，对世界城市进行排名。并且，世界城市体系研究也逐渐跳出由早期仅关注位于核心的发达资本主义国家城市的局限，位于外围的欠发达国家城市受到越来越多的关注[8]。这一时期对世界城市体系的研究虽然只是从城市属性出发，探讨不同世界城市在相关领域发展规模及所属层级，但相关学者同时也开始认识到城市之间联系对于世界城市发展的重要性[9]。如卡玛尼（Camagni）[10]在城市等级排名的基础上，提出了等级化的城市网络观点，将城市网络从上往下分为世界城市、国内专业型城市、区域专业型城市三个等级，并且相邻两个等级之间也都存在着联系，如图1所示。

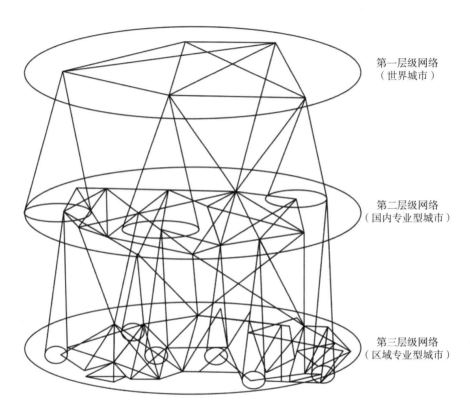

第一层级网络
（世界城市）

第二层级网络
（国内专业型城市）

第三层级网络
（区域专业型城市）

图1　等级化城市网络

资料来源：Camagni, R. P. From city hierarchy to city network: reflections about an emerging Paradigm ［M］//Lakshmanan, T. R. , Nijkamp, P. Structure and Change in the Space Economy. Berlin: Springer – Verlag, 1993: 66 – 87.

（三）世界城市网络

城市的发展不是孤立的，而是与其他城市之间存在着密切联系[11]。现代交通、通信以及信息技术的发展，为各种"流"在空间的流动提供了基础与支撑，在此基础上形成的网络中，城市作为其中的中心与节点，发挥着比作为传统的地点更加重要的作用[12]。城市之间的联系表现为多种形式，史密斯和汀布莱克[13]（Smith and Timberlake）提出，虽然基于国家的世界体系具有一定的等级结构，但城市之间能通过各种"流"产生联系，因而可以看作脱离于国家的独立个体（尽管城市之间的联系一定程度上受到国家的影响），并从经济、政治、文化、社会四个方面把城市之间的联系划分为人员、物质和信息三种类型，如表1所示。

表1 城市间联系功能与要素形式划分

功能	形式		
	人员	物质	信息
经济	员工、管理人员、律师、咨询师	资本、商品	商业通话、传真、电传、技术转让、广告
政治	军队、外交、社会工作者	军事装备、国外援助	协议、政治威胁
文化	国际交流学生、舞蹈团、摇滚音乐会、剧院	绘画、雕刻、手工艺品	未来电影、视频、留声机唱片
社会	家庭成员、国际红十字会人员、社区管理者	汇款、国外援助	明信片、夜间呼叫

资料来源：Smith, D. A., Timberlake, M. Cities in Global Matrices: toward Mapping the World-system's City System ［M］//Know, P. L., Taylor, P. J. World Cities in A World System. Cambridge: Cambridge University Press, 1995: 79 – 97.

世界城市网络理论的形成以及系统研究出现在 20 世纪末至 21 世纪初。比沃斯托克（Beaverstock）等基于世界城市、新国际劳动分工、全球城市、网络社会等理论的基础上，呼吁对世界城市网络这一新的地理现象开展系统研究，并利用高端生产性服务企业全球分支机构网络，刻画了世界城市网络空间图景[14]。此后，在泰勒（Taylor）、比沃斯托克等一批学者的倡议下，组建了"全球化与世界城市研究网络"［Globalization and World Cities（GaWC）Research Network］，对世界城市网络开展定量系统研究[15]。GaWC 的研究主要以高端生产性服务企业这一全球化过程中的核心作用者为研究对象，探究经济全球化下的世界城市网络变化过程。随着世界城市网络研究的不断深入，对于社会要素、文化要素、政治要素、基础设施要素等联系下的世界城市网络研究不断增多。

二、中心型世界城市的主要特征

基于世界城市以及世界城市网络相关理论及研究可以看出，世界城市不仅是全球战略性资源、战略性产业和战略性通道的控制中心，也是世界文明融合交流的多元文化中心和国际政治外交事务的协调管理中心，对全球经济、科技、政治、文化拥有强大控制力与影响力。具体来看，中心型世界城市包含的核心特征主要包括以下六个方面。

（一）全球控制与资源配置中心

世界城市作为银行、跨国公司等机构的总部，主要行使的是控制职能[5]。资源配置功能是世界城市迈向中心型世界城市这一更高发展阶段的核心功能之一。在全球化和信息化背景下，一个城市的全球资源配置能力，指的是在全球范围内整合、创新、决策、控制、分配和激活资源的用途、布局和流向的能力。资源配置能力也可以看作各个分项资源配置能力的结构组合和综合体现，又可以细分为对全球资本、贸易资源、创新资源、信息资源以及文化资源等的配置能力。对全球范围内资源的配置能力直接决定了中心型世界城市的引领、集聚、辐射和带动能力，是决定其全球竞争力的关键要素。

（二）高端现代服务中心

中心型世界城市一般是全球性的金融及高端商务服务中心。作为重要的国际金融中心，中心型世界城市凭借实力雄厚的金融企业及其遍布全球的庞大分支机构网络，集聚和配置全球资本，发达的全球金融网络为城市的生产部门及其在全球生产网络中地位的巩固提供了支撑，进一步巩固了中心型世界城市在世界城市体系中的控制力。与金融服务相似，包括律师服务、会计服务、广告服务、管理咨询服务等在内的高端商务服务是世界城市不可或缺的重要功能。一方面，高端商务服务业提供高端知识服务，本身位于价值链的高端；另一方面，高端商务服务业提供的专业知识服务，能够为现代产业体系提供不可或缺的专业支持，高端商务服务企业通过其全球经营网络，汇聚全球创意资源和人才，为现代产业体系提供不可或缺的专业支撑。

（三）科技创新策源中心

随着知识经济的全球勃兴以及创新驱动的深入推进，科技创新日益成为世界城市特别是中心型世界城市可持续发展和竞争力提升的关键因素。当前，科技创新推动城市发展方式的转变，靠的是知识的不断积累，靠的是技术的不断进步，靠的是劳动力素质的不断提高。科技创新策源的两大核心特征是"首次"和"源头"，因此，科技创新策源地作为创意源头、策划中心和中枢所在地，创新策源功能的强化必然伴随着技术创新。科技创新策源能力在产业发展过程中发挥核心功能。人类社会正处在一个大发展大变革大调整时代，城市在世界城市体系中的地位和竞争力将直接决定于城市能否把握住新科技革命的发展趋势，以及能否强化科技创新策源的能力。

（四）高端产业引领中心

中心型世界城市是以高端制造业为代表的实体经济为主体、以高新技术产业以及现代金融业等高端产业板块为龙头、强化产业高端引领功能的主体集聚地。中心型世界城市通过数字化、智能化、绿色化以及融合化发展，以行业龙头企业为引导，带动产业占据全球供应链、产业链高端。从当前全球城市发展路径来看，特别是以中国为代表的欠发达国家全球城市快速崛起的经验证明，发展服务经济并不是全球城市经济发展的唯一选择。以制造业特别是高端制造业为主的第二产业，越来越多地成为世界城市经济发展的重要选择。中心型世界城市经济发展的新路径选择，是通过制造业带动服务业，实现第二产业、第三产业融合发展。

（五）高端价值创造中心

一座城市在世界城市体系中的地位，很大程度上取决于其所处的价值链区段。全球资本配置在不同层级世界城市之间传导，而中心型世界城市往往是价值的创造者和联系的发出者，位于全球产业价值链的高端。在全球生产网络中，从上到下可以将价值的分配分成三个等级，最高等级由跨国公司总部占据，该总部组织着全球生产网络，在全球范围内拥有最高的资本支配权和最大的收益权；价值链的高端环节聚集在功能中心和地方中心的中间层次，既包括跨国公司内部的功能中心和地区总部，也包括专业服务和金融服务企业的外部分支机构；最低层次则是由一般的生产环节组成，这些环节的附加值较低。

（六）开放的枢纽门户城市

在全球化与网络化背景下，中心型世界城市往往是全球城市网络的中心城市和开放城市。这些城市依托发达的交通基础设施而成为较高等级与能级的交通枢纽，是全球重要的航空枢纽、航运枢纽、铁路枢纽、物流枢纽和信息枢纽。中心型世界城市强大的基础设施——全球联系网络，为其全球经济、贸易、创新、人文等联系提供了支撑，使其成为全球各种高端要素资源集聚地、中转站、增值屋和调控室。在城市内部，中心型世界城市通过空、海、陆多维立体交通网络的不断完善，不断畅通内联外通的枢纽网络体系，为城市集聚和配置全球资源提供必需的硬件联系网络。

三、中心型世界城市发展类型

世界城市发展的动力是多样的，不仅需要城市自身规模的基础支撑，还涉及经济、社会、文化、政治等多个方面[16]。因此，中心型世界城市根据其自身的禀赋与优势，其发展类型也存在多样化特征。居于世界城市体系核心的中心型世界城市，其发展道路的选择既可能是多个方面的综合发展，也可以结合自身优势，选择某一个或者几个方面走特色发展道路。综合来看，中心型世界城市发展类型主要涉及以下几个方面。

（一）综合控制型世界城市

对世界城市最早的理解就是其作为全球化下经济活动的集聚地，在控制世界经济中扮演战略性角色[2,17,18]，而这些发挥控制作用的城市则处于世界城市体系的核心，其他城市则处于边缘[5]。在相关城市经济控制功能的实现中，跨国公司发挥了关键作用[19]。跨国公司通过其全球总部与遍布全球的分支之间的联系是城市间最重要的联系之一，这种联系也使得跨国公司总部集聚的纽约、伦敦、东京、巴黎等城市在世界经济中处于顶层控制地位[20]。这些处于全球经济控制中心的城市全球功能往往是多样化的。如跨国公司的集聚会带来为其服务的跨国金融及高端生产型服务企业的集聚，这也进一步强化了世界城市的资源集聚和配置功能。全球控制与吸引功能的发挥往往需要发达的全球交通与通信网络作为支持，因此，全球控制中心往往也是重要的全球枢纽城市。跨国公司凭借其强大的经济实力与创新需求，同时也是科技创新的重要主体，中心型世界城市集聚的众多金融机构以及专业服务企业，能够为科技创新活动提供必需的金融以及专业服务支持，因此，世界城市体系的控制中心往往也是重要的科技创新中心。

（二）服务节点型世界城市

对于一些规模和综合实力有限的城市来说，其提升在世界城市网络中的控制力与综合实力较为困难，因而往往发挥自身在全球区位、制度等方面的优势，通过吸引跨国公司、国际机构等来此设立分支机构，以及设立全球性机构，以此吸引和配置全球资源[21]。最典型的例子莫过于中国香港和新加坡，其凭借区位优势，在欧美跨国公司全球布局策略中，分别作为亚太和东南亚地区的门户城市，吸引大量的跨国公司来此设立区域性总部[22,23]。但对于节点吸引型世界城市，由于主要依靠吸引全球资源，而自身在世界城市网络中的控制力不足，因此，容易受国际形势动荡影响，自身发展的韧性不足。如在 2008 年国际金融危机影响下，大批离岸金融中心城市的国际金融中心地位受到巨大冲击[24]。

（三）枢纽网络型世界城市

现代交通运输与通信技术的进步，是全球化进程得以加速不可或缺的推动要素[25]。现代通信与信息网络是城市之间最主要的联系方式之一，同时也是其他形式的城市联系形成的重要基础。现代通信与信息技术的进步，使人与人之间的交流不一定要面对面，因此，进一步方便了城市之间商业、信息等各种形式的联系。特别是互联网的出现改变了原有世界城市体系格局，一些新兴的互联网城市开始在其中占据主导地位，与此同时，发达的互联网基础设施进一步强化了纽约、伦敦、巴黎等顶级世界城市在世界城市网络中的联通能力[26,27]。尽管互联网的普及降低了地理空间对全球范围内交流的阻隔，但由于跨国商务活动面对面交流的必要性与时效性，国际航空运输并未因通信技术的发展而衰落。

并且，航空运输作为高端跨国资本、人员、技术和高附加值货物运输的首选方式，是全球城市联系的重要载体。纽约、伦敦、东京等全球经济联系度高的城市同样也是重要的国际航空枢纽城市，拥有通达的国际航空运输网络，与全球主要航空枢纽都保持紧密的联系[28]。巴黎、阿姆斯特丹、迪拜、亚特兰大等城市，凭借其强大的转运功能，成为重要的国际航空枢纽[29]。全球海运作为全球贸易的重要运输方式，也是世界城市拓展全球联系最早和最重要的方式之一，而全球贸易中心由欧美向亚太地区的转移，一定程度上带动亚太地区国际海运枢纽，如新加坡、东京、上海等的发展[30,31]。也有一些城市，如上海、新加坡、迪拜等，同时拥有发达的全球航空与航海联通度，并发展为重要的全球海空枢纽[32]。

（四）政治机构型世界城市

虽然经济联系已成为当前世界城市全球联通度提升的最重要动力，在世界城市的发展过程中，国家对经济活动的管理功能并没有弱化，只是国家权力重新尺度化到了民族国家、区域和地方三个尺度[33]。国际组织与非政府组织（NGO）作为全球化的重要行动者，其对于世界城市发展及全球影响的重要性很早就得到了重视[5,8]，泰勒[34,35]通过对NGO在各城市中不同等级分支机构之间的联系，应用链锁网络模型，对世界城市网络进行了分析。此后，利用各种非政府组织[36]与国际组织[37]网络来对世界城市网络进行的研究也日益丰富。如瑞士的日内瓦，虽然人口只有20万人，在经济型世界城市网络联系度仅排在全球第100位①，但作为世界贸易组织、世界卫生组织、国际劳工组织、联合国欧洲总部等一系列重要国际组织全球总部所在地，通过广泛的全球政府间组织以及非政府间组织分支机构网络，在全球政治舞台展示出了超强的影响力。相比发达经济体的城市主要通过主动融入经济全球化提升其全球联系度，通过

---

① 相关数据来自 GaWC2020 年世界城市网络排名，https://www.lboro.ac.uk/microsites/geography/gawc/world2020t.html.

全球性政府间与非政府间机构网络来提升全球政治联系，是欠发达国家提升全球影响力的重要方式[8]。此外，跨国机构在城市内部的集聚，对于城市社会发展、城市空间重构等均产生一定影响[38-40]。不同国家城市在引入国际组织与非政府组织提升全球联系的发展路径中存在差异[41]，因此，应根据城市发展自身特质来制定符合自身的发展策略。

（五）科技创新型世界城市

在"知识经济"时代，城市经济的可持续增长逐渐由要素驱动转变为创新驱动[42]。建设全球科技创新中心已成为世界城市寻求可持续发展的新道路。"全球创新中心"作为全球科研合作网络中的枢纽性节点，是全球创新资源和创新活动的集聚中心，也是科学知识生产和传播扩散的策源中心，在全球创新合作网络中占据核心位置[43]。在全球创新网络中，少数国家的核心城市占据绝对控制地位，发挥重要的全球创新策源功能[44]。全球范围内日益频繁的科技创新合作，加速知识、技术以及人才等创新要素在全球范围内的流动[45]。如美国硅谷所在的帕洛阿托（Palo Alto），凭借强大的创新策源功能，成为全球最具影响力的科技创新中心，并由此吸引了金融、投资以及专业服务机构在此集聚[46]。可见，发展和建设全球科技创新中心不仅能为世界城市的可持续发展提供不竭动力，还能形成强大的带动效应。

（六）投资商贸型世界城市

国际商贸城市是世界城市中发展历史最为悠久的一类城市，如荷兰的阿姆斯特丹和鹿特丹等城市，均是凭借其建立在发达的海运网络基础上的国际贸易，而成长为重要的世界城市[2,47]。除良好的交通区位优势外，依托国际商贸发展起来的世界城市，一般自身拥有强大的商品流通业、服务业等产业基础，能够支撑其在国际商品贸易网络、要素流动网络以及服务贸易网络等中发挥辐射力和吸引力[48]。与此同时，世界城市国际商贸的发展往往与发达的会展业相伴而生，如法兰克福全球建设过程中，会展业的发展发挥了重要作用[49]。但随着国际贸易的数字化与金融化转型，全球贸易中的货物运输、存储与交易出现空间分离，在一定程度上影响了传统港口城市在全球商贸网络中的地位[47]。

（七）文化创意型世界城市

创意文化生产过程中所需的全球范围内创意人员的跨空间协作，在一定程度上提升了世界城市的跨国文化联系度[50]。通过跨国传媒企业全球分支机构网络之间的联系[51,52]，以及跨国传媒企业之间的联系[53,54]，来实现地方文化的传播以及提升城市在全球文化传媒领域的影响力，也成为世界城市发展的重要选择。如纽约、伦敦、东京等顶级世界城市，除经济功能突出外，在全球文化创意网络中同样展现出强大的影响力[55,56]。城市通过举办奥运会、世界杯、世博会等大型国际活动，不仅能通过吸引全球媒体报道和国际游客汇聚，向全球展示城市形象、传播地方文化，提升城市国际影响力，还能通过活动的筹备与举办，带动投资以及基础设施建设[57,58]。跨国移民和国际游客移民作为全球化过程中的重要行动者，对于文化的全球传播以及地方文化的全球化重塑均发挥了重要作用[59,60]。

四、结　论

中心型世界城市是由全球网络联系下的世界城市演化而来。相较于传统的世界城市，中心型世界城市最大的特色体现在其作为世界城市网络中心的主导力和控制力上。中心型世界城市首先是世界经济发展的中心，其自身巨大的经济体量和人口规模，是支持城市发展的基础。以科技创新驱动的高端产业配置，包括高度发达的现代服务业以及高端制造业，通过产业链的升级向全球价值链高端攀升，能够为城市经济高质量发展提供重要支撑。中心型世界城市同时还是开放的门户枢纽城市，通过其发达的全球基础设施网络和产业联系网络，集聚和配置全球资源，以此支撑城市的可持续发展。中心型世界城市依靠全球企业网络、服务网络、基础设施网络、科技创新网络、投资贸易网络、政治联系网络、文化创意网络等多种网络联系资源，不断强化和巩固其"中心"地位。中心型世界城市既可以是综合全面发展型世界城市，也能够凭借其某一方面或某几个方面的禀赋优势，走特色化世界城市发展道路。部分中心型世界城市能够在世界城市网络中占据控制和主导地位，但更多的城市则是通过嵌入不同维度的全球联系网络，通过吸引全球要素资源，巩固提升在世界城市网络中的节点地位。

参考文献

［1］ Geddes, P. Cities in Evolution ［M］. London: Williams & Norgate, 1915.

［2］ Hall, P. G. The World Cities ［M］. New York: McGraw – Hill, 1966.

［3］ Wallerstein, I. The Modern World-system Ⅱ: Mercantilism and the Consolidation of the European World-economy, 1600 – 1750 ［M］. New York: Academic Press, 1980.

［4］ R. J. 约翰斯顿. 人文地理学词典 ［M］. 柴彦威，等译. 北京: 商务印书馆，2004.

［5］ Friedmann, J. The World City hypothesis ［J］. Development and Change, 1986, 17 (1): 69 – 83.

［6］ Rozenblat, C., Pumain, D. The Location of Multinational Firms in the European Urban System ［J］. Urban Studies, 1993, 30 (10): 1691 – 1709.

［7］ Godfrey, B. J., Zhou, Y. Ranking World Cities: Multinational Corporations and the Global Urban Hierarchy ［J］. Urban Geography, 1999,

20（3）：268 – 281.

［8］ Simon, D. The World City Hypothesis: Reflection from the Periphery ［M］//Knox, P. L., Taylor, P. J. World Cities in a World – System. Cambridge: Cambridge University Press, 1995: 132 – 155.

［9］ Meyer, D. R. The World System of Cities: Relations between International Financial Metropolises and South American Cities ［J］. Social Forces, 1986, 64（3）：553 – 581.

［10］ Camagni, R. P. From City Hierarchy to City Network: Reflections about an Emerging Paradigm ［M］//Lakshmanan, T. R., Nijkamp, P. Structure and Change in the Space Economy. Berlin: Springer – Verlag, 1993: 66 – 87.

［11］ Jacobs, J. Cities and the Wealth of Nations: Principles of Economic Life ［M］. New York: Random House, 1984.

［12］ Castells, M. The Rise of the Network Society ［M］. Malden, MA: Blackwell Publishers, 1996.

［13］ Smith, D. A., Timberlake, M. Cities in Global Matrices: toward Mapping the World-system's City System ［M］//Know, P. L., Taylor, P. J. World Cities in A World System. Cambridge: Cambridge University Press, 1995: 79 – 97.

［14］ Beaverstock, J. V., Smith, R. G., Taylor, P. J. World-city Network: A New Metageography? ［J］. Annals of the Association of American Geographer, 2000, 90（1）：123 – 134.

［15］ Taylor, P. J., Catalano, G., Walker, D. R. F. Measurement of the World City Network ［J］. Urban Studies, 2001, 39（13）：2367 – 2376.

［16］ 薛德升, 黄耿志, 翁晓丽, 等. 改革开放以来中国城市全球化的发展过程 ［J］. 地理学报, 2010, 65（10）：1155 – 1162.

［17］ Cohen, R. B. The New International Division of Labour, Multi-national Corporations and Urban Hierarchy ［M］//Dear, M., Scott, A. J. Urbanization and Urban Planning in Capitalist Society. New York：Methuen，1981：287 – 315.

［18］Hymer，S. The Multinational Corporation and the Law of Uneven Development ［M］//Bhagwati，J. Economics and World Order from the 1970s to the 1990s. New York：Collier – MacMillan，1972：113 – 140.

［19］Dicken，P. Global Shift：Mapping the Changing Contours of the World Economy ［M］. New York & London：The Guilford Press，2011：367 – 398.

［20］Alderson，A. S.，Beckfield，J. Power and Position in the World City System ［J］. American Journal of Sociology，2004，109（4）：811 – 851.

［21］唐子来，李粲. 迈向全球城市的战略思考 ［J］. 国际城市规划，2015，30（4）：9 – 17.

［22］Beaverstock，J. V.，Doel，M. A.，Hubbard，P. J.，et al. Attending to the World：Competition，Cooperation and Connectivity in the World City Network ［J］. Global Networks，2002，2（2）：111 – 132.

［23］Meyer，D. R. The World Cities of Hong Kong and Singapore：Network Hubs of Global Finance ［J］. International Journal of Contemporary Sociology，2015，56（3 – 4）：198 – 231.

［24］Derudder，B.，Hoyler，M.，Taylor，P. Goodbye Reykjavik：International Banking Centres and the Global Financial Crisis ［J］. Area，2011，43（2）：173 – 182.

［25］Graham，S. Global Grids of Glass：on Global Cities，Telecommunications and Planetary Urban Networks ［J］. Urban Studies，1999，36（5 – 6）：929 – 944.

［26］孙中伟，贺军亮，金凤君. 世界互联网城市网络的可达性与等级体系 ［J］. 经济地理，2010（9）：1449 – 1455.

［27］汪明峰. 浮现中的网络城市的网络——互联网对全球城市体系的影响 ［J］. 城市规划，2004，28（8）：26 – 32.

［28］欧阳杰，李家慧. 世界级城市群及其中心城市的枢纽能级分析——基于国际航空网络结构的研究［J］. 城市问题，2020（11）：43-49.

［29］张凡，宁越敏. 基于全球航班流数据的世界城市网络连接性分析［J］. 南京社会科学，2015（11）：54-62.

［30］Ducruet, C., Cuyala, S., El Hosni, A. Maritime Networks as Systems of Cities：the Long-term Interdependencies between Global Shipping Flows and Urban Development（1890-2010）［J］. Journal of Transport Geography, 2018, 66：340-355.

［31］Ducruet, C. Revisiting Urban Hierarchy and Specialization from a Maritime Perspective［J］. Maritime Policy & Management, 2020, 47（3）：371-387.

［32］王列辉，项阳，张圣. 全球海空枢纽识别与影响因素研究［J］. 地理研究，2024，43（4）：809-823.

［33］Brenner, N. Global Cities, Global States：Global City Formation and State Territorial Restructuring in Contemporary Europe［J］. Review of International Political Economy, 1998, 5（1）：1-37.

［34］Taylor, P. J. The New Geography of Global Civil Society：NGOs in the World City Network［J］. Globalization, 2004, 1（2）：265-277.

［35］Taylor, P. J. New Political Geographies：Global Civil Society and Global Governance through World City Networks［J］. Political Geography, 2005, 24（6）：703-730.

［36］Bouteligier, S. Global Cities and Global Environmental NGOs：Emerging Transnational Urban Networks?［M］//Amen, M., Toly, N. J., Mccarney, P. L., et al. Cities and Global Governance：A New Site for International Relations. Burlington VT：Ashgate, 2009：151-176.

［37］Roels, J., Derudder, B., Witlox, F. International Sport Federations in the World City Network［J］. Journal of Sport & Social Issues, 2013, 37（2）：142-159.

［38］梅琳，苏念，薛德升．广州跨国机构的时空过程及其动力因素研究［J］．人文地理，2012，27（1）：66－71．

［39］薛德升，梁家健，黄耿志．全球化与广州跨国机构的空间分布演变与特征（1949－2012年）［J］．城市规划，2016，40（10）：44－51．

［40］梅琳，薛德升，Frauke，K．跨国机构与地方共同作用下的城市全球化——德国波恩的案例研究［J］．地理学报，2014，69（2）：156－168．

［41］苏念，薛德升．从政府间国际组织的联系解读中日两国的全球联系［J］．热带地理，2014（6）：814－822．

［42］曹湛，彭震伟．崛起的全球创新中心：中国城市在全球城市科研合作网络中的演化特征［J］．城市规划学刊，2021（5）：23－31．

［43］杜德斌．上海建设全球科技创新中心的战略思考［J］．上海城市规划，2015（2）：17－20，59．

［44］何雪莹．全球创新策源地的分布、科技前沿与发展态势［J］．世界科学，2020（S2）：26－30．

［45］桂钦昌，杜德斌，刘承良．全球科研合作网络的动态演化及其驱动机制［J］．地理学报，2023，78（2）：423－442．

［46］Taylor，P. J.，Derudder，B. World City Network：A Global Urban Analysis（the 2nd Edition）［M］．London：Routledge，2015．

［47］Jacobs，W. Rotterdam and Amsterdam as Trading Places？In Search of the Economic-geographical Nexus between Global Commodity Chains and World Cities［J］．Tijdschrift Voor Economische en Sociale Geografie，2014，105（4）：483－491．

［48］赵淼．从世界城市视域解读国际商贸中心城市［J］．中国外资，2013（22）：16－17．

［49］王春雷，黄辉．会展业在全球城市建设中的功能研究——德国法兰克福的经验及其对上海的启示［J］．全球城市研究（中英文），2020，1（2）：81－90，193．

［50］Watson, A. The World According to Itunes: Mapping Urban Networks of Music Production ［J］. Global Networks, 2012, 12（4）: 446 - 466.

［51］Krätke, S. Global Media Cities in a World-wide Urban Network ［J］. European Planning Studies, 2003, 11（6）: 605 - 628.

［52］Krätke, S., Taylor, P. J. A World Geography of Global Media Cities ［J］. European Planning Studies, 2004, 12（4）: 459 - 477.

［53］Hoyler, M., Watson, A. Global Media Cities in Transnational Media Networks ［J］. Tijdschrift Voor Economische en Sociale Geografie, 2013, 104（1）: 90 - 108.

［54］Hoyler, M., Watson, A. Framing City Networks through Temporary Projects: （Trans） National Film Production beyond 'Global Hollywood' ［J］. Urban Studies, 2019, 56（5）: 943 - 959.

［55］Skórska, M. J., Kloosterman, R. C. Performing on the Global Stage: Exploring the Relationship between Finance and Arts in Global Cities ［Z］: Globalization and World Cities Research Network, 2012.

［56］Currid, E. New York as a Global Creative Hub: a Competitive Analysis of Four Theories on World Cities ［J］. Economic Development Quarterly, 2006, 20（4）: 330 - 350.

［57］Shoval, N. A New Phase in the Competition for the Olympic Gold: the London and New York Bids for the 2012 Games ［J］. Journal of Urban Affairs, 2016, 24（5）: 583 - 599.

［58］庄德林, 陈信康. 2010 年世博会与上海国际大都市形象塑造研究 ［J］. 城市发展研究, 2010, 17（4）: 20 - 25.

［59］李志刚, 薛德升, 杜枫, 等. 全球化下"跨国移民社会空间"的地方响应——以广州小北黑人区为例 ［J］. 地理研究, 2009, 28（4）: 920 - 932.

［60］Nijman, J. Cultural Globalization and the Identity of Place: the Reconstruction of Amsterdam ［J］. Ecumene, 1999, 6（2）: 146 - 164.

Theoretical Foundation, Main Characteristics, and Development Types of Central World Cities

Zou Xiaohua[1,2], **Qin Jian**[1,2], **Wu Yu**[3]

(1. Regional Development Institute, Guangzhou Academy of
Social Sciences, Guangzhou 510410;

2. Guangzhou Urban Strategy Institute, Guangzhou Academy of
Social Sciences, Guangzhou 510410;

3. School of Marxism, Hunan Police Academy, Changsha 410138)

Abstract: World cities, situated at the top of the global urban hierarchy, are the products and most significant locales of globalization. The enhanced global connectivity in the internet era has strengthened the central functions of some world cities within the global urban system. Central world cities serve as hubs for global control and resource allocation, high-end modern service centers, sources of technological innovation, leaders in high-end industries, centers for high-end value creation, and open gateway cities. Currently, cities worldwide are enhancing their control and service capabilities within the global network of cities by strengthening their global economic service connections, infrastructure links, political institutional ties, technological innovation links, investment and trade ties, and cultural and creative links. This is aimed at building comprehensive or distinctive central world cities. The diversity in the development types of central world cities indicates that different cities should choose their own path to becoming a central world city based on their unique endowments and advantages.

Key Words: central world city; global connection network; control; global resource allocation

广州建设中心型世界城市的
思路目标与路径策略[*]

覃　剑[1,2]　邹小华[1,2]　刘岳平[1,2**]

（1. 广州市社会科学院 区域发展研究所，广州 510410；

2. 广州市社会科学院 广州城市战略研究院，广州 510410）

摘要： 中心型世界城市的理论依据源于世界城市理论和世界城市网络理论，需站在全球、国家、区域的空间尺度，以中心、网络、连接为核心要点进行观察。未来二三十年，建设出新出彩的中心型世界城市是广州探索中国式现代化城市实践经验、高质量实现老城市新活力的重大任务。广州建设中心型世界城市需高度关注世界百年未有之大变局推动生产力和生产关系重塑、进一步全面深化改革和中国式现代化纵深推进、粤港澳大湾区演进新格局与国家重大区域战略布局带来的深刻影响，直面城市输出功能还不够强大、城市发展进入结构转型期、城市传统优势面临被分流等挑战，坚持以人民为中心，以城市能级提升为牵引，以结构转换为主线，以做大"连接性"优势提升"中心性"功能为重点，着力建设功能均衡的综合城市、建设多向融合的创新城市、高效链接的数字城市、活力迸发的枢纽城市、快慢结合的生活城市、开放包容的国际城市和可持续发展的绿色城市，推进城市动力变革、产业变革、要素变革、空间变革、制度变革和功能提升，持续增强控制力和影

---

* 基金项目：本文系广州市哲学社会科学发展"十四五"规划 2024 年度市委市政府重大课题"广州建设中心型世界城市研究"（2024GZZD37）阶段性成果之一。

** 作者简介：覃剑（1985—），男，研究员，研究方向为城市战略、区域发展与数字经济；
　　邹小华（1986—），男，副研究员，研究方向为城市全球化、城市网络、生产性服务地理；
　　刘岳平（1984—），男，副研究员，研究方向为数字金融与城市发展战略。

响力，成为全球一流标杆城市和世界最高水平的现代化城市。

关键词：中心型世界城市；世界城市网络；中国式现代化；结构转换

一、引　言

当前，世界百年未有之大变局加速演进，国际地缘政治格局、国际经贸竞争合作、国际技术创新演进相互交织、错综复杂，全球城市网络变革进入新一轮演化关键期[1]。城市的发展与所处的时空背景紧密相关。面对全球化新变局，世界城市发展必然会呈现出新的阶段特点[2]。在全面建成社会主义现代化强国、实现第二个百年奋斗目标的新征程上，强调"人民城市人民建、人民城市为人民"的中国版世界城市也必将有自己的道路特点。在此背景下，广州提出建设"出新出彩的中心型世界城市"，正是顺应了这一时代潮流。国内外关于世界城市与全球城市已开展了大量研究[3,4]，但对于中心型世界城市这一新的概念，其内涵特征及提出的时代背景如何、与传统的世界城市及全球城市理论有怎样的关系、建设中心型世界城市应该如何发力等问题，仍需进一步探讨。

基于此，本文首先对中心型世界城市的内涵特征进行阐释，并从全球、国家及区域三个层面分析广州建设中心型世界城市的时代背景及必要性。在此基础上，总结广州建设中心型世界城市的条件支撑和制约因素，结合广州自身发展情况，分析其建设中心型世界城市的思路目标与战略路径，最后提出广州建设中心型世界城市的重点方向与策略建议。研究对于进一步深化和拓展世界城市与全球城市理论，以及广州探索中国式现代化的实践经验，加快实现老城市新活力等均有着重要意义。

二、广州建设中心型世界城市的内涵特征和时代背景

提出中心型世界城市的理论依据是世界城市理论和世界城市网络理

论。两大理论认为：城市不是孤立存在的，城市之间的联系构成了世界城市网络，联系强度则直接或间接地影响城市的禀赋优势和功能作用，进而决定了其在全球城市体系中的竞争能力[5-7]。世界城市不仅是全球战略性资源、战略性产业和战略性通道的控制中心，也是世界文明融合交流的多元文化中心和国际政治外交事务的协调管理中心，对全球经济、科技、政治、文化拥有强大控制力与影响力[8,9]。

基于此，我们认为，中心型世界城市居于世界城市体系顶端，在紧密联系的世界城市网络中拥有高度的流动性与联结性、强大的集聚性与开放性、突出的示范性与引领性，对国际经济文化乃至政治事务具有举足轻重的影响，是全球各类要素资源流动、对接和配置的中心节点。面向未来，广州建设中心型世界城市面临的形势复杂多变、机遇与挑战并存，需要着重关注全球、国家、区域三个层面变化带来的影响，努力在不确定性中谋划相对确定的未来。

（一）全球层面重点关注世界百年未有之大变局推动生产力和生产关系重塑带来的影响

当前及未来一段时间，世界正在并将继续经历新一轮大发展大变革大调整，对处在转型期的广州推动改革、积蓄力量既是窗口机遇期也是压力测试期。机遇是新一轮科技革命、产业变革和能源革命加速演进，数字化和绿色化转型将为城市发展注入新活力新动力。世界经济和创新版图更加均衡发展，依托日益强大的国家综合实力，中国城市的治理权、发言权和影响力将得到进一步巩固提升①。挑战是在未来几年内全球经济增长仍然缓慢不平衡，美国主导下的国际规则对我国发展整体持排斥态度，地缘政治冲突、通货膨胀、政府债务、气候变化、价格波动、贸易保护、脱钩断链、需求走弱等负向因素可能对广州建设中心型

---

① 根据高盛预测，2050 年中国 GDP 将达到 41.9 万亿美元，超过美国（37.2 万亿美元）成为全球第一大经济体。

世界城市产生诸多不确定性影响。

（二）国家层面重点关注进一步全面深化改革和中国式现代化纵深推进带来的影响

围绕全面建成社会主义现代化强国的目标，党的二十届三中全会在统筹推进"五位一体"总体布局、协调推进"四个全面"战略布局框架下谋划进一步全面深化改革，统筹部署经济体制改革和其他各领域改革。以此为纲，我国将全面贯彻新发展理念，加快构建新发展格局，着力推动高质量发展，加快发展新质生产力，不断解放和发展社会生产力、激发和增强社会活力，为中国式现代化提供强大动力和制度保障。城市是经济、政治、文化、社会活动的中心，是实现中国式现代化的先行区和先导区。作为国家中心城市、粤港澳大湾区核心城市和省会城市，广州在国家战略大局中被赋予"走在前列"的重大使命，多次得到习近平总书记和党中央指示批示，必将在中国式现代化实践探索中获取更大的改革开放和创新试点空间，持续推动经济发展和城市能级提升。与此同时，也需注意到国内城市之间的招商引资竞争愈加激烈，广州建设中心型世界城市面临标兵追赶和追兵迫近，压力增大、形势严峻。表1所示为多项研究对我国经济中长期增长预测。

表 1   多项研究对我国经济中长期增长预测   单位：%

时间	中国社会科学院金融研究所	中国社会科学院经济研究所	中国社会科学院宏观经济研究中心	白重恩
2021～2025 年	5.27	5.42	5.51	5.57
2026～2030 年	4.83	4.92	4.88	4.82
2036～2040 年	3.67	3.96	3.92	3.40
2041～2045 年	3.13	3.58	3.30	3.46
2046～2050 年	2.91	3.35	2.67	2.98

资料来源：中国社会科学院金融研究所．社会主义现代化远景目标下的经济增长展望——基于潜在经济增长率的测算［J］．中国社会科学，2023，4．

（三）区域层面重点关注粤港澳大湾区演进新格局与国家重大区域战略布局带来的影响

党的二十大报告明确指出，要深入实施区域协调发展战略、区域重大战略、主体功能区战略、新型城镇化战略，优化重大生产力布局，构建优势互补、高质量发展的区域经济布局和国土空间体系。党的二十届三中全会进一步对完善实施区域协调发展战略机制作出部署。可以预见，未来我国产业和人口将进一步向优势区域集中，中心城市的经济和人口承载能力将进一步得到增强。作为我国区域发展战略引领区，粤港澳大湾区将锚定"一点两地"① 新的战略定位和历史使命加快发展。随着以深中通道为代表的跨江跨海通道群建设开通，"轨道上的大湾区"加速完善，大湾区将形成大交通大联通新格局；随着多层次跨城产业协作联动机制的完善和跨城世界级产业集群的建设，大湾区将形成大产业大发展新格局；随着环珠江口 100 公里黄金内湾建设、东岸两岸融合发展以及广州、深圳、珠西三大都市圈建设，大湾区将形成网络化大圈层新格局；随着湾区内部城市之间以及湾区与国际之间规则、规制、标准等深度对接，持续实施更大范围、更宽领域、更深层次对外开放行动，大湾区将形成高水平对外开放新格局[10]。

总体来看，国家加快推动形成优势互补高质量发展的区域经济布局和粤港澳大湾区加快迈向世界级城市群将从空间、网络、连接、要素等多个方面对广州建设中心型世界城市产生重要影响。

---

① "一点两地"指的是 2023 年，习近平总书记在考察广东时指出，要"使粤港澳大湾区成为新发展格局的战略支点、高质量发展的示范地、中国式现代化的引领地"。资料来源：李慧敏. 高质量高标准加快建成国际一流湾区［EB/OL］. 求是网，2023 － 04 － 28，http：// www. qstheory. cn/ dukan/hqwg/2023 － 04/28/c_1129576030. htm.

三、广州建设中心型世界城市的条件支撑和制约因素

（一）条件支撑

1. 稳固的城市综合竞争力

城市竞争力不仅体现为经济总量或者某一领域某一指标，也是城市功能和发展能级的综合体现[11]。作为一座综合性中心城市，广州在经济、教育、医疗、文化等领域发展相对均衡，一直与北京、上海、深圳组成"北上广深"方阵，综合竞争力稳居世界一线城市之列，得到全球主要综合性城市竞争力评价机构的认可。表2所示为部分城市竞争力评价机构对广州的排名。

表2　　　　　　　　部分城市竞争力评价机构对广州的排名

评价机构	评价维度	广州排名
科尔尼——《2023 年全球城市指数报告》	商业活动、人力资本、信息交流、文化体验和政治事务	全球第 55 名；国内第 4 名，仅次于北京、香港和上海
香港中外城市竞争力研究院——《2023 中国城市综合竞争力排行榜》	基础设施竞争力、经济竞争力、产业竞争力、科技竞争力、商业贸易竞争力、财政金融竞争力、环境/资源/区位竞争力、人力资本教育竞争力、文化形象、国际营商环境竞争力	全球第 22 名；国内第 5 名，仅次于深圳、香港、上海和北京
普华永道——《机遇之城2024》	智力资本、技术与创新、区域重要城市、城市韧性、交通和城市规划、可持续发展、文化与生活、经济影响力、成本、宜商环境	国内第 4 名，仅次于北京、上海和深圳
GYBrand——《2024 年中国百强城市排行榜》	城市基础设施、经济实力、发展潜力、营商环境、国际声誉、居住生活、质量建设	国内大陆地区第 3 名，仅次于上海和北京
中国国际公共关系协会——《2024 年全球最向往的中国城市报告》	城市知名度、城市基础设施、城市居民状态	国内大陆地区第 3 名，仅次于北京和上海

资料来源：根据各大机构的发布资料整理。

2. 持续的人口人才吸引力

人口和人才关乎城市的兴衰，既是城市未来发展的核心动力[12]，也是通过"用脚投票"展现出来的城市吸引力。在全国人口增长放缓乃至负增长、城市人口增长态势分化的背景下，2023 年广州常住人口依然增加了9.29 万人、总量达到1882.7 万人，人口总量位居国内主要城市第5，仅次于重庆、上海、成都和北京。根据百度迁徙平台每日统计的全国人口热门迁入地，广州与北京持续占据了全国最热门人口迁入地的前两位，迁入广州的人口所占比重基本保持在2%～3%之间，如2024 年8 月3 日，迁入广州的人口占比达到2.31%，在全国主要城市中比重最大。表3 所示为我国地区生产总值（GDP）排名前十城市的常住人口规模及增量。

表3　2022～2023 年我国 GDP 排名前十城市的常住人口规模及增量　单位：万人

序号	城市	2023 年	2022 年	增量
1	上海	2487.45	2475.89	11.56
2	北京	2185.80	2184.30	1.50
3	深圳	1779.01	1766.18	12.83
4	广州	1882.70	1873.41	9.29
5	重庆	3191.43	3213.34	−21.91
6	苏州	1295.84	1291.10	4.74
7	成都	2140.30	2126.80	13.50
8	杭州	1252.20	1237.60	14.60
9	武汉	1377.40	1373.90	3.50
10	南京	954.70	949.11	5.59
全国		140967	140759	−208

资料来源：国家及各市统计公报。

青年人口和就业人口的流入，能够彰显城市对人才的吸引力，能为城市建设发展提供劳动力要素支撑。广州本身就储备有约165 万在校大学生,数量位居全国第1①。智联招聘发布的《中国城市人才吸引力排名2024》亦显示,广州人才吸引力仅次于北京、上海、深圳,排名第4位。根据广州市公安局发布的《2023年广州市实有人口构成与分布情况的报告》,截至2023年12月31日,全市实有人口共2298.18万人,登记流动人口占比为53.03%。流动人口中青年人是"绝对主力",平均年龄为35.04岁,18~39周岁青年人占比达到58.69%。

3. 不断释放的市场经济活力

得益于良好的地理区位、优越的宜居宜业环境、优质的公共服务和开放包容的城市文化等多方面积极因素的推动,广州城市发展活力不断凸显。在产业体系中,代表新质生产力发展方向的生物医药、新一代信息技术、新能源等产业产值均实现了快速增长,战略性新兴产业增加值占GDP比重超过30%。根据华南美国商会发布的《2024年华南地区经济情况特别报告》,美国企业仍然对中国市场前景持有积极乐观态度,其中76%的受访企业表示将在2024年进行追加投资。而在这一年度系列报告中,广州已经连续7年成为最受欢迎的投资城市。市场主体持续活跃,2023年新设经营主体和个体工商户数量均比上一年增长30%以上,其中新设经营主体数量为54.04万户,占广东省新设经营主体数量的比重达到17.1%②。在最能代表产业经济发展未来活力的独角兽企业上广州也呈现出良好发展势头。根据2024年4月胡润研究院发布的《2024全球独角兽榜》,广州共有24家企业入围,数量在全球主要城市中仅次于旧金山、纽约、北京、上海、伦敦、深圳、班加罗尔和巴黎,且这些企业基本分布在人工智能、生物医药等未来产业的细分领域。图1所示为我国独角兽企业数量前十位城市。

---

① 方晴.解码"流量广州"|人口流入第一城,广州靠什么成就"引力场"?[N/OL].广州日报,2024 - 04 - 11,https://baijiahao.baidu.com/s?id = 1796048448343058517&wfr = spider&for = pc.

② 广州市市场监督管理局.2023年广州市经营主体发展情况[EB/OL].[2024 - 01 - 30].https://scjgj.gz.gov.cn/gkmlpt/content/9/9468/post_9468768.html#774.

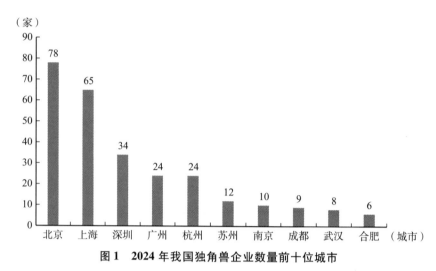

图 1　2024 年我国独角兽企业数量前十位城市

资料来源：根据胡润研究院《2024 全球独角兽榜》数据绘制。

创业就业机会多，人员往来和经济活动加速活跃。根据猎聘发布的 2024 年第三季度招聘调研报告显示，广州 2024 年上半年新发职位数占全国主要城市新发职位数的 6.2%，仅次于上海、深圳和北京。2023 年广州市统计局万户居民调查情况亦显示，"就业机会多"是吸引待业人员和应届毕业生在穗就业的最主要因素，选择这一因素占比达到 47.5%。根据广州规划和自然资源局发布的交通运行数据显示，广州城市交通日均出行总量达到 4653 万人次。其中，地铁日均客运量居全国主要城市第 1 位、达到 857 万人次，客流强度为 1.38 万人次/公里/日，高居国内主要城市第 1 位。

4. 相对强大的枢纽汇流能力

广州自古以来就是我国对外开放的枢纽地和前沿地，其强大的联系功能、交往功能和门户功能一直延续至今。2023 年，广州白云机场旅客吞吐量达到 6317 万人次，在全国单体机场中位居第 1；货邮吞吐量达到 203 万吨，在全国连续四年位居第 2；港口集装箱吞吐量达到 2541 万 TEU，分别位居全国第 5 和全球第 6；货物吞吐量达到 6.75 亿吨，在全国和全球均位居第 6。广州铁路旅客年发送量为 1.28 亿人次，广州南站旅客年发送量为 9100 万人次，居全国第 1 位。根据 2023 年 9 月发布的新华·波罗的海国际航运中心发展指数显示，在综合港口条件、航运服务、综合环境三大方面后形成的排行中，广州综合实力在全球航运中心城市中位居第13。2023年世界银行发布的"全球货运港口绩效指数"则把广州港排在全球货物吞吐量前十港口第三位。在"北上广深"四大城市中，广州货物运输总量、货物周转总量、旅客运输总量均排在第2位。表4所示为2023年北京、上海、深圳、广州客货运输量和周转量。

表4　　　　2023年北京、上海、深圳、广州客货运输量和周转量

城市	货物运输总量（万吨）	货物周转总量（亿吨公里）	旅客运输总量（万人次）	旅客周转总量（亿人公里）
北京	25754.9	910.7	49765.1	1884.9
上海	153343.69	32864.84	18185.44	2215.6
深圳	43261.29	2451.66	20639.07	983.82
广州	92861.92	22908.32	30471.19	1860.37

资料来源：根据各市2023年统计公报、中经数据、深圳市交通运输局《2023年12月交通运输运营指标统计月报》整理而得。

5. 相对强大的网络连接能力

依托强大的枢纽功能，广州逐渐构建形成了"陆海内外联动、东西双向互济"的对外联系网络。在交通连接方面，截至2023年，广州港集装箱航线已达268条（外贸162条、内贸106条）；白云机场客运通航点为230余个，每周往返国际及地区客运航班约1500架次，与国内、东南亚主要城市形成"4小时航空交通圈"，与全球主要城市形成"12小时航空交通圈"；广州铁路加快形成十大对外高铁通道，成为连接国内各大城市、融入全球经济的重要纽带。在广东省和粤港澳大湾区中，广州的联系能力也在不断提升。2023年广州与广东省20市间日均出行量占全省各城市间日均出行总量的比重达到37%，在粤港澳大湾区中，广州与大湾区城市间日均出行量占大湾区城市间日均出行总量的比重高达44%①。

---

① 资料来源：根据广州市规划和自然资源局、广州市交通规划研究院有限公司《2023年广州市交通发展年度报告》整理而得。

事实上，在一些知名机构发布的评价报告中，广州的连接能力均得到高度认可。如根据清华大学发布的《国际交往中心城市指数2024》，通过吸引力、影响力、联通力3个一级指标对国际交往中心进行综合评价，北京和上海分别位居全球第7和第11，深圳和广州分别位居全球第32和第37。在广州与深圳比较中，广州吸引力和影响力排名均落后于深圳，但联通力排名却高于深圳①。根据中国城市规划设计院发布的《韧性成长：2023年"一带一路"倡议下的全球城市报告》，在由全球创新网络、全球生产与服务网络、全球联通设施网络共同构成的全球网络中，广州的连接度或作为节点的重要性亦相当靠前，排在全球第13位。表5所示为2023年广州全球连接度的排名情况。

表5　　　　　　　　2023年广州全球连接度的排名情况

指标	排名情况
总排名 （全球城市活力指数）	全球排名第13位，前20位依次为纽约、东京、上海、伦敦、北京、新加坡、旧金山、深圳、中国香港、洛杉矶、巴黎、芝加哥、广州、迪拜、首尔、亚特兰大、波士顿、哥本哈根、阿姆斯特丹、慕尼黑
全球生产与服务网络	全球排名第18位，前20位依次为北京、伦敦、东京、上海、新加坡、纽约、中国香港、深圳、首尔、慕尼黑、巴黎、芝加哥、都柏林、苏黎世、旧金山、汉堡、迪拜、广州、哥本哈根、杭州
全球联通设施网络	全球排名第7位，前20位依次为上海、纽约、新加坡、伦敦、洛杉矶、宁波、广州、迪拜、东京、芝加哥、迈阿密、阿姆斯特丹、亚特兰大、休斯敦、深圳、达拉斯、鹿特丹、哥本哈根、中国香港、巴黎

资料来源：中国城市规划设计《韧性成长：2023年"一带一路"倡议下的全球城市报告》。

（二）制约因素

1. 城市输出功能还不够强大

根据诺贝尔奖得主道格拉斯·诺思（Douglass North）提出的区域输

---

① 上海吸引力排名第37位、影响力排名第12位、联通力排名第4位；深圳吸引力排名第35位、影响力排名第24位、联通力排名第30位；广州吸引力排名第38位、影响力排名第32位、联通力排名第27位。

出基础理论，区域经济的增长取决于其输出产业的增长。依托千年商都的对外开放联系优势，广州较早就确立了综合性门户城市的地位，成为中央部委、跨国公司、外事机构等分支机构的重要集聚地。与此相比，由于相对缺乏具有强大竞争力的本土企业、机构，广州对外输出和辐射能力相对较弱。如在《财富》世界 500 强、中国 500 强、中国民营企业 500 强、上市公司品牌价值上榜企业、科创板上市公司数量上，广州与北京、上海、深圳均有不小差距。以《财富》中国 500 强企业为例，广州入选企业的总体营业收入落后于北京、上海、深圳、杭州，利润总收入则为 -12.96 亿美元，主要分布在房地产、汽车、航空等行业。反观深圳，其入选企业主要分布在电子通信、互联网、生物医药、汽车等新兴行业。在象征资本控制乃至经济控制能力的金融市场上，广州亦缺乏类似深圳证券交易所等全国性重大平台以及具有极强影响力的本土金融机构。总体来看，缺乏全国性乃至全球大企业、大平台、大机构，导致输出能力、辐射能力、影响能力受限，可能是广州建设中心型世界城市的最大短板。表 6 所示为 2024 年北上广深龙头企业数量比较。

表6　　　　　　　　**2024 年北上广深龙头企业数量比较**　　　　　　单位：家

类别	北京	上海	深圳	广州
2024 年《财富》世界 500 强	49	13	9	6
2024 年《财富》中国 500 强	98	48	39	22
全国工商联 2023 中国民营企业 500 强	24	18	27	8
2024 中国上市公司品牌价值上榜企业数量	339	269	244	10
科创板上市公司数量（截至 2024 年 6 月 30 日）	75	91	47	18

资料来源：2024 年中国上市公司品牌价值上榜企业数量由每日经济新闻和清华大学经济管理学院中国企业研究中心联合发布。

2. 城市发展进入结构转型期

城市是一个有机生命体，其发展具有明显的周期性[8]。实际上，纵观世界城市发展历程，城市发展史就是城市转型史，纽约、伦敦、巴黎等历史悠久的城市均曾经历过转型期的艰难和低迷，最终重塑辉煌[13]。从当前情况看，广州也正处在发展结构转型的关键阶段，主要表现为：经济增速放缓，财政收入减少，面临刺激经济再增长、改善民生和提升城市品质的挑战；房地产业、汽车产业等传统优势产业发展承压，战略新兴产业还未能挑大梁，面临推动产业结构多元化、以新质生产力引领新一轮经济高质量发展的挑战；需求侧投资、消费、出口三大动力萎缩，面临破立并举进一步全面深化改革，在开放、创新中激发和增强城市发展活力动力；空间结构不够合理，面临老旧空间改造与新兴空间开发、城市内部空间整合优化与城市外部空间对接融合等现实问题。

从理论和经验看，城市发展转型是多领域、多方面、多层次、多视角的综合转型，是推动城市发展主导要素变化进而推动城市发展阶段与发展模式的重大结构性转变[14,15]。因此，广州要跨越当前发展面临的产业结构转换、动力结构转换、空间结构转换以及体制机制重构等问题，实现成功转型并迈向更高发展水平，需要从变化中把握拐点、机遇和窗口，从全局出发找到突破口进行资源重组升级和优化配置。而这一过程所需要的时间及其结果具有不确定性，将对广州建设中心型世界城市的各项目标任务产生冲击和影响。

3. 城市传统优势面临被分流

经过 2230 多年的发展，广州逐渐形成了服务业比重高、商业应用能力强等经济发展整体特征。但是，随着新一轮科技革命和产业变革的演进以及全球和国内发展格局发生变化，广州原先积累起来的一些优势正在面临分流弱化。如随着西方国家加大对我国市场的封锁力度，全球经济贸易碎片化发展趋势日益明显，广州以贸易连接全球的优势被东南亚等周边国家分流。随着电子商务的兴起，特别是快递和物流业的突飞猛进，广州作为世界各国客商到我国采购最集中的城市和国内贸易最重要的集散地的地位优势受到了分流。随着上海进口博览会的兴起，广交会作为我国对外贸易的窗口和晴雨表的作用受到了分流，在一定程度上影响了会展业和进出口的发展。随着国家在全国范围内布局建设自由贸易试验区并形成全方面对外开放格局，一些地区被赋予更大的对外开放政策探索空间，广州改革开放的领先地位受到了分流。随着汽车电动化和汽车智能化的迅猛发展，传统燃油汽车受到强大的冲击，造车新势力短期无法跟上，广州作为我国最大的汽车工业中心城市优势受到了分流。以现代服务业为主导的产业结构使得广州的科技创新基础相对薄弱。随着新技术快速迭代和新兴产业的加快发展，高科技产业实力和科技创新能力相对不足的短板进一步显现，作为华南地区的高教中心的优势尚不能很好地转化为现实的产业科技创新优势，创新潜力尚未得到充分释放。

四、广州建设中心型世界城市的思路目标与战略路径

（一）思路目标

城市发展既有一般共性规律，也有自身独有特点。立足广州优势特征，习近平总书记明确要求广州要实现老城市新活力，在综合城市功能、城市文化综合实力、现代服务业、现代化国际化营商环境方面出新出彩，寄语广州积极推进粤港澳大湾区建设，继续在高质量发展方面发挥"领头羊"和排头兵作用①。以此为根本遵循，在持续变化和再平衡的世界城市体系中，广州建设中心型世界城市的总体思路是：深入学习贯彻习近平总书记关于城市发展的系列新思想、新观点、新论断，完整准确全面贯彻新发展理念，坚持以人民为中心，以城市能级提升为牵引，以做大"连接性"优势提升"中心性"功能为重点，通过改革开放创新

---

① 龙成柳. 老城市焕发新活力，书写高质量发展新答卷［N/OL］. 广州日报，2023 – 04 – 14，https：//baijiahao. baidu. com/s？ id =1763118903159325920&wfr = spider&for = pc.

建立畅通世界的联系网络、体制机制和文化文明，持续增强全球流量的集散和配置能力，在全球城市网络中建成具有强大控制力和影响力的中心城市。

基于此，我们认为，广州建设中心型世界城市的三大目标任务也即三大观察维度是：一是集聚能力，能够源源不断集聚全球人才、技术、知识、资本、数据等要素资源，并根据城市发展阶段持续优化要素供给结构，支撑新质生产力发展。二是连接能力，通过硬联通和软联通，实行更高水平的制度型开放，积极嵌入全球交通网络、信息网络、生产网络、创新网络和服务网络，引领构建全球合作交流体系，以更强力度、更广层面、更多方式建立健全要素资源通往广州、流向世界的通道。三是辐射能力，依托国际化企业、国际化平台、国际化组织、国际化市场、国际化规则、国际化标准，持续增强经济、科技、文化、服务输出能力和带动能力。通过锻造上述三种能力，协同增强城市控制力和影响力，最终把广州建设成为全球一流标杆城市和世界最高水平的现代化城市。

（二）战略路径

围绕建设中心型世界城市的总体思路和目标要求，广州需不断总结和运用改革开放以来从华南中心城市成功迈向国家中心城市建设的宝贵经验，立足演化阶段特征，紧跟时代步伐，顺应实践发展，突出问题导向，坚持以结构转换为主线，加强顶层设计、总体谋划，破立并举、先立后破，在新的起点上推进城市动力变革、产业变革、要素变革、空间变革、制度变革和功能提升，增强经济和社会、政府和市场、效率和公平、活力和秩序、发展和安全的系统性、整体性和协同性，实现发展优势再造和核心竞争力重塑。

1. 动力结构转换

在不同阶段，各个因素对城市发展的影响程度不尽相同，由其构成的城市发展动力结构往往随着时代的变迁不断丰富、更新与重构[16]。综合国内外宏观新形势新变化和自身发展新阶段新特征，未来一段时期内广州投资、消费、出口等极有可能维持中低速增长，由其形成的动力可能不足以支撑中心型世界城市建设。为此，需要通过统筹推进教育科技人才体制机制一体化改革，协同提升基础创新、科技创新、产业创新、制度创新融通水平和整体效能，健全绿色低碳发展机制，加快构建以科技创新动力和绿色发展动力为主导的新型动力结构，孕育出一批面向细分领域的技术创新型和商业模式创新型的企业群体，不断增强经济发展内生动力，提升中心型世界城市的含金量和含绿量。

2. 功能结构转换

纵观全球，不同城市在不同发展阶段固然有其不同的功能特征，但以城市功能转换和能级提升强化要素资源集聚配置能力，进而获取源源不断的发展动力是通行做法。事实上，纽约、伦敦、东京、新加坡等全球城市，其城市功能大致经历了最初以航运、贸易和制造功能为主导的阶段向当前以创新、决策与配置功能为主导的阶段，对全球高端资源的控制能力越来越强，在全球或者区域的引领地位越来越突出[14,17-19]。世界领先城市功能演进轨迹为广州提质升级中心型世界城市功能指明了方向：依托国际综合交通枢纽和综合性门户城市建设重点增强开放链接功能，依托国际商贸中心建设重点增强高端服务功能，依托全国先进制造业基地建设重点增强高端产业引领功能，依托国际科技创新中心重要承载地建设重点增强科技创新策源功能。通过推动国际综合交通枢纽、国际商贸中心、综合性门户城市、全国先进制造业基地、国际科技创新中心重要承载地相互赋能、联动发展，最终增强中心型世界城市的高端价值创造功能和高端资源配置功能。

3. 产业结构转换

在全球领先城市中，发展服务经济尤其是金融服务和高端生产性服务业是共同选择[20]，但是越来越多的城市尤其是新兴世界城市也在制造业特别是高新技术制造业领域拥有强大的竞争力[17]。广州制造业比重下降偏快、制造业比重偏低、制造业回归偏慢、生产性服务业比重偏低、消费性服务业偏高，不利于城市中长期竞争力培育与提升。面向未来，必须通过推动数字经济与实体经济融合、现代服务业与先进制造业融合两种方式，支持汽车等制造业智能化、绿色化、融合化转型升级，在新一代信息技术、人工智能、航空航天、新能源、新材料、高端装备等技术和产业前沿领域培育新竞争优势，着力构建先进制造业、现代服务业和战略性新兴产业"三轮驱动"的现代化产业体系，大幅提升产业链现代化水平，加快培育形成新质生产力。

4. 要素结构转换

城市发展很大程度上取决于要素资源的积累和使用效率。在可预见的未来，劳动力、土地、资本、技术和数据仍然是五大生产要素，但各个要素内部结构升级和要素之间创新性配置将对广州建设中心型世界城市产生极其重要的影响。对于劳动力要素，重点是积极应对人口增长放缓和老龄化趋势，提升青年劳动力和人才吸引力，关注以人形机器人为代表的新型劳动工具引发新变化，面向数字时代培育适应新质生产发展需要的新型劳动者，持续提升人口劳动生产率水平。对于土地要素，重点是盘活存量土地和低效用地，通过区域融合和飞地建设适度扩大增量供给，形成支撑新质生产力发展的优质空间。对于资本要素，重点是在扩大资本总量规模的前提下增加投向高新技术产业和新兴产业的比重，增加耐心资本积累。对于技术要素，重点是充分激发企业家精神，加快形成以企业为主体的创新体系，促进基础创新、技术创新和产业创新贯通发展。对于数据要素，重点是加快构建成熟稳定、可靠安全、运行高效的数据要素交易市场，提升数字要素市场化配置和数据价值转化能力，支撑数字产业化和产业数字化发展。

5. 空间结构转换

空间是城市要素、产业和功能的承载者。广州建设中心型世界城市主要面临中心城区过于密集、新城区发展能级有待增强、城乡存在二元结构、都市圈城市群引领功能不够强、城市空间纵深不够广等制约。面向未来，顺应世界城市空间布局演化趋势，着眼于调整优化城市内部空间，重点是以枢纽空间、创新空间、融湾空间、绿色空间、生活空间为重点培育形成各具特色的空间增长极，着力打造多中心网络式城市空间结构；突破陆域发展思维，统筹规划陆域和滨水地区发展，把建设海洋城市作为广州构建新发展格局、实现高质量发展的重要战略支撑，着力打造陆海融合型世界城市。着眼于融合对接城市外部空间，重点构建高效有序的外部城市网络，着力打造国内国际双循环战略链接城市，协同区域发展、拓展腹地纵深，为城市与城市、城市与区域、城市与全球开放合作提供支撑。

五、广州建设中心型世界城市的重点方向与策略建议

（一）建设功能均衡的综合城市

经济价值构成世界城市价值的基础，城市地位与其经济规模、经济功能及经济辐射范围密切相关。但是，越来越多全球城市发展的价值取向正由高度聚焦经济价值转向关注综合价值。在世界城市体系中，既有纽约、伦敦等多项功能均居于领先地位的综合性城市，也有维也纳、法兰克福等某项功能相对突出的专业性城市，两类城市一并构成了多样化的全球城市体系。在广东省及华南地区，广州和深圳作为"双子城"而存在，相互之间既有竞争也有合作。从城市功能看，深圳是经济特区，

主要聚焦经济创新发展功能。广州作为国家中心城市和省会城市，需要承担区域经济、政治、文化等复合性功能。因此，广州建设中心型世界城市，无论是从与毗邻的深圳关系看，还是从自身的使命要求看，都需要朝着功能均衡的综合城市目标发展，即经济、教育、医疗、文化等领域都要相对协调、均衡发展，以更好地向外输出高效率的生产服务和高品质的生活服务，持续增强辐射带动能力。

（二）建设多向融合的创新城市

当前，信息、生命、制造、能源、空间、海洋等前沿技术、颠覆性技术不断涌现并成为创新源泉，一批前沿产业和新兴产业加快成长并成为现代化产业体系的新生力量和引领力量。在此背景下，把握新一轮科技革命与产业变革趋势，面向技术和产业前沿培育新竞争优势，加快形成新质生产力已经成为各个城市的共同选择。顺应这一趋势，广州需加快寻找新路径推动人才智力、教育科研、文化体验、科技创新优势深度融合，打造"科研＋教育＋文化＋科技＋产业"一体化综合性创新枢纽，持续提升以企业创新和产业创新为代表的市场创新在创新结构中的比重，打造成为全球重要的科技创新中心。主动应对服务型经济对科技创新发展形成的路径锁定效应，更加充分融入粤港澳大湾区先进制造业和高新技术产业集群当中，推进创新网络、创新平台、创新市场建设，加快推动构建区域创新共同体，使技术创新和科技研发更好地找到空间载体、产业支撑和服务市场。依托环五山、环大学城、环庆盛、环南沙大科学装置周边地区等重要创新空间，通过科研院所、高等院校、龙头企业、领军企业的协同联动，重点布局重大科技基础设施、科技创新研发机构、科技创新孵化基地、科技创新服务体系、高新技术产业，促进科研院所、高等院校、创新型企业科研科技资源整合并形成创新联合体，打造国家级科技成果孵化和转化示范带。

（三）建设高效链接的数字城市

随着新一轮科技革命和产业变革的孕育发展，数字经济成为重塑全球竞争力的关键力量，哪一个城市能在数字化发展上占据制高点，谁就有可能掌握先机、赢得优势、赢得未来。面向未来，主动响应数字化背景下城市竞争力构成变化的新特点，牢牢把握数字经济发展趋势和规律，广州需持续推动城市全面数字化转型，在政府层面形成推进数字经济发展高度协同的机制，在社会层面形成高度认同数字化发展的氛围，在市场层面形成企业数字化转型、数字化企业发展高度活跃的态势，在空间层面形成产业链高度融合的数字产业集群，为增强城市能级、制胜未来装上强大的动力引擎。聚焦打造国内国际数字双循环战略链接城市的战略目标，面向国际加快数字基础设施互联互通、数字技术创新协同、数字要素流通共享、数字经济平台共建、数字产业链贯通，积极推动与"一带一路"共建国家的合作交流，建设国际数据资源配置中心、国际数字贸易中心、国际数字金融中心和国际数字创新中心。

（四）建设活力迸发的枢纽城市

相比一般城市，枢纽城市更加强调其在区域乃至全球网络中的连接度。依托具备国际影响力的海、陆、空立体化交通体系优势，广州建设枢纽城市未来重点是以交通枢纽能级提升带动产业枢纽能级和城市功能能级全面提升为主线，做大做强枢纽经济。聚焦枢纽开发建设拓展枢纽经济承载空间，持续推动机场、港口、铁路等枢纽设施优化布局和承载能力提升，围绕重大交通枢纽设施增强重大战略平台竞争力，增强其对资源要素的汇聚集聚和吸附承载能力；以枢纽设施为核心完善圈层生产生活空间布局，增强所在区域的商业贸易、商务办公、旅游休闲、消费娱乐、生活居住、高端专业服务等功能，推动枢纽区向功能区和新城区转变，更好地实现产城人融合，加快培育枢纽经济增长极。聚焦枢纽搭建网络拓展枢纽经济辐射空间，持续优化全球领先空港、世界一流港口、世界级铁路网络，巩固提升与"全球南方"等重点地区的联通度，拓展深化与欧美发达地区中心城市的联系度，形成畅行全球的立体式交通网络，加快融入全球枢纽经济体系当中。聚焦枢纽流量转化拓展枢纽经济市场空间，围绕打通"枢纽建设—流量集聚—要素转化—产业融合"的链路，因地制宜重点推动临空经济、海洋经济、商贸物流、旅游会展、先进制造等产业发展，形成优势明显、特色突出的产业集群，实现枢纽建设与实体经济深度融合发展。

（五）建设快慢结合的生活城市

回顾世界城市发展史，工业经济时代世界城市的功能以生产为主，主要关注生产的效率性与便利性，当发展到一定水平后，逐渐更加关注人的发展，包括城市的生态宜居性、适应高端要素流动的人文环境以及城市发展的可持续性等。至此，世界城市从效率导向转向生活导向。可以预见，广州在建设中心型世界城市的进程中，也必将经历从生产城市向生活城市的转变，即不再高度执着于推动经济高速增长，而是在高效的生产服务体系中让人们的工作生活节奏适当慢下来，用更多时间享受城市发展带来的美好体验。借鉴纽约、伦敦、巴塞罗那等世界城市加快推进超级街区和步行城市建设经验做法，在城市更新改造过程中广州可从街区和社区等多尺度进行系统性顶层设计、全要素协同塑造，健全宏中微多层级公众参与机制，通过技术性和结构性改造增加市民和游客在公共空间、消费商圈、休闲空间的停留时间，促进人们的情感交流、提升生活幸福感，增加消费促进经济尤其是商贸业的繁荣发展。在全市范围内选取一批有条件的地区进行试点示范，从以车为先转向以人为先的理念，通过更新改造提高城市慢行空间规模和品质，合理布局文化艺术、展览博览、美食购物、娱乐休闲等设施和业态，让人们愿意享受更多的线下美好时光，进一步增强城市的烟火气、亲切感和吸引力。按照"试点带动、典型引路、全面推开"的路径，优化社区便民服务布局、优化社区商业网点布局、提升社区商业业态品质、创新社区消费场景，建设以人为本、低碳韧性、公平包容、宜居宜业的一刻钟便民生活圈[①]。

（六）建设开放包容的国际城市

党的二十届三中全会明确指出"开放是中国式现代化的鲜明标识。必须坚持对外开放基本国策，坚持以开放促改革，依托我国超大规模市场优势，在扩大国际合作中提升开放能力，建设更高水平开放型经济新体制"。历史上广州一直是我国对外开放的前沿地，开放已经成为城市迭代升级的重要基因和动力。面向未来，广州建设中心型世界城市，需充分发挥综合性门户城市、"一带一路"枢纽城市的作用，积极融入粤港澳大湾区、国家重大区域战略和全球化进程，充分发挥广交会等开放型平台链接国内外市场功能以及南沙、中新（广州）知识城等体制机制创新和国际网络优势，继续探索实施更高水平的制度型对外开放政策，稳步扩大制度型开放。培育具有国际化布局能力的平台型企业，集聚国际组织、跨国企业总部及分支机构，搭建国际化合作交流平台，吸引国际人才，营造城市国际化环境，积极嵌入全球产业链供应链体系中，主动担当国内国际双循环战略支点功能，持续提升面向全球的输出能力和配置能力。

（七）建设可持续发展的绿色城市

2024 年 7 月 31 日，中共中央、国务院正式印发《关于加快经济社会发展全面绿色转型的意见》，明确指出推动经济社会发展绿色化、低碳化，是新时代党治国理政新理念新实践的重要标志。事实上，以纽

---

① 2023 年 7 月 11 日，商务部等 13 部门已制定印发《全面推进城市一刻钟便民生活圈建设三年行动计划（2023 - 2025）》。

约、伦敦、东京、巴黎为代表的世界城市在其发展过程中都出台了一系列推动绿色发展举措。面向未来，在 2030 年前实现碳达峰、在 2060 年前实现碳中和的整体目标要求下，广州必须率先推动绿色变革，积极开展气候适应型城市建设①，有效应对气候变化、资源有限、环境脆弱与城市发展之间的矛盾。聚焦绿色技术创新与应用，构建国际领先的绿色技术研发创新平台，开展氢能、储能、碳捕集、碳封存等国际前沿绿色技术开展科技攻关，掌握一批具有自主知识产权的绿色低碳核心技术。聚焦绿色低碳产业结构构建，推动传统产业绿色低碳改造升级，建设绿色制造体系和服务体系，推进产业数字化智能化同绿色化的深度融合，持续提升绿色全要素生产率。聚焦城市建设运行绿色转型，稳妥推进能源、交通、城乡建设、环境、消费模式全面绿色低碳转型。聚焦健全绿色城市发展体制机制，加快制定推动绿色发展的地方性法规或规划方案，不断完善推进绿色发展的财税、金融、投资、价格、市场化政策，建立健全绿色低碳发展的标准管理评价体系；深入实施"数据要素×绿色低碳"行动，面向智能时代协同推进城市数字化转型和绿色化转型。

参考文献

[1] 石光宇．经济全球化视角下的中国全球城市形成及影响研究 [J]．全球城市研究（中英文），2024，5（1）：1-16.

[2] 苏宁．金融危机后的世界城市——影响、变化与新趋势 [J]．世界经济研究，2011（9）：10-15.

[3] 宁越敏．世界城市研究和中国的世界城市建设 [J]．探索与争鸣，2019（3）：8-10.

[4] 徐刚，王德，晏龙旭，等．西方世界城市网络的理论、方法和议题 [J]．地理科学进展，2024（1）：179-189.

① 2024 年 5 月 13 日，生态环境部等部门共同发布《关于印发深化气候适应型城市建设试点名单的通知》，确定北京市门头沟区等 39 个市（区）为深化气候适应型城市建设试点。深圳是广东省内唯一入选城市。

［5］Taylor P. J. Specification of the World City Network ［J］. Geographical Analysis，2001，33（2）：181 - 194.

［6］Friedmann J. The World City Hypothesis ［J］. Development and Change，1986，17（1）：69 - 83.

［7］Beaverstock J. V.，Smith R. G.，Taylor P. J. World-city Network：A New Metageography？［J］. Annals of the Association of American Geographer，2000，90（1）：123 - 134.

［8］苏宁. 全球城市迭代发展的理论探索与中国实践 ［M］. 上海：上海人民出版社，2022.

［9］周振华. 全球城市：演化原理与上海2050 ［M］. 上海：格致出版社、上海人民出版社，2017.

［10］王世福，张弘，刘铮. 粤港澳大湾区时代广州走向全球城市的思考 ［J］. 城市观察，2018（3）：5 - 14.

［11］倪鹏飞，王海波，徐海东，等. 全球城市竞争力：格局、层级与类型——基于全球1007个城市的聚类分析 ［J］. 江海学刊，2021（1）：104 - 111.

［12］古恒宇，沈体雁. 中国高学历人才的空间演化特征及驱动因素 ［J］. 地理学报，2021（2）：326 - 340.

［13］陈磊. 从伦敦、纽约和东京看世界城市形成的阶段、特征与规律 ［J］. 城市观察，2011（4）：84 - 93.

［14］姜炎鹏，林栋，李静宜. 伦敦成长为全球城市的转型过程：产业与发展战略视角 ［J］. 世界地理研究，2024（5）：98 - 110.

［15］沈清基. 论城市转型的三大主题：科学、文明与生态 ［J］. 城市规划学刊，2014（1）：24 - 32.

［16］袁晓玲，郭一霖，王恒旭，等. 中国城市发展质量测算与动力机制研究 ［J］. 北京工业大学学报（社会科学版），2022（3）：159 - 174.

［17］吴忠. 纽约、东京、伦敦制造业发展模式及对上海的启示 ［J］. 科学发展，2018（11）：14 - 25.

［18］王伟，赵景华. 新世纪全球大城市发展战略关注重点与转型启示——基于15个城市发展战略文本梳理评析［J］. 城市发展研究，2013（1）：1 - 8.

［19］王勤. 新加坡的产业转型和创新驱动及其启示［J］. 创新，2021（1）：64 - 75.

［20］萨斯基娅·萨森. 全球城市转型之问［J］. 探索与争鸣，2019（3）：5 - 7.

The Vision，Goals，and Pathway Strategies for Building Guangzhou into a Centralized World City

Qin Jian[1,2]，**Zou Xiaohua**[1,2]，**Liu Yueping**[1,2]

（1. Regional Development Institute，Guangzhou Academy of

Social Sciences，Guangzhou 510410；

2. Guangzhou Urban Strategy Institute，

Guangzhou Academy of Social Sciences，Guangzhou 510410）

Abstract：The theoretical foundation of building a centralized world city stems from the theories of world cities and world city networks. The interpretation and the practice of building a centralized world city require an observation from a global，national，and regional spatial perspective，with centrality，networking，and connectivity as the core elements. Over the next 20 to 30 years，constructing a remarkable and outstanding centralized world city represents a significant mission for Guangzhou in exploring practical experiences of Chinese-style modern urbanization and revitalizing old cities with high-quality development. Guangzhou's endeavor to become a centralized world city necessitates a keen awareness of the profound impacts arising from the major changes unseen in a century that are reshaping productivity and production relations, the further deepening of comprehensive reforms and the advancement of Chinese-style modernization, as well as the evolution of new patterns in the Guangdong – Hong Kong – Macao Greater Bay Area and the strategic layout of major national regions. Confronting challenges such as inadequate urban export functions, structural transformation during urban development, and the potential diversion of traditional urban advantages, Guangzhou must adhere to a people-centered approach, driven by the enhancement of urban capacity, with structural transformation as the main thread, and prioritize the strengthening of "centrality" functions by expanding "connectivity" advantages. The focus should be on building a balanced comprehensive city, an innovative city with multi-directional integration, a highly connected digital city, a vibrant hub city, a city that balances fast and slow lifestyles, an open and inclusive international city, and a green city pursuing sustainable development. These efforts will propel changes in urban dynamics, industries, factors, space, systems, and functions, continuously enhancing Guangzhou's control and influence, ultimately positioning it as a world-class benchmark and a modern city of the highest international standards.

Key Words: centralized global city; world city network; Chinese-style modernization; structural transformation

广州建设中心型世界城市的
演进逻辑与功能目标[*]

程风雨[1] 黄 磊[2] 王翔宇[1**]

（1. 广州市社会科学院 区域发展研究所，广州 510410；

2. 江西科技师范大学 职业教育研究院，南昌 330038）

摘要：在中国迈向两个百年奋斗目标的关键时期，广州作为华南地区核心引擎、国家中心城市，肩负着引领区域发展、提升国家竞争力的重要使命。面向未来，广州不仅要在国内发挥"领头羊"作用，更要在国际舞台上展现其独特魅力和影响力，成为中心型世界城市。从历史逻辑来看，广州经历从华南中心城市到国家中心城市再到引领型国家中心城市的演进过程；从空间维度看，广州实现从单中心城市向枢纽型网络城市、从陆域城市向陆海空联动型城市的转变；从类型维度看，广州则从工业型、商贸型城市向服务型、融合型城市转变。面向未来，广州要围绕建设全球一流标杆城市和世界最高水平现代化城市的目标，进一步增强全球资源配置、高端服务、科技创新等六大核心功能，为实现两个百年奋斗目标和国家发展大局贡献广州力量。

关键词：广州；世界城市；逻辑机理；历史演进；目标功能

---

* 基金项目：广州市哲学社会科学发展"十四五"规划 2025 年度市委市政府重大课题"广州加快打造人工智能与机器人产业高地研究"（2025GZZD23）；广州市哲学社会科学发展"十四五"规划 2024 年度常规课题项目（2024GZGJ249）"以科技自立自强之进推动广州高质量发展新动能实现新跃升研究：基于发展新质生产力的视角"；广州市哲学社会科学发展"十四五"规划 2024 年度市委市政府重大课题"广州建设中心型世界城市研究"（2024GZZD37）。

** 作者简介：程风雨（1981—），男，研究员，研究方向为城市经济与公共政策；
黄磊（1987—），男，讲师，研究方向为区域经济和产业经济；
王翔宇（1992—），男，副研究员，研究方向为产业创新转型、城市与区域发展战略。

近年来，随着全球化的不断深入和城市竞争的日益激烈，全球城市体系中涌现出一批具备全球资源配置能力、创新策源能力和产业引领能力的中心型城市。这些城市通过强化自身的综合功能，在全球城市网络中占据至关重要的地位，并在全球经济、科技和文化等领域发挥着主导作用。作为中国的重要门户城市之一，广州也在积极推动自身的全球化进程，致力于建设中心型世界城市。根据《广州市国土空间总体规划（2021—2035年）》（以下简称《规划》），广州的发展目标是提升全球资源配置能力、高端服务功能和科技创新策源能力，这为其迈向中心型世界城市奠定了重要基础。党的二十届三中全会明确指出："要加快建设以创新为主要动力的现代化经济体系，以高水平的开放推动高质量发展"，这一指引为广州的城市发展提供了战略方向，强调了创新与开放的重要性。根据现有文献不难发现，全球城市的建设不仅依赖于经济实力，还需要在科技创新、高端服务、产业引领等多维度上全面发展。广州的城市发展战略需要在这一框架下进行全方位部署，以确保在全球城市竞争中赢得优势。为此，本文将通过对广州功能维度、空间维度和类型维度的分析，探讨其建设中心型世界城市的演进逻辑和未来方向，从而为促进广州高质量发展提供参考。

一、广州建设中心型世界城市的演进逻辑

（一）功能维度的演进

广州城市功能定位随着时代变迁而不断演进。从华南中心城市到国家中心城市，再到国家重要中心城市，广州每一步发展都见证其在国家发展大局中的战略地位不断提升。未来，广州要致力于成为引领型国家中心城市、国际大都市，并最终迈向中心型世界城市。这一功能维度的演进，是广州建设中心型世界城市的重要基础。

1. 华南中心城市发展阶段，初步构建区域引领与全球视野

广州作为华南地区中心城市，在经济、文化及国际影响力等多个维度方面均取得显著进展，为其在全球城市网络中构建区域引领与全球视野奠定坚实基础。在经济上，自 1978 年以来，广州经济进入快速增长期，GDP 年均增长率远超全国平均水平，这得益于现代化工业部门的崛起，特别是电子、纺织等产业快速发展，推动广州经济结构优化与转型。在对外贸易与国际化方面，广州作为对外开放前沿阵地，出口总额持续攀升，积极吸引外资，成为跨国企业投资热土。这不仅为广州经济发展注入强大动力，也加速本地企业国际化进程，提升广州在全球经济体系中的地位。基础设施与城市功能完善是广州发展又一重要支撑。广州不断加大基础设施建设投入，构建完善交通网络和公共服务体系，如白云国际机场、广州南站等大型交通枢纽的建成，极大地提升了城市交通便利性和国际连通性。同时，教育、医疗等公共服务设施的完善，也增强了广州吸引力和竞争力。此外，广州还注重文化软实力培育和提升，通过举办文化艺术活动、加强与国际文化机构交流合作等方式，将岭南文化推向世界舞台。同时，注重岭南文化传承与创新，形成独具特色的城市文化风貌，进一步提升广州国际影响力。

2. 国家中心城市阶段，强化广州国家战略下的全球角色

被赋予国家中心城市地位后，广州在全球城市体系中的角色更加凸显。它不仅在国内区域协调发展中发挥关键作用，还通过加强国际合作、推动经济转型升级等措施，逐步提升在全球范围内的知名度和影响力。这一阶段的成就，为广州在全球城市网络中占据更加重要的位置，进而向中心型世界城市目标靠近提供有力支撑。广州作为历史悠久的国际交流枢纽和海上丝绸之路起点，拥有独特的文化积淀与地理优势。自改革开放以来，广州经济迅速腾飞，确立国家中心城市地位。其经济基础牢固，以汽车制造、电子信息、生物医药为支柱产业，形成完整产业链。同时，广州注重科技创新，不断增加科研投入，营造浓厚创新环境。凭借白云国际机场和广州港等完善的交通设施，广州在全球经贸往来中占据重要地位。此外，广州还积极参与区域协调发展与国际合作，致力于推动经济转型升级，为全球经济繁荣贡献中国力量，进一步巩固其作为全球城市的重要角色。

3. 国家重要中心城市阶段，全面提升全球竞争力与影响力

在国家重要中心城市阶段，广州在科技创新、高端服务、国际交往等领域取得显著成就。这些成就不仅巩固广州在国内市场的领先地位，还使其在国际市场上崭露头角，全球竞争力与影响力得到全面提升。通过推动科技创新、提升服务质量、拓展国际市场等措施，广州逐步构建起在全球城市竞争中的优势地位，为中心型世界城市的建设奠定坚实基础。在新时代背景下，广州作为国家重要中心城市，展现出强大科技创新力，政府与企业合作构建创新生态系统，特别是在人工智能、5G通信等领域取得显著成就，推动产业升级并为国家高质量发展注入动力。同时，广州以专业化、国际化的高端服务业为经济发展提供坚实支撑，吸引优质企业和人才聚集，提升城市形象与居民生活品质。作为国际交往中心，广州积极融入全球治理体系，成功举办国际性活动，加强"一带一路"共建合作，展现开放包容形象。此外，广州在文化传承与创新上同样出色，保护与传承历史文化资源，注重与现代生活融合，形成了独特的城市文化风貌，增强文化软实力和国际竞争力，为城市经济社会全面发展注入新活力。

4. 引领型国家中心城市阶段，探索创新驱动与全球引领

进入引领型国家中心城市阶段，广州致力于实现高质量发展，通过加大科研投入、优化产业结构、提升城市治理水平等措施，广州在经济、科技、文化等领域持续取得突破，开始在全球城市发展中发挥引领作用。在全球化和信息化背景下，广州将创新驱动发展战略置于核心地位，持续加大科研投入，推动科技创新，实现高新技术企业数量和专利申请量快速增长。同时，广州坚定追求高质量发展，通过优化产业结构、提升产业链水平和加强生态环境保护，实现经济与环境双赢。此外，广州积极融入世界经济体系，加强与国际社会交流合作，并充分利用信息化手段提升城市治理水平和服务效率，打造智慧城市典范。在创新驱动和高质量发展推动下，广州城市综合实力实现全面提升，经济持续稳定增长，社会公共服务设施日益完善，环境质量得到根本改善，为引领全国乃至全球城市发展潮流提供坚实保障。

5. 国际大都市阶段，增强全球资源汇聚与影响力辐射

随着国际影响力的显著提升，广州正以坚定步伐迈向具有全球视野和强大竞争力的国际大都市。通过优化营商环境、加强国际合作、推动全球化进程等措施，广州在全球城市网络中的地位更加稳固。它不仅成为国际资本、技术和人才的重要流入地，还通过自身辐射作用带动周边地区和国家共同发展。这一阶段的深化发展，使广州向中心型世界城市的目标又迈进一大步。近年来，广州通过活跃于国际舞台、与多个国家和地区建立友好城市关系，以及成功举办如中国进出口商品交易会等国际会议与展览，不仅展示其开放包容的城市形象，也吸引全球关注与赞誉，为广州奠定坚实的国际大都市地位提供基础保障。在经济方面，广州持续保持稳健增长，不断优化营商环境，简化行政审批流程，提高政务服务效率，这些举措吸引了大量国际知名企业和高端人才纷纷落户广州，为城市经济社会发展注入新活力。同时，广州还注重提升文化软实力，通过加强文化遗产保护、推动文化创意产业发展以及举办各类国际文化交流活动，成功打造多个具有国际影响力的文化品牌，进一步促进与国际文化界的交流与合作。此外，广州在基础设施建设方面也取得显著成就，国际航空枢纽、综合性枢纽港以及城市交通、信息通信等基础设施的不断完善，不仅提高城市运行效率和居民生活质量，也为广州在国际大都市的竞争中提供有力支撑，使其在全球舞台上占据更加有利的位置。

6. 世界一线城市阶段，奠定坚实的国际地位与影响力基础

世界一线城市阶段是广州迈向中心型世界城市的重要历史起点和动力源泉。广州在全球城市体系中的不断攀升，正是其长期以来坚持改革开放、推动经济转型升级、深化国际交流与合作、强化科技创新与人才战略的结晶。这一过程不仅彰显广州作为国际大都市的魅力和实力，也为其未来迈向更高层次的世界城市目标奠定坚实基础。广州作为全球城市体系中的重要一员，正与世界其他顶级城市并驾齐驱，稳步迈向世界一线城市行列。其经济实力雄厚，产业结构持续优化，不仅巩固传统制造业优势，还大力发展现代服务业，特别是金融、科技服务、文化创意等高端服务业，形成多元化、高端化的产业体系。这一转变不仅提升广州在全球产业链中的地位，也增强其经济抗风险能力和可持续发展动力。在国际交流与合作方面，广州积极融入全球经济体系，深化与各国经贸合作，同时拓展文化、教育、科技等多领域国际合作。通过建立广泛友好城市关系、举办国际性会议和展览、推动留学生交流等方式，广州不断拓宽国际视野，提升国际影响力，为城市发展注入更多国际元素和活力。

最终，广州将成为全球城市网络中的核心节点，发挥综合引领和辐射带动作用。通过加强与国际城市交流合作、推动全球治理体系改革、促进可持续发展等措施，广州将在全球城市竞争中脱颖而出，成为连接东西方文明的桥梁和纽带。作为中心型世界城市，广州将不仅在全球经济、科技、文化等领域发挥重要作用，还将通过自身成功经验与模式为全球城市发展提供示范与引领。

（二）空间维度的拓展

广州城市空间结构正经历一场深刻的变革，从传统的单中心聚焦模式逐步向多元、开放、联动的中心型世界城市迈进。这一空间维度的战略拓展，不仅为广州城市发展开辟更为广阔的天地，更为其在全球舞台

上扮演更加重要的角色奠定坚实基础。从单中心城市的历史积淀，到枢纽型网络城市的现代构建，再到陆海空联动型城市的全球联通，广州正逐步实现资源高效整合与要素自由流通，显著增强其全球竞争力。

1. 单中心城市初步整合文化传承与城市功能

在早期，广州以越秀、荔湾等传统城区为核心，形成鲜明的单中心城市格局。这一格局不仅承载着广州深厚的历史文化底蕴，如南越王宫署遗址、陈家祠等岭南文化瑰宝，还通过城市功能初步整合，形成商业、政治、文化等多方面集聚效应。在单中心城市模式下，广州空间结构相对紧凑，资源配置得以优化，从而推动经济快速增长。这一阶段的历史奠基对广州城市发展具有深远影响。首先，单中心城市格局为广州积累了丰厚的物质基础，为后续城市建设和发展提供资金支持。其次，这一格局塑造了广州独特的文化形象和品牌价值，使广州在全球城市中具有鲜明地域特色和文化认同。最后，单中心城市的历史奠基为广州空间拓展和城市发展奠定坚实基础，为后续转型和升级提供有力支撑。然而，随着城市的发展，单中心城市格局逐渐面临空间限制和交通拥堵等问题。为应对这些挑战，广州开始寻求空间结构拓展和演变，逐步迈向更加多元、开放的城市空间结构。

2. 枢纽型网络城市升级多中心协同格局与交通基础设施

在单中心城市格局基础上，广州开始寻求从单中心向枢纽型网络城市的转型。这一转型过程中，广州通过形成多中心网络格局，实现城市功能的分散和协同。珠江新城、琶洲、金融城等核心节点战略分布，各自承载不同的城市功能和发展定位，共同构成城市发展主骨架。多中心网络格局的形成对广州城市发展具有重要意义。首先，这一格局缓解单中心城市的空间压力，避免城市功能过度集中和资源过度消耗。其次，多中心协同提升城市整体运行效率，促进各核心节点之间的经济联系和互动。最后，通过交通基础设施升级和多元化、立体化交通网络的打造，广州实现与全球各地的快速连接和高效互通，为国际化发展提供有力支撑。在枢纽型网络城市的构建过程中，广州还注重城市功能完善和提升。通过加强商业、文化、教育等领域建设，广州提升了城市综合竞争力和吸引力，为城市可持续发展奠定坚实基础。

3. 陆海空联动型城市融合立体交通体系与全球物流网络

随着多中心格局的逐步形成和交通基础设施的不断完善，广州进一步向陆海空联动型城市迈进。广州依托其完善的陆海空交通网络，成功构建全球化立体交通体系。这一体系不仅包括白云国际机场、南沙港等重要交通枢纽，还涵盖四通八达的高速公路和城际铁路系统。陆海空联动型城市的构建对广州城市发展具有深远影响。首先，通过立体交通体系的构建，广州实现与全球各地的快速连接和高效互通，为城市快速发展提供强有力支撑。其次，全球物流网络的构建促进广州与全球各地的经济联系和互动，提升广州在全球物流和交通领域的地位。最后，陆海空联动型城市的构建推动广州城市功能进一步完善和提升，为城市可持续发展注入新活力和动力。在陆海空联动型城市的构建过程中，广州注重与周边城市协同发展和合作。通过加强区域合作和资源共享，广州与周边城市形成紧密经济联系和互动，共同推动区域经济繁荣和发展。

（三）类型维度的融合

广州的城市类型从单一的工业型、商贸型向服务型、融合型转变，这一转变体现广州城市发展的多元化和包容性。未来，广州更加注重产业、文化、生态等多方面融合发展，打造宜居宜业宜游的综合型城市。这种融合型城市的发展模式，有助于广州在全球城市体系中占据更加重要的位置。

1. 从工业基地到全球服务枢纽，广州产业结构的战略转型

在改革开放初期，广州作为中国经济改革前沿阵地，迅速抓住历史

机遇，进入工业型城市的发展阶段。这一时期，广州以轻工业为主导，依托其优越的地理位置和开放政策，吸引大量外资和技术，推动制造业蓬勃发展。广州不仅建立了完善的工业体系，还培育出一批具有国际竞争力的企业，奠定其作为全国重要工业基地的地位。政府通过实施改革开放政策，提供税收优惠、简化审批流程、鼓励外资进入等支持措施，为轻工业企业创造良好营商环境，降低运营成本，吸引大量国内外资本，促进企业快速成长和规模扩张。同时，广州地处珠江三角洲腹地，拥有得天独厚的地理位置和四通八达的交通体系，毗邻港澳，便于原材料进口和产品出口，融入全球产业链，提高市场竞争力。此外，随着国内经济的快速发展和人民生活水平的提高，消费者对消费品的需求日益增长，为广州轻工业发展提供广阔的市场空间。广州轻工业产品以其物美价廉特点迅速占领市场，满足多样化需求，并注重品牌建设和技术创新，提升产品质量和售后服务，增强消费者对品牌的信任度和忠诚度。这些因素的共同作用，推动了广州轻工业的持续繁荣，促进整个行业转型升级和高质量发展，奠定广州作为全国重要工业基地的地位。

2. 商贸传统的现代重塑，广州商贸型城市的国际化跃升

广州在新时代背景下，依托其得天独厚的地理位置和深厚的商贸文化底蕴，焕发出新的生机与活力。为适应现代商贸业的发展需求，广州通过深度整合商贸市场集群，实现专业化、品牌化和国际化的显著提升，不仅满足消费者多样化的需求，也提升了市场的整体竞争力和影响力。同时，广州还致力于构建智能化、高效的商贸物流体系，通过引入物联网、大数据等现代信息技术，实现物流信息的实时共享和智能调度，大大提高了物流效率和准确性。此外，广州还注重供应链的透明化和可追溯性建设，确保商品来源的合法性和安全性，进一步增强消费者对广州商贸的信任度。为促进国内外商家的交流合作，广州积极举办国际性商贸展会和论坛，这些活动不仅汇聚全球顶尖的商贸企业和行业专家，还引领行业趋势，传播先进理念，为参会者提供最新市场信息和技

术动态的机会，也拓宽了他们的业务范围和市场空间。在此基础上，广州不断优化营商环境，推出一系列政策创新，如简化审批流程、降低市场准入门槛、加强知识产权保护等，为商户提供更加便捷、高效的服务。同时，政府还积极引导和支持商贸企业进行技术创新和模式创新，推动商贸业向数字化、智能化、绿色化方向发展，为广州商贸业的持续健康发展注入新的活力与动力。

3. 服务业引领的多元增长，广州构建高端服务生态体系

随着全球化和信息化的快速发展，广州作为中国南大门及珠江三角洲核心城市，其产业结构经历从工业型到商贸型，再到服务型城市的显著变革。服务业已成为广州经济的主导力量，展现出强劲的增长势头，并涵盖金融、商贸、物流、旅游、文化创意等多个核心领域。这些领域不仅各自蓬勃发展，还相互融合、相互促进，共同构建了完善的服务业生态系统。广州的金融业吸引众多国内外金融机构入驻，形成完善的金融服务体系；商贸业依托悠久的商业传统和强大的市场辐射力保持领先地位；物流业借助便捷的交通网络和先进的物流技术实现高效货物流通；旅游业则依托丰富的自然和人文资源吸引大量游客；文化创意产业则成为城市文化软实力的重要体现。同时，广州注重服务业的创新发展，鼓励新技术、新模式、新业态的涌现，并培养创新人才和团队。在金融和科技服务业方面，广州展现出强劲的发展势头和引领作用，为服务业的转型升级提供重要支撑，并带动其他服务领域的共同进步。这一蓬勃发展的服务业是多种因素共同作用的结果，包括制造业和商贸业的发展需求、广州独特的地理位置和开放包容的城市氛围、政府和企业的共同努力等，共同推动广州服务业的高质量发展，为城市经济的持续繁荣注入新的活力。

4. 融合型城市的全球愿景，广州迈向中心型世界城市的综合战略

面向未来，广州明确提出构建融合型城市的宏伟蓝图，旨在通过深

度整合产业、文化、生态等多维度资源，全方位打造一个宜居、宜业、宜游的综合型城市。这一战略构想不仅深入挖掘广州作为历史文化名城所蕴含的深厚底蕴，精准把握当前经济社会发展的现实需求，更展现出对未来城市发展趋势的敏锐洞察力。在产业融合上，广州将推动传统产业与新兴产业的交织共生，构建现代产业生态体系，并积极培育战略性新兴产业与未来产业，为城市经济发展注入持续动力。在文化融合上，广州致力于实现传承与创新并举，加强对历史文化遗产的保护与活化利用，同时推动文化与科技、旅游等产业的跨界融合，提升城市文化软实力与国际影响力。在生态融合上，广州秉持绿色发展理念，通过大规模城市绿化、水系综合治理与空气净化等举措，显著提升生态环境质量，并倡导绿色生活方式，共同守护美好家园。最终，通过宜居、宜业、宜游三方面的有机融合与相互促进，广州迈向充满活力与魅力的现代化大都市新篇章，实现城市的全面繁荣与发展。

二、广州建设中心型世界城市的目标功能

（一）建设目标

广州积极推动成为全球经济、科技和文化的重要枢纽，并围绕这一目标展开全方位的战略部署。《规划》与之高度契合，并明确其未来城市发展的关键方向，涵盖全球资源配置、科技创新、高端服务和绿色低碳发展等重点领域。作为重要的国家中心城市，广州通过增强资源配置能力、推动高端产业升级以及强化科技创新，逐步确立其在全球城市体系中的核心地位。同时，智慧城市与绿色发展的结合，将进一步加快城市现代化进程，助力广州成为国际经济、文化和治理的标杆，引领全球城市的可持续发展。

1. 全球一流标杆城市

广州迈向中心型世界城市的首要目标是跻身全球一流标杆城市之列，要求广州在全球资源配置、高端服务、科技创新、高端产业等方面达到世界领先水平。建设全球产业链供应链中心和国际金融中心，提升广州在全球资源配置中的话语权；完善高端服务业体系，提供国际化、专业化的服务；加强科技创新平台建设，推动科技成果转化和应用；发展高端制造业和现代服务业，打造世界级产业集群。广州旨在铸就全球高端产业引领者地位，塑造全球产业版图新地标，为全球经济发展贡献智慧和力量。

（1）构建全球产业链供应链和国际金融中心。着眼于在全球经济版图中占据核心位置，致力于构建全球产业链供应链中心和国际金融中心。目标是成为商品和服务的集散地，同时在全球资源调度和配置中发挥决策者的作用。根据《规划》，提升国际综合交通枢纽功能，尤其是构建以国际航空港为核心的全球物流网络，进一步巩固在全球供应链和物流系统中的关键作用。深化与国际市场的联系，积极参与全球产业分工，推动供应链上下游的高效协同，确保在资源配置中的主导地位。资源配置功能涵盖物质资源的跨国流动与优化配置，同时也涉及资本、技术、信息、人才等高端要素的整合与利用，强化全球经济体系中的重要作用。

（2）打造全球领先的高端服务体系。致力于构建全球领先的高端服务体系，通过吸引国际顶尖企业和人才，形成具有全球影响力的服务产业集群。目标是提供国际化、专业化的高端服务，推动服务经济升级，提升全球服务贸易中的竞争力。结合智慧城市的建设，高端服务与信息技术深度融合，打造未来服务经济的新范式。同时，依托其作为国际综合交通枢纽的优势，进一步推动现代服务业与跨境电子商务的协同发展，强化全球经济节点的地位。高端服务体系在推动全球服务贸易规则制定、构建服务型智慧城市等方面发挥重要作用。

（3）建设全球科技创新策源地。瞄准世界科技前沿，致力于打造全球科技创新策源地，集聚顶尖科研力量和创新团队，攻克关键核心技术，推动科技成果的转化和应用。根据《规划》，依托国际创新创业平台，吸引全球顶尖人才和技术，打造国际科技创新中心。通过加强基础与应用基础研究，力求在前沿领域取得重大突破，构建全球科技创新的新高地。创新生态系统的构建还将通过深化产学研用融合，加速科技成果的商业化和产业化进程，推动全球经济转型升级。

（4）引领全球高端产业发展。聚焦全球高端产业引领，通过培育世界级产业集群，推动高端制造业与现代服务业的跨界融合，构建全球产业发展的新方向。根据《规划》，依托绿色建筑和生态修复，还将大力推进公园城市建设，推动人与自然和谐共生的绿色生态发展模式。目标是通过技术和商业模式的创新，定义未来产业发展路径，推动高端产业的跨越式发展。在全球标准制定中发挥关键作用，推动高端产业链的重塑和升级。

2. 世界领先的现代化城市

致力于建设世界领先的现代化城市，实现城市治理体系和治理能力的现代化。运用大数据、云计算、人工智能等先进技术，提升城市管理效率和公共服务水平；推广绿色建筑和清洁能源，加强生态环境保护，实现经济社会可持续发展；保护和传承历史文化，弘扬岭南文化精髓，打造具有独特魅力的文化名城；完善社会治理体系，推动共建共治共享的社会治理格局形成。

（1）打造全球智慧城市典范。构建全球领先的智慧城市典范，追求技术的先进性，注重通过运用大数据、云计算、人工智能等前沿技术，全面提升城市管理效率与公共服务水平。推进信息技术与城市治理的深度融合，打破信息孤岛，实现数据共享与业务协同，为城市治理提供强大支持。在此过程中，注重可持续发展与绿色低碳理念的融入，努力优化资源配置、提高能源利用效率、减少环境污染，为实现城市经济、社会、环境的协调发展以及碳达峰、碳中和目标贡献智慧与力量。

（2）引领全球绿色低碳发展。全面推广绿色建筑标准与实践，在本土实现建筑能耗与碳排放的大幅降低，致力于将广州的绿色建筑模式推向全球，成为国际上的新标杆。加速推进清洁能源的开发与利用，构建多元化、低碳化的能源体系，为全球能源结构的绿色转型提供广州方案。坚持生态优先的发展理念，加强生态环境保护，打造人与自然和谐共生的绿色典范。将绿色低碳发展作为推动经济社会转型升级的重要动力，通过技术创新、产业结构优化等措施，实现经济社会的可持续发展，并积极参与全球气候治理，与世界各国携手应对气候变化挑战，共同开创全球可持续发展的新未来。

（3）构建全球文化创新高地。注重历史文化遗产的保护与活化，致力于将其融入现代生活，成为连接过去与未来的桥梁。深入挖掘岭南文化的独特魅力并推动其国际传播，努力提升在全球文化版图中的地位。将文化创意产业视为城市经济发展的新引擎，通过多维度扶持措施，打造世界级文化创意产业高地，为城市经济转型升级注入强劲动力。坚持全民共享的文化繁荣理念，构建覆盖城乡的公共文化服务体系，提升市民的文化素养和审美能力，培养全社会的文化自信和文化自觉。

（4）创建全球智慧治理标杆。致力于构建全球领先的社会治理现代化模式，积极打造多元共治生态，让政府、市场、社会等多元主体共同参与，形成协同高效的社会治理格局。推动社会治理的全面智能化转型，开启智慧治理的新时代，为全球智慧城市建设提供新范例。坚定不移地推进依法治国，强化法治基石，确保社会治理活动在法治轨道上稳健前行，守护社会公平正义。

（二）核心功能

在全球化浪潮和国际经济竞争日益激烈的背景下，城市的功能定位与发展战略正成为提升国际竞争力的关键因素。全球领先城市如纽约、伦敦、东京等通过优化资源配置、推动高端产业发展、加强科技创新、提升服务业水平等多方面举措，成功巩固其在全球经济中的重要地位。立足国家战略要求，结合"一带一路"倡议和粤港澳大湾区建设的重大机遇，广州作为中国重要的门户城市，需进一步发挥其优势，不断提升全球资源配置能力、高端服务功能和科技创新策源能力，推动高端产业引领与价值创造，建设开放枢纽门户，打造具有全球影响力的国际化大都市，塑造国际竞争新优势，助力国家战略的实施和全球经济的深度融合。

1. 全球资源配置功能

提升其全球资源配置功能，推动国际贸易和投资便利化、加强与国际金融市场的互联互通，优化国际贸易与投资环境，以及强化国际金融合作，吸引全球优质资源汇聚。推动产业融合发展，提高资源配置效率，加大科技创新投入，引领产业升级。不断完善基础设施网络，包括交通和信息技术，以支撑全球资源配置活动，促进与全球市场的紧密联系，进而提升在全球经济中的地位和影响力。

2. 高端服务功能

发展高端服务功能，完善高端服务业体系，提供全方位、高质量的服务产品，并覆盖多个新兴领域。注重引进和培养国际化、专业化的服务人才，为行业注入新活力。鼓励企业探索新服务模式，运用现代信息技术提升智能化水平。加强政策支持与市场监管，提供财政补贴、税收优惠等支持，建立健全市场监管体系，确保市场公平竞争和消费者权益，为高端服务业的稳健发展提供有力保障。

3. 科技创新策源功能

强化科技创新策源功能，构筑高水平的科技创新平台，汇聚全球顶尖科研资源，促进原始创新和前沿技术突破。深化产学研用融合路径，打破创新资源壁垒，加速科技成果商业化进程，推动经济高质量发展。优化科技创新发展环境，加强知识产权保护，完善创新资源配置，提升创新服务效能，注重引进与培养高端科技创新人才，为科技创新策源功能的持续发挥提供坚实支撑。

4. 高端产业引领功能

充分发挥其高端产业引领功能，以前瞻性视野深耕高端制造业与现代服务业，致力于引领全球产业新风向。聚焦新一代信息技术、智能装备、生物医药等前沿领域，推动本土产业转型升级，吸引全球顶尖企业，共同打造世界级产业集群，增强在全球产业链中的话语权。强化产业链生态构建，提升全球竞争力，构建高效、稳定、开放的产业链生态系统，融入全球供应链体系。注重创新驱动产业升级，通过加大科研投入、建设创新平台及引进人才等措施，推动产业向高端化、智能化、绿色化发展，塑造未来发展新优势。

5. 高端价值创造功能

深化广州品牌价值并提升国际影响力，明确品牌定位，突出特色，以在全球市场上占据有利位置。鼓励企业加大研发投入，强化知识产权保护，激发创新活力，建立健全保护体系，为创新主体提供法律保障。优化高端服务业发展，提升服务品质和效率，推动金融、法律等高端服务业集聚，引进和培养人才，鼓励模式和技术创新。促进产业链协同，实现价值共创，加强政府引导与协调，推动上下游企业紧密合作，形成互利共赢的生态体系，共同开发新产品、新技术和新市场，共同助力广州在全球价值链中提升地位和影响力。

6. 开放枢纽门户功能

深化与"一带一路"共建国家的经贸合作，构建多元化国际市场网络，拓宽国际市场边界，利用自由贸易区政策优势推动新型贸易模式发展。构建高效便捷的海陆空立体交通网络，强化广州在全球交通网络中的枢纽地位，提升国际航班密度和港口货物处理能力。推进自由贸易区建设，促进贸易自由化便利化，为国内外企业提供更开放、透明和便利的贸易环境。不断优化营商环境，吸引全球高端要素集聚，通过提升政务服务效率、降低企业运营成本等措施，为全球投资者提供便捷高效的投资环境，推动城市高质量发展。

三、广州建设中心型世界城市的未来方向

（一）顺应规律，提升建设潜力

广州选择建设中心型世界城市，这一决策顺应全球城市或世界城市的发展规律。全球城市，作为全球经济活动的核心节点，展现出强大的经济集聚与辐射能力，吸引着全球资本、人才和技术等生产要素，对周边地区乃至全球产生深远影响。广州凭借其在中国经济中的重要地位，拥有发展成为全球经济集聚与辐射中心的巨大潜力，其坚实的经济实力和产业基础，为全球城市的建设提供有力支撑。广州在科技创新、高等教育和人才资源等方面的显著优势，也使其在全球创新网络中占据重要地位，这完全符合全球城市创新驱动发展的内在要求。此外，广州作为中国对外开放的前沿城市，积极参与全球开放合作和全球治理，致力于推动构建更加公正合理的国际秩序，这进一步体现全球城市在全球治理中的引领作用。

（二）挖掘底蕴，丰富文化内涵

广州拥有2200多年建城史，其深厚的历史积淀和丰富的文化底蕴为建设中心型世界城市提供独特的文化认同感和国际影响力。作为海上丝绸之路的起点，广州自古以来就是中国对外贸易和文化交流的重要窗口，这种历史积淀不仅为广州在全球城市网络中占据一席之地奠定坚实基础，也

为其在全球贸易体系中发挥重要作用提供历史渊源和文化支撑。广州历史文化丰富多彩，从南越国遗迹到岭南画派，都是城市文化名片，吸引着全球游客和投资者。广州开放精神，作为其建设世界城市不可或缺的一部分，更是让这座城市在全球城市网络中独树一帜，成为连接中国与世界的桥梁和纽带。

（三）契合需求，增强现实动力

广州选择建设中心型世界城市，是基于对当前现实发展需求的深刻理解和准确把握。在经济全球化、区域一体化以及国家发展战略大背景下，广州面临着经济转型升级、区域协同发展以及服务国家战略的迫切需求。建设中心型世界城市有助于广州进一步提升经济实力和综合竞争力，推动产业结构优化升级，实现高质量发展。作为粤港澳大湾区核心引擎之一和国家中心城市，广州承担着引领区域协同、参与国际竞争的重要使命。建设中心型世界城市是其实现这些目标的关键路径，也是适应全球化时代城市竞争新格局的必然要求。通过这一战略选择，广州可以更好地发挥其在区域和国家发展中的引领作用，推动经济社会全面进步。

（四）功能融合，全面提升竞争力

推动广州全球化进程中，不仅需要单项功能突出，而且整体功能要够强大，要系统构建具有国际竞争力的现代化城市功能体系，全面提升广州作为全球中心型城市的综合实力和国际影响力。全球资源配置、高端服务、科技创新策源、高端产业引领、高端价值创造及开放枢纽门户六大功能深度融合应遵循系统性、协同性、开放性、创新性、可持续性和特色性原则，注重各功能间的深度融合与协同发展。通过政府引导、市场主导、社会参与的多元化协同机制，促进资源配置与服务升级、科技创新与产业升级、价值创造与市场拓展、开放合作与枢纽建设的有机结合。加强跨部门、跨行业、跨区域的合作，打破壁垒，实现资源共享、优势互补，形成功能相互促进、协同增效的良性循环。

（五）洞察趋势，引领城市变革

广州选择建设中心型世界城市，是基于对当前全球发展趋势的深刻洞察和准确把握，是广州引领全球发展趋势、把握时代机遇的战略选择。在经济全球化大背景下，全球城市之间的竞争日益激烈，各城市都在努力提升自身国际竞争力和影响力。广州作为中国南大门和对外开放前沿城市，需要积极适应这一趋势，不断提升自身城市品质和综合实力，以在全球城市网络中占据更有利地位。随着科技创新和数字化转型加速推进，全球城市正在经历着深刻变革。广州要积极拥抱新技术、新产业和新模式，推动城市经济创新发展，以适应全球科技变革新趋势并引领潮流。此外，在全球可持续发展和人类命运共同体构建成为重要议题的当下，广州更需要注重生态文明建设和绿色发展，以实现经济、社会、环境协调发展。

参考文献

[1] 石光宇. 经济全球化视角下的中国全球城市形成及影响研究 [J]. 全球城市研究（中英文），2024，5（1）：1－16，151.

[2] 周振华，高鹏. 基于全球城市网络的城市竞合关系研究 [J]. 上海经济研究，2024（2）：41－53.

[3] 石光宇. 全球城市在世界经济中的节点功能研究 [J]. 上海师范大学学报（哲学社会科学版），2023，52（6）：114－124.

[4] 杨力，刘婷婷，陈志. 论全球功能性机构在全球城市合作竞争中的作用 [J]. 全球城市研究（中英文），2023，4（2）：1－13，187.

[5] 李宜霖. 全球城市区域的协同治理研究——以上海为例 [J]. 城市建筑空间，2023，30（S1）：53－54.

[6] 汤伟. 全球城市与国际秩序转型 [J]. 国际关系研究，2023（2）：118－133，158－159.

[7] 王小妹，许宗瑞."全球城市排名"及其对我国城市国际形象建构的启示 [J]. 新闻研究导刊，2023，14（8）：49-51.

[8] 武力超，杨帆，姜炎鹏，等. 中国企业跨国并购的区位选择是否偏好全球城市?：基于东道国异质性视角的实证分析 [J]. 世界经济研究，2021（7）：3-18，135.

[9] 桂钦昌，杜德斌，刘承良，等. 全球城市知识流动网络的结构特征与影响因素 [J]. 地理研究，2021，40（5）：1320-1337.

[10] 黄国妍，孟晨阳，卢海燕，等. 全球城市网络关系资产的国际比较与深度拓展研究 [J]. 全球城市研究（中英文），2021，2（1）：1-20，188.

[11] Sassen S. The Global City：New York，London，Tokyo [M]. New Jersey：Princeton University Press，2013.

The Evolutionary Logic and Functional Targets of Guangzhou in Building a Central World City

Cheng Fengyu[1]，**Huang Lei**[2]，**Wang Xiangyu**[1]

（1. Institute of Regional Development，Guangzhou Academy of Social Sciences，Guangzhou 510410；

2. Vocational Education Research Institute，Jiangxi Science and Technology Normal University，Nanchang 330038）

Abstract：During the crucial period when China is moving towards the two centenary goals，Guangzhou，as the core engine in South China and a national central city，undertakes the important mission of leading regional development and enhancing national competitiveness. Looking forward to the future，Guangzhou should not only play a leading role domestically but also show its unique charm and influence on the international stage and become a central world city. From the perspective of historical logic, Guangzhou has experienced an evolutionary process from a central city in South China to a national central city and then to a leading national central city; from the spatial dimension, Guangzhou has realized the transformation from a single-center city to a hub-type network city and from a land-based city to a land-sea-air coordinated city; from the type dimension, Guangzhou has transformed from an industrial and commercial city to a service-oriented and integrated city. Looking forward to the future, Guangzhou should focus on the goals of building a global first-class benchmark city and a world-class modern city at the highest level, further enhance the six core functions such as global resource allocation, high-end services, and scientific and technological innovation, and contribute Guangzhou's strength to the realization of the two centenary goals and the overall situation of national development.

Key Words: Guangzhou; world city; logical mechanism; historical evolution; target functions

区域协调视域下广州建设中心型世界城市研究*

韩永辉[1,2]　麦靖华[1]　廖阳菊[1**]

（1. 广东外语外贸大学 广东国际战略研究院，广州 510420；
2. 中国社会科学院　世界经济与政治研究所，北京 100732）

摘要：区域协调发展战略是广州建设中心型世界城市的重要基础。在区域协调发展新征程上，广州锚定中心型世界城市建设方向，制定实施都市圈发展战略，穗港澳规则对接渐趋畅顺，全球产业链竞争力不断上升。然而，广州在都市圈核心作用未能凸显，穗港澳关键要素流动受限，全球产业链位势遭受钳制仍然是广州建设中心型世界城市的困难堵点。在新发展阶段，广州亟须紧扣区域协调发展战略，巩固广州都市圈中心极核地位，推动穗港澳协同发展，提升全球产业链位势，链接"新广州""中心广州""世界广州"建设活力轴，增强广州极核中心带动力和世界链接辐射力，促进完善区域协调发展战略机制。

关键词：广州发展；中心型世界城市；区域协调发展

---

* 基金项目：本文系国家社会科学基金重大项目（项目编号：21&ZD074）、国家自然科学基金资助项目（项目编号：71873041；72073037）、广东省自然科学基金项目（项目编号：2022B1515020008）、广州市哲学社会科学发展"十四五"规划 2024 年度市委市政府重大课题（项目编号：2024GZZD07）、广州市哲学社会科学发展"十四五"规划 2023 年度课题（项目编号：2023GZZK09）的阶段成果。

** 作者简介：韩永辉（1986—），男，教授，研究方向为世界经济、全球治理；
麦靖华（1997—），女，博士研究生，研究方向为区域经济学；
廖阳菊（1999—），女，研究助理，研究方向为区域发展。

一、引　言

区域协调发展是高质量发展的重要支柱，是实现共同富裕的必然要求，也是推动中国式现代化的核心内容[1]。党的二十届三中全会《决定》提出，"要完善国家战略规划体系和政策统筹协调机制，完善实施区域协调发展战略机制""城乡融合发展是中国式现代化的必然要求，要促进城乡要素平等交换、双向流动，健全推进新型城镇化体制机制"。习近平总书记在广东考察时强调，"区域协调发展是实现共同富裕的必然要求"①。党的二十大报告指出，"深入实施区域协调发展战略，构建优势互补、高质量发展的区域经济布局和国土空间体系"。推动区域协调发展是中国为应对大变局下实现高质量发展的重要措施，也是中国主动积极参与全球治理的具体途径。广州贯彻党的二十届三中全会精神，结合总书记对广东系列重要讲话、重要指示精神，奋力开创区域协调发展新局面。

全球城市发展网络显现出"多极核"均衡协调的发展规律，城市是国家经济高质量发展的重要支点和中枢力量，发挥出作为城市小经济单元的大自主性和区域协调能动性发展优势[2]。广州发布的《广州面向2049的城市发展战略规划》提出建设"出新出彩的中心型世界城市"的总体愿景。广州锚定中心型世界城市、引领型国家中心城市、开放型大湾区核心引擎、高能级省会城市四个新方位，发挥都市圈引领极核、粤港澳衔接支点、全球产业链集聚中心的作用。作为实现系统构建多扇面的区域连接和多层次协同的区域关系、打造全球领先的国际产业链供应链中心的核心力量，广州在推动经济发展能级跃升方面发挥关键枢纽极点和强大新引擎优势，为区域高质量协调发展奠定坚实基础。然而，

---

① 推进中国式现代化，必须全面推进乡村振兴 [EB/OL]. [2023 – 04 – 16]. 中华人民共和国中央人民政府，https://www.gov.cn/yaowen/2023 – 04/16/content_5751713.htm.

广州在建设中心型世界城市的过程中面临着都市圈核心作用未能凸显，穗港澳关键要素流动受限、全球产业链位势遭受钳制等诸多挑战。2024年是广东推进实施"百千万工程"的关键一年，广州亟须将区域协调发展成为建设中心型世界城市的战略空间，把都市圈、大湾区和产业链发展作为构建中心型世界城市的重要承载，建设成为引领区域、协同港澳、链接国际的中心型世界城市，增强广州极核中心带动能力和世界链接辐射力，促进完善区域协调发展战略机制。

既有研究围绕区域协调战略、中心型世界城市建设等方面进行了系统且深入的研究，为本研究提供坚实基础。学者从整体上对中心型世界城市进行了深入分析[3]，重点探讨了纽约、伦敦、巴黎等世界城市在消费、金融、文化等领域的特征[4][5][6][7][8]。部分学者根据不同城市的经济基础、政治基础和文化基础，对构建中心型世界城市的不同路径与方法进行了比较研究[9][10][11]，认为不同城市在建设中心型世界城市过程中应采取差异化策略。广州作为粤港澳大湾区的核心城市和对外开放的窗口，部分学者结合广州的地理优势与资源禀赋，分析广州在构建消费中心城市、金融中心城市、商贸中心城市、科创中心城市等方面的可能性与具体措施[12][13][14]。也有学者从区域协调发展视角出发，探讨了产业、交通、创新等方面的发展对广州引领周边城市互联互通的作用[15][16]，既有文献为广州发挥区域引领辐射作用以及构建中心型世界城市奠定基础。

尽管既有文献围绕区域协调发展、中心型城市建设进行了详尽研究，但是鲜有研究从区域协调发展视域出发，针对广州建设中心型世界城市进行探讨。基于此，本文在中国进入区域协调发展新征程的背景下，从区域协调视域出发，对广州建设中心型世界城市的实践路径进行系统性研究。重点梳理广州在全球城市网络中的地位和作用，辨析其在都市圈建设、港澳规则对接与全球产业链供应链国际合作的现状和优势。剖析在区域协调发展视域下，广州建设中心型世界城市过程中面临的关键障碍和问题挑战，并针对性地提出巩固广州都市圈中心极核地位，推动穗港澳协同发展，提升全球产业链位势的关键举措，探索广州通过区域协调发展战略建成中心型世界城市的具体实践路径，为国家完善区域协调发展战略机制提供广州路径。

二、区域协调视域下广州建设中心型世界城市的发展现状

（一）广州都市圈高质量发展

1. 初步部署"一核两极四轴"都市圈总体发展格局，广州都市圈内区域合作取得显著成效

《广州都市圈发展规划》以广州城区为中心，以广佛核心区为引领，以肇庆、清远两个中心城区为发展极，建设"一核两极四轴"为要义的都市圈总体发展格局（见表1）。第一，广州都市圈大力推进基础设施互联互通，切实发挥国际综合交通枢纽辐射带动功能，区域交通协同发展程度加深。例如，广州协同佛山做好珠三角枢纽机场选址等前期工作，构建以白云国际机场为核心的粤港澳大湾区世界级机场群。打造"轨道上的都市圈"，广深港高铁、广石铁路、南沙港铁路、广清城际一期、广州东环城际等建成通车，都市圈轨道交通线网融合。第二，广州结合都市圈产业特色，构建互补互促的产业协调发展格局。广清经济特别合作区形成合作区"三园一城"的发展格局，截至 2023 年 11 月，合作区累计引进项目 699 个，计划总投资达 2000 亿元①，同时，广州与都市圈内其他城市，深化"研发＋制造""总部＋基地""前端＋后台""总装＋配套"等合作模式，以产业帮扶协作、湾区制造企业"走出

---

① 广清合力发起项目"冬季攻势"［EB/OL］.［2023 - 12 - 28］. 广东省人民政府，https：//www.gd.gov.cn/gdywdt/tzdt/content/post_4323274.html.

去"等工作为抓手,推动优势产业向粤东粤西粤北地区延链扩容。广州都市圈城市协调发展走深走实,为广州建设中心型世界城市奠定基础。

表1 广州都市圈概况

区域范围	规划内容
广州、佛山、肇庆(端州区、鼎湖区、高要区、四会市)、清远(清城区、清新区、佛冈县)	"一核":广佛核心区
	"两极":肇庆、清远城区
	"四轴":广佛肇发展轴、广清发展轴、与深圳都市圈联动发展轴和与珠江口西岸都市圈联动发展轴

资料来源:《广州都市圈发展规划》。

2. 不同都市圈间城市合作持续深化,多地战略力量有效联动

广州深化与其余都市圈城市在科技创新、公共交通方面合作,区域联动、优势互补态势向好。与深圳都市圈合作方面,广深"双城联动"持续深化,战略科技合作有效进行。例如,南沙科学城和深圳光明科学城共建大湾区综合性国家科学中心,大湾区国家技术创新中心、国家超算广州中心在深圳布局建设分中心。在与汕潮揭都市圈合作方面,广州国际性综合交通枢纽和汕头全国性综合交通枢纽对接联动,广汕高铁开通、汕汕高铁全线于2024年底正式运营,交通时长成功缩减至1.5小时[①],都市圈间交通衔接更为紧密。在与珠江口西岸都市圈合作方面,广州与中山、江门分别签署了战略合作框架协议,围绕重大规划衔接、基础设施对接、港口航运合作、产业协同发展、生态环境联治和公共服务共享等方面合作进行统筹谋划。广州都市圈积极与其他都市圈合作联动,区域发展中心地位进一步夯实,各都市圈联动发展支撑广州构建中心型世界城市。

---

① 汕汕高铁汕尾至汕头南段启动试运行 广州汕头预计1.5小时通达 [EB/OL]. [2023－11－27]. 广东省人民政府,https://www.gd.gov.cn/zzzq/bmxx/content/post_4290379.html.

（二）穗港澳规则衔接走深走实

1. 广州与港澳科技平台合作持续深化，依托港澳对接国际规则取得突破

广州不断加强与港澳科创产业布局合作，以港澳为节点推动广州科技创新对接国际，构建以广州为中心、辐射全球的科技创新高地[17]。例如，2023年，南沙华南技术转移中心实现与香港机电工程署建设的"E&M InnoPortal"平台、澳门科学技术发展基金"产学研线上配对平台"互联互通，搭建以专利为核心的粤港澳创新创业知识产权综合服务平台，集聚可转移转化的粤港澳知识产权 24000 余项。截至 2023 年 7 月，平台引导 2390 家企业发布技术需求 1763 项，共有 1172 项关键技术成果对接转化，实现技术交易额超 8 亿元①。广州聚焦与港澳科创合作，为构建国际化的科技中心型世界城市提供助力。

2. 广州与港澳规则衔接机制不断优化，借力小切口集聚国际优质资源

广州在市场准入、教育等方面逐步与港澳实现规则对接[18]。在市场准入方面，广州探索科研用物资跨境自由流动新机制。广州对于纳入正面清单的物品，建立快速通关机制，实施优先办理检疫审批、单证审核、检查等系列便利化措施，并简化办理减免税相关流程。2023 年 8 月，香港科技大学（广州）首批被纳入正面清单的科研物资包括兔血清和豚鼠血清等生物样本实现快速通关②。在教育方面，广州南沙创新与港澳教育衔接机制。例如，广州南沙建立首个 12 年制港人子弟学校，即广州南沙民心港人子弟学校，学校引进多位资深的香港教育工作精

---

① 资料来源：广州市人民政府，https：//www.gz.gov.cn/。
② 资料来源：广东省人民政府，https：//www.gd.gov.cn/。

英，在教师团队中，香港籍教师占比为 24%、外籍教师占比为 17%[①]，授课以香港教育课程为基础，实现与香港学校课程的无缝对接，解决父母因返港工作，子女入学的衔接问题。其中，广州探索科研用物资跨境自由流动新机制以及广州南沙创新与港澳教育衔接机制，均入选了广东省推进粤港澳大湾区规则衔接机制对接典型案例。广州与港澳规则机制衔接不断完善，推动世界资源要素聚集广州，全网络多扇面增强广州在区域和全球的中心地位。

（三）全球产业链供应链布局完善

1. 国际综合立体运输体系渐成，要素跨国流通程度日益深化

广州通过提升国际枢纽港运力、加快国际交通网络互联互通、推进航空运输的数字化转型，促进区域要素的跨国流动。在海运方面，重要枢纽港国际承运能力不断增强，2023 年，广州港国际枢纽能级地位持续巩固，吞吐量排名分别位居全球第 5 和第 6[②]。在陆运方面，国际交通网络互通格局加速构建。广州开通中欧班列，成为中国与"一带一路"共建国家连接的重要陆上纽带，2023 年全年，广州进出口中欧班列一共 626 列，广州国际港成为广东省业务量的首要站点，其中中欧班列线路已经连接了西欧、东欧、西亚、中亚以及东南亚的 20 多个国家和地区的 40 多个城市[③]。在空运方面，广州白云机场启动数据治理和中台建设，构建数据中台、业务中台、AI/知识中台，打造"数字世界一个机场"，引领区域供应链国际化、数字化转型。互联互通的国际化快速交通网络推动区域要素流通，为广州作为中心型世界城市、综合性门户城市提供了高效的物流和供应链网络。

---

① 资料来源：粤港澳大湾区门户网，https：//www.cnbayarea.org.cn/。
② 资料来源：广州市人民政府，https：//www.gz.gov.cn/。
③ 资料来源：中华人民共和国海关总署广东分署，http：//gdfs.customs.gov.cn/。

2. 深度参与全球产业链布局，优势产业国际化程度不断提高

广州积极深化高聚集度产业的国际市场合作，打造成为全球产业链核心城市。一是广州优势产业积极参与全球竞争与全球产业链布局，国际市场份额不断扩大。例如，广州电动载人汽车、锂电池、太阳能电池的"新三样"产业现已形成成熟的产业链体系，其出口额持续增长，2024 年第一季度，广州电动载人汽车、锂电池、太阳能电池等"新三样"产品的出口保持良好势头，出口额同比增长 90.6%[①]。此外，新三样产业链布局计划扩展至全球，例如，大洋电机在越南、墨西哥等共建"一带一路"国家新建了部分产能，并逐步实现大批量生产、规模化建设。二是广州传统优势产业发挥带动能力，力促广州成为全球关键供货中心。例如，广州企业希音（SHEIN）和 TEMU 平台利用"跨境电商＋产业带"打造外贸新模式，整合传统优势服装产业，形成国际能级产业链条，结合现有数字技术促进传统产业链数字化升级，促进服装产业集中化、规模化生产，承接全球服装货源需求，成为国际快时尚品牌货源中心。广州通过优化区域产业链布局，撬动优势产业在全球产业链的位势，逐步打造成为中心化、国际化的城市。

三、区域协调视域下广州建设中心型世界城市的问题挑战

（一）都市圈互融互通水平受到限制

1. 都市圈内快速交通轨道便捷程度不足，城区间互通程度尚待提高

广州都市圈内快速交通轨道便捷程度与密集程度较低，各区与各城

---

① 资料来源：中华人民共和国海关总署广东分署，http：//gdfs. customs. gov. cn/。

市之间的资源要素的有效流动和共享受限。一是广州市内公共交通便捷程度有待提高。广州公共交通布局规划暂时未能完善，公共交通拥堵情况较为严重。广州地铁站点间距离较远，便捷程度不高，易造成拥堵情况，公共交通建设水平与城市经济发展水平未能匹配。2024 年 5 月，广州交通拥堵指数为 5.24，已反弹至拥堵水平[①]。二是都市圈城市间的轨道交通网络密集程度有待提高，区域协同发展受限。广州与都市圈内其他城市间的轨道交通互通程度不够，城市与城市之间存在较为明显的交通阻断，城区间各要素高效流通尚未企及。广州快速交通轨道布局不完善，都市圈内城市交通网络建设暂不成熟，广州未能最大化交通网络中心发展红利。

2. 都市圈专利合作力度尚弱，科技创新联动缺乏系统支撑

广州在都市圈内专利合作中的辐射带动能力相对偏弱，在引领专利共创上还有进一步提升的空间。其中，与肇庆跨城市专利合作率仅为 1.22‰（见图 1），科技联动能力偏低，钳制区域城市间科研合作。根据广州高新技术企业创新问卷调查（2023），广州仅有 36.74% 的样本

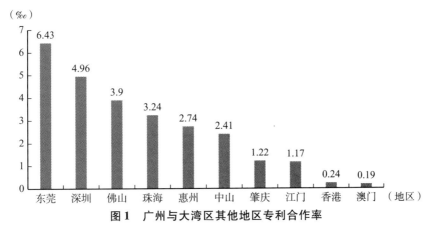

图 1　广州与大湾区其他地区专利合作率

资料来源：《粤港澳大湾区协同创新发展报告》。

---

① 资料来源：广州市交通运输局，https://jtj.gz.gov.cn/。

企业与其他城市的机构开展了技术合作①，未能发挥中心城市的科技合作带动能力。另外，广州供应链联动创新有待强化。2023 年，广州近八成企业认为"链主"企业欠缺、"链主"企业创新带动力不足、产业链行业联盟不完善是制约联动创新的主要问题，"链主"企业未能发挥科创合作引领的带动作用，广州都市圈供应链上下游联动创新空间有待进一步拓展。广州尚未发挥对都市圈区域内城市科技的带动能力，以科技带动建设中心型世界城市动力不足。

（二）穗港澳关键要素流通渠道阻塞

1. 跨境资本流动审查严格，国际跨境投资引进受限

广州与港澳标准对接仍存阻碍，限制广州与港澳联动合作的要素流动效率，广州在对港澳金融机构的设立、公司持股比例、业务范围限制、审批程序等方面设定了严格的前置条件和门槛，使得通过港澳引进国际跨境资本变得较为困难。例如，双向跨境资本流动需要经过较为严格的审核，很大程度上限制了大湾区的跨境投融资行为。考虑到金融审慎的目标，从而设立的高门槛，进一步增加了港澳资本进入广州的难度，钳制与港澳资本合作潜力，或将阻碍其推动国际高标准金融自由化。广州引进港澳资本不畅，众多穗企因无法与港澳地区形成金融联动合力，削弱其在国际市场竞争中的优势。三地区域联动发展受规则差异制约，未能充分发挥广州内联外通优势对于建设中心型世界城市的作用。

2. 穗港澳规则标准对接困难较大，关键要素流动受到制约

三地制度规则差异、市场准入条件和行业监管标准不同，增加了企

---

① 资料来源：广州创新型城市发展报告（2023）。

业跨区域经营的复杂性和不确定性，同时限制了技术和人才等要素的自由流动（见表2）。例如，在信息监管方面，穗港澳间跨境信息共享较难推进，海关"一次申报、一次检查、一次放行"模式推进较慢，此外，由于国际形势变化迅速，以美国为首的西方国家对中国产品政策出台具有突发性与不稳定的特点，国际贸易"单一窗口"跨境衔接较难实施。在资格认证标准方面，广州与港澳的资格认证标准与要求存在差异，以港澳为接口引进国际高端人才存在堵点，广州与港澳专业资格互认规模覆盖范围较小，我国专业技术人员及技能人员职业共计72个，目前穗港澳仅有医师、教师、导游等8个领域实现单边或双边互认。穗港澳规则对接机制滞后，穗港澳关键要素流通不畅，国际要素聚集受限致使广州难以高水平建设中心型世界城市。

表2 穗港澳三地标准差异造成的现实制约

规则差异	问题
检验检疫标准	三地查验标准与管理体制不同，货物流动效率低
	货物通关重复申报、重复开箱问题时有发生等
信息监管标准	跨境信息共享难推进，海关"一次申报、一次检查、一次放行"模式推进慢
	无法实施国际贸易"单一窗口"跨境衔接
	三地联通的智慧城市规划及建设协调不畅
医疗准入及监管	港澳投资者进入内地医疗行业受限制，港澳医师在内地开办诊所受规模、面积、诊疗科目等限制
	内地对药品、医疗设备等进口限制严格，受管控的境外药物无法在内地使用
行业技术标准	三地各领域实施的知识产权、工程建筑、工业产品、物流技术、检测认证等，标准上存在差异
专业人员执业资格认可	注册会计师、律师、建筑师、教师、医师等港澳执业证明在内地不被认可
税收和社保制度	三地税率差异大，内地税率明显高于港澳地区
	医保、社保等社会保障体系不可跨境适用
金融监管	内地实行严格的金融管制及外汇管制，内地资金"过河"受限
	交易额度、投资者资质、交易领域等通道的"限流措施"较多

续表

规则差异	问题
知识产权	知识产权法、专利法存在规则冲突，三地知识产权法不仅在知识产权的取得、利用、管理和保护四个环节存在规范冲突
	各地的知识产权运营交易、信息服务、维权援助机构和平台之间没有实现信息融合、资源共享，未推进实质性改革
科技创新	科创资金双向跨境流动、科研实验用品跨境运送、科研人才流动等仍然存在诸多限制，两地缺乏高效有力的合作机制，宣传力度不足、沟通不到位

资料来源：根据公开资料整理。

（三）产业链供应链未达世界领先水平

1. 广州国际交通货运体系日趋饱和，国际物流空间布局仍需优化

随着全球贸易量的不断增加，广州的港口和机场货运能力接近饱和，物流效率受到影响，无法满足日益增长的国际贸易需求。这种饱和状态导致货物通关和运输时间延长，增加了物流成本，削弱了广州作为国际贸易枢纽的国际竞争力。在空运方面，机场国际货运承载能力不足。白云国际机场国际货站作业饱和度达83%，高峰时期"爆仓"现象明显，导致货物滞留，造成货源流失。在港口方面，广州港现有码头设计综合通过能力仅为3.7亿吨、1576万标箱，远小于舟山港（4.97亿吨、3505万标箱），港口生产发展综合承载力有限①。广州物流空间布局亟须优化，国际交通货运体系资源配置效率较低，国际物流网络协调性有待提升，广州建设中心型世界城市缺乏高效的国际物流体系支撑。

2. 广州优势产业全球产业链位势偏低，创新生态与世界前端水平存在差距

一是广州在全球产业链中更多地处于中低端制造和加工环节，优势

---

① 资料来源：广州市人民政府，https://www.gz.gov.cn/。

产品多为产业链低端产品，附加值较低，难以在全球市场中占据优势地位。例如，广州在 RCEP 框架下，出口产品多为中低端产品，出口商品品类主要为陶瓷产品、塑料及其制品、鞋靴等低端制造业产品。此外，在汽车制造业方面，广州基本承接悬架连杆、悬架球头节、转向横拉杆等汽车零部件出口，未能占据全球产业链优势地位。二是广州高端产业链对外依赖程度较高，打造国际高端产业链能级不足。广州存在高新技术产品少、核心技术及设备掌握少、对外进口依赖度高等问题，产业链条存在短板，高档数控系统、高可靠性电主轴、海上钻井动力系统、光栅、轴承、光刻机等关键部件依赖进口，而过度依赖进口进一步放缓广州技术进步速度，广州构建世界前端水平产业链格局的科技支撑不足。

四、区域协调视域下广州建设中心型世界城市的实践对策

（一）发挥都市圈区域发展辐射作用

1. 优化铁路客运枢纽布局，强化都市圈互联互通

加快一号线、三号线东延段、十号线等八条轨道交通新线建设，依托新线建设完善现有地铁交通轨道站点布局，加快打造广州"智慧地铁"，依托现有尖端科技，推动地铁加快无人驾驶进程，同时实现地铁运行安全性和效率，达到有效疏导客流目标。加快构建十大对外高铁通道，增强高端资源要素集聚辐射，优化铁路枢纽集群功能分工。布局形成中心枢纽群和东、南、西、北、东北五个枢纽群的"一心五向"客运枢纽体系，实现多点布局、多站到发、就近乘车。发展密集的有轨电车和跨城市的轨道交通系统，打通区域交通瓶颈，促进资源和要素的高效

流通和共享。广州通过扩展轨道交通网络，加强与周边城市的交通连接，实现高效联通、资源共享和枢纽效能提升，推动广州成为都市圈交通枢纽中心，推动广州成为世界级综合立体交通中心。

2. 加强都市圈内的专利合作和科技创新联动，提升广州创新区域辐射带动能力

依托《广州市重点领域研发计划优化提升方案》，将对国家重点研发计划项目开展的"递补支持"扩展至与周边城市合作的普通研发计划，持续激励创新联动。建立专利合作机制，借助广州科技创新母基金，支持跨城市的科研项目和专利共创，鼓励广州与周边城市如肇庆等的科研机构和企业加强合作。通过设立专利共享平台，促进专利技术的交流与转化，提高区域内科技资源的整合利用效率。利用高企"26条"，进一步支持人工智能、智能与新能源汽车、轨道交通、氢能产业链"链主"企业牵头组建创新联合体，提升其在产业链中的核心地位和创新带动力。通过政策扶持、资源倾斜等手段，帮助"链主"企业增强科技创新能力，完善产业链行业联盟，促进上下游企业的协同创新。此外，建立供应链创新平台，促进企业间的信息共享和技术合作，提升整体供应链的创新能力。发挥广州国家中心城市科创引领作用，为建设中心型世界城市提供支撑。

（二）推动穗港澳三地机制规则衔接

1. 打通穗港澳投资贸易壁垒，构造安全开放的跨境贸易投资高地

推动 CEPA 服务贸易协议实施落地，并借助其经验进一步深化穗港澳贸易互通，推进穗港澳三地全面实现货物贸易自由化、服务贸易自由化，打通穗港澳货物、服务贸易和投资三地间流动的各种关税、非关税壁垒，为三地要素高效便捷流动创造条件，提升规则相互衔接的效率。

参照现有非金融企业外债便利化试点、合格境外有限合伙人（QFLP）和合格境内有限合伙人（QDLP）试点的经验，将跨境投资试点外放至其他领域，适度扩大试点区域对外资产转让的参与主体范围和业务种类。持续放宽跨境投融资币种匹配要求，允许确有需求的企业自主选择合同签约、流入和流出各环节币种。充分发挥广州"内联外通"的优势，打造世界投资目的地，带动区域城市引资功能。

2. 形成具有世界聚合力的双向开放枢纽，推进职业资格国际互认

加快急需人才引进和职业资格互认，立足"广州所需、港澳所长"，针对信息技术、智能制造、生物医药、现代物流和大健康等急需人才的领域，加快制订专业资格互认范围和标准。争取率先认可和直接适用国际化标准，推动认可范围涵盖国际专业人士行业管理标准、国际金融标准、医药产品及医疗器械标准，以及食品监管标准等多个领域。积极对接国际标准化组织和机构，确保广州的标准化体系与国际接轨，提高标准化水平和行业竞争力。加强广州与香港、澳门在金融、医疗、建筑等重要领域的合作，推动行业资格证书的互认和推广，提升区域专业服务的整体水平，打造与国际规则衔接顺畅的中心型世界城市。

（三）提升全球产业链供应链位势韧性

1. 提升现有国际货运承载能力，"陆海空铁"多式联运升级国际供应链

打造"陆海空铁互济、四面八方、四通八达"物流大通道网络，有机融入国际综合立体交通网络。明确织密"国际空中丝路"，加快白云机场综合保税区建设，支持出口货物安检前置，持续推广"卡车航班"业务模式，开展跨境电商零售出口拼箱货物"先查验、后装运"监管试点，依托广州航空物流公共信息平台，推出货物标签修改、出口货物退仓退场等业务线上办理服务，逐步实现货物物流、通关全流程无纸化。拓宽海上丝绸之路航运通道，加强与国际航运联盟和班轮公司合作，巩固广州港在非洲、东南亚和地中海的国际集装箱运输枢纽地位。畅通通达西欧、中亚、西亚、南亚的 5 条国际铁路通道，大力促进中欧、中亚班列扩量增效，赋能建设"穗新欧""穗亚欧"战略性经济走廊，推动构建高效的世界物流枢纽，推动构建世界供应链中心城市。

2. 多措并举促进科技创新，提高广州产业链位势

依托"新三样"在全球布局产业链的优势，重点发展高附加值产业，特别是在新能源汽车、锂电池和光伏产品等领域，通过政策扶持、税收优惠和资金支持，吸引国内外领先企业在广州设立研发和生产基地。鼓励本地企业积极承接国家重大科技项目、国家科技奖项目以及颠覆性技术重点项目等的落地转化和产业化。对于实现落地转化的项目，按"补改投"的奖励方式对团队补贴，以此引进全球顶尖科研团队以及国际科技人才。加强与国际先进科研机构和企业的合作，促进技术引进和联合研发，加快技术转化和产业化进程。提升广州全球产业链位势和创新生态，助力广州建设高端产业链聚集的中心型世界城市。

五、结　语

深入实施区域协调发展战略是推动中国式现代化建设的关键抓手，广州坚持以区域协调发展为战略引领，强化高质量发展的内生动力，为建设中心型世界城市创造优势条件。本文在区域协调视域下研判广州建设中心型世界城市的实践，从都市圈建设、港澳协同发展、全球产业链布局三个方面识别了广州建设中心型世界城市的发展现状以及堵点难点，当前广州都市圈核心作用尚未凸显、穗港澳关键要素流动受限、全球产业链位势遭受钳制等因素阻碍广州建设中心型世界城市。基于此，广州亟须紧抓区域协调发展契机，巩固广州都市圈核心作用，着力推动穗港澳协同发展，稳步提升全球产业链位势和韧性，构建中心型世界城市，助力中国扎实推动更高水平的区域协调发展，为中国式现代化建设提供广州路径。

参考文献

［1］韩永辉，谭舒婷．跨越"中等收入陷阱"、新发展格局和高质量发展——基于拉美和日韩国际经验的比较和启示［J］．南方金融，2021（6）：34－48.

［2］韩永辉，韦东明．中国省域高质量发展评价研究［J］．财贸研究，2021，32（1）：26－37.

［3］关利欣．顶级世界城市的消费中心功能比较及其对中国的启示［J］．国际贸易，2022（7）：30－38.

［4］刘志广．制度变迁下世界经济增长极的形成与国际经济中心城市的崛起［J］．世界经济与政治，2004（11）：62－63.

［5］黄丙志，石良平．世界城市视角下国际贸易中心的当代"节点"特征［J］．上海经济研究，2010（11）：59－65.

［6］周天芸，岳科研，张幸．区域金融中心与区域经济增长的实证研究［J］．经济地理，2014，34（1）：114－120.

［7］Jimenez Aguilar C M，Thoene U. Associativity in the Bogotá metropolitan region：coordination challenges in a fragmented region［J］. Area Development and Policy，2021，6（4）：451－469.

［8］Moore－Cherry N，Kayanan C M，Tomaney J，et al. Governing the metropolis：An international review of metropolitanisation，metropolitan governance and the relationship with sustainable land management［J］. Land，

2022，11（5）：761.

[9] 韩永辉，麦靖华，张帆. 企业参与全球价值链分工的战略选择——基于 CNKI 与 Web of Science 的 CiteSpace 文献计量分析 [J]. 产业经济评论，2022（3）：36-68.

[10] 王守文，徐丽洁，章杰嘉，等. 科学中心城市科技创新辐射效应研究——基于长三角城市群的实证 [J]. 统计与决策，2023，39（20）：72-77.

[11] 尹德挺，赵政，史毅. 国家中心城市人口协同发展模式及效能类型探究——基于七次全国人口普查数据的分析 [J]. 改革，2024（3）：88-103.

[12] 王宇，郭新强，干春晖. 关于金融集聚与国际金融中心建设的理论研究——基于动态随机一般均衡系统和消息冲击的视角 [J]. 经济学（季刊），2015，14（1）：331-350.

[13] 赖穗怡. 广州建设国际消费中心城市的思路与对策 [J]. 城市观察，2021（3）：49-59.

[14] Santamaría L，Nieto M J，Rodríguez A. Failed and successful innovations：The role of geographic proximity and international diversity of partners in technological collaboration [J]. Technological Forecasting and Social Change，2021，166：120-575.

[15] 覃成林，梁夏瑜. 广东产业转移与区域协调发展——实践经验与思考 [J]. 国际经贸探索，2010，26（7）：44-49.

[16] 林晨，陈荣杰，徐向宇. 外部产业投资与区域协调发展——来自"三线建设"地区的证据 [J]. 经济研究，2022，57（3）：173-190.

[17] 韩永辉，麦炜坤，沈晓楠. 粤港澳大湾区打造高质量发展典范的实现路径研究 [J]. 城市观察，2023（1）：4-18，155.

[18] 陈朋亲. 粤港澳大湾区规则相互衔接的制度复杂性与行为策略 [J]. 学术论坛，2023，46（3）：32-43.

A Research on Developing Guangzhou
as a Central World City through Regional Coordination

Han Yonghui[1,2], Mai Jinghua[1], Liao Yangju[1]

(1. Guangdong Institute for International Strategies, Guangdong
University of Foreign Studies, Guangzhou 510420;

2. Institute of World Economics and Politics, Chinese

Academy of Social Sciences, Beijing 100732)

Abstract: Regional coordination development strategy is a crucial foundation for Guangzhou to build a central world city. On the new journey of regional coordinated development, Guangzhou aims to construct a central world city, formulating and implementing metropolitan area development strategies. The integration of rules between Guangzhou, Hong Kong, and Macau is becoming smoother, and global industrial chain competitiveness is continuously rising. However, Guangzhou's core role in the metropolitan area is not yet prominent, the flow of key elements between Guangzhou, Hong Kong, and Macau is restricted, and its position in the global industrial chain is hindered. In this new development stage, Guangzhou urgently needs to closely adhere to the regional coordination development strategy, consolidate the status of the centre of Guangzhou metropolitan area, promote coordinated development between Guangzhou, Hong Kong, and Macau, enhance its position in the global industrial chain, strengthen Guangzhou's core driving force and global connectivity, and improve the regional coordination development strategy mechanism.

Key Words: Guangzhou development; central world city; regional coordinated development

广州打造人文城市新典范的路径选择*

刘　伟[1]　陈杰英[2]**

（1. 广东省社会科学院 国际问题研究所，广州 510610；

2. 广东金融学院，广州 510521）

摘要：人文城市是建设人文湾区的一个重要领域，是以昂扬的城市人文精神发展人文经济，促进生产、生活、生态融合，以人为本完善公共服务与设施，打造国际交往中心。这是人类文明新形态的集中体现，是文化赋能城市发展的新范式。广州要发挥人文经济资源优势，以人文城市发展战略激发城市发展新动能，推进内外联动，提升国际竞争力。广州要推进城脉、文脉和商脉的交融发展，塑造城市的文化品牌，促进文旅融合发展，构建国际化人文经济生态圈，织密城市公共文化服务网，高质量建设绿美广州，打造人文城市新典范。

关键词：广州；人文城市；战略内涵

世界正面临百年未有之大变局，国家竞争力充分体现在世界级城市间的软实力竞争。党的二十届三中全会提出："中国式现代化是物质文明和精神文明相协调的现代化。"因此，我们必须增强文化自信，发展社会主义先进文化，弘扬革命文化，传承中华优秀传统文化。作为中国首个提出建设中心型世界城市的广州，在新一轮国际竞争格局中必然担当着不可或缺的角色，应当立足自身独特优势，形成前瞻性的城市发展战略，培育新

---

　　* 本文系广州市哲学社会科学发展"十四五"规划2024年度课题"打造人文经济学的广州范例研究——广州高质量发展视域下文脉与商脉融合发展的思考（2024GZYB57）"阶段性成果。
　　** 作者简介：刘伟（1968—）男，研究员，研究方向为世界经济、国际合作；
　　陈杰英（1972—）女，高级经济师，研究方向为文旅融合、社会治理。

质生产力，打造宜业宜居宜游都市圈。广州是粤港澳大湾区核心城市，理应在"人文湾区"建设进程中大有作为，以文化赋能城市发展，强调经济发展蓬勃稳健，人与自然和谐，生活方式惬意积极，建筑方式天人互泰，推动广州城市发展走上新台阶。推动文脉商脉融合发展，多元文化各美其美，就业创业空间不断拓展，形成人文城市发展战略，以人文经济为广州注入新动能，以人文精神凝聚全球人才，以人文理念创新体制，推动广州向着活力、和谐、安全、韧性和可持续方向演进，同时，加快适应信息技术迅猛发展新形势，优化文化服务和文化产品供给机制，培育形成规模宏大的优秀文化人才队伍，激发文化创新创造活力，构建更有效力的国际传播体系，成就人文城市新典范。

一、广州城市发展战略理念的演进

城市发展动力是一个动态演化过程，自改革开放以来，广州基于自身资源禀赋优势，遵循城市发展规律，不断促进城市动力变革，其发展战略理念大致历经以下几次演进，逐步从物质基础的跨越转向城市内涵的丰富。

第一阶段是交通兴城。改革开放初期，秉持"路通财通"理念，广州大力更新建设城市公共基础设施，重点改善城市交通网络，20世纪80年代，相继提升包括广州白云机场、广州火车站等重大交通枢纽，极大地促进了"广货行销全国"格局。构建以高速铁路、高速公路、国际航空等为主体的交通枢纽网，完善以普速铁路、普通国省道等为主体的干线网，20世纪90年代中后期，广州地铁建设大突破，实现"区区通地铁"，提高城市运输服务质量，畅通城市血脉，为城市发展和服务人民美好生活提供坚实的保障。当下，随着白云机场三期的扩建，广州港与南沙港区三期、四期投产，以广州南站、广州东站、广州火车站和广州白云站为核心的铁路网络形成，广州"大枢纽、大通道、大发展"逻辑正彰显作用。

第二阶段是产业兴城。广州坚持制造业当家，走产城融合道路。20世纪90年代，广州重点发展汽车产业，成为中国南方最大汽车产业基地。2000年以后，广州发展生物医药、信息制造产业，形成行业门类齐全、工业根基扎实和服务业特色鲜明的发展优势。在"一核、两带、三城、多节点"的新空间格局下，加快发展三大支柱产业、五大战略性新兴产业，并提前布局未来产业①，创新产城融合发展新模式。

第三阶段是教育兴城。广州始终强调人才在城市发展中的关键作用，大力度、长时间和全方位发展高等教育。2004年9月，广州大学城一期进驻十所高校，逐步形成层次分明的高等教育体系。广州已经在天河区、番禺区和黄埔区形成高校院所集聚高地，在校大学生数量始终位于全国前列，每年能为社会输送十万级的高层次科研人员和技术工人，强劲推动城市高质量发展。

第四阶段是数字兴城。早在2010年前后，广州一些企业和区域已经开始探索数字化转型，如2012年，广州明珞汽车装备有限公司就开展虚拟调试培训，推动传统制造业的数字化转型；同年，广州获得"2012年度智慧城市领军城市"奖。数字化时代城市发展要在新质生产力的基础上打造智慧城市，广州持续完善城市新基建，推动城市容貌升级，创新建设智慧社区和数字家庭，满足城市居民"即需即供"需求，实现城市治理理念更新，不断提高城市运行效率和质量。

第五阶段是人文兴城。人文经济是面向未来的城市文明发展新样式，人文城市是一种跨越式的城市发展理念。2018年10月，习近平总书记视察广州，实地考察了永庆坊历史街区，提出了"老城市新活力"的要求，开启了广州发展人文经济的新篇章。② 广州正在千年岭南文化的厚土上孕

---

① 根据《广州市战略性新兴产业发展"十四五"规划》，广州未来要构建"3 + 5 + X"战略性新兴产业体系。具体看来，三大新兴支柱产业包括新一代信息技术、智能与新能源汽车、生物医药与健康产业；五大新兴优势产业涵盖智能装备与机器人、轨道交通、新能源与节能环保、新材料与精细化工、数字创意；未来产业则包括量子科技、区块链、天然气水合物、纳米科技等一批面向未来的前沿产业。

② 孙晓波. 广州书写时代答卷 老城市焕发新活力［N/OL］.（2021 - 10 - 25）. 人民网，ht-tp：//gd. people. com. cn/n2/2021/1025/c123932 - 34972797. html.

育城市发展的人文温度，用城市发展提升人文高度，也通过人文赋能城市发展，不断提高广州人民精气神，实现人城齐奋进。

二、人文城市发展战略内涵

2023年的全国两会期间，习近平总书记指出："文化很发达的地方，经济照样走在前面，可以研究一下这里面的人文经济学。"[①] 这为中国未来经济发展和城市建设提供了新思路。在城市上添加"人文"一词，是强调人文所承载的人本思想与城市所承载的现代载体形成合奏，是建设有亲和力、创新力和影响力的未来之城，是城市文明程度的提升。人文城市理念的提出有效推动了城市建设与发展从简单依靠物质积累，向物质领域与精神领域互促互进新局面的转变，更关注人的需求，更依靠人的主观创造性，促进人的全面发展，并在人文城市基础上布局、实践和发展人文经济。人文城市的基本内容包括以下五方面：一是城市人文精神的昂扬向上；二是城市人文经济的高质量发展；三是城市生产、生活和生态的融合；四是城市以人为本的公共服务与设施的完善；五是人文区域与国际交流的畅通。

人文城市可以上升为一种城市发展战略，联合国的数据显示，随着城市人口的日益增长，城市居民预计到2050年将占到世界人口的68%，城市作为人口集聚、产业发展和文化创新的载体作用将逐渐显著，将成为人文经济发展的重要空间。人文城市理念是深刻把握城市文化发展与经济建设共生共荣的协调关系，不断满足人民群众对美好生活的期盼，将人文要素和经济动能相互转化，是新时代城市高质量发展的全新模式，而人文经济也成为城市发展新动能的关键所在。人文城市建设包括人文要素经济化和经济动能人文化，关注文化要素中经济价值的激发，也强调经济发展对

---

① 任平. 人文经济学本质内涵的哲学阐释 [N/OL]. (2025 – 08 – 04). 人民网，http：// theory. people. com. cn/n1/2025/0804/c40531 – 40535615. html.

城市人文环境建设的补给作用，实现城市人文与经济的良性循环与相互交融，同时，也将人文情怀融于城市建设与规划、环境保护与美化、社会治理与制度创新。我们主要从以下几个方向去理解其内涵。

（一）发展新范式：人文经济

人文经济是一个文化赋能经济发展动力与方向的理念与趋势，着重强调了文化与经济之间的相互支撑和互动关系，认为经济基础不仅决定上层建筑，而且上层建筑也会对经济基础产生反馈作用。文化与经济发展之间存在着重要联系，尤其是文化会对产业方向与产品设计发挥重要作用。文化产业不仅涵盖狭义上的出版、影视、动漫、游戏和数字文化产业等，还涉及广义上的文化与产业的深度融合，如国潮现象便是文化、商业和旅游业综合作用的结果。同时，经济发展也会反过来影响文化，市场经济的发展为中国文化市场的繁荣和文化产品的创新提供支撑性条件，而数字经济的崛起和相关科技的进步，也为文化产品的多样化提供强大的技术支持。因此，人文经济本质上实现了生产力与生产关系的有机融合。在传统经济观念中，经济活动往往被单纯地视为物质生产和交换的过程，而忽视了文化对经济的重要影响。随着社会的发展和进步，人们逐渐意识到文化价值正是经济价值背后的人的主体性体现。人文经济的内涵凸显了文化与经济的深度融合，认为文化对经济发展具有深远的影响，包括文明交融互鉴可促进国际贸易，经济的发展也需要文化的支持和滋养。人文经济不仅仅追求物质利益，还反映了价值观、信仰、社会认同等文化因素的深刻影响。它关注经济活动对社会和文化的塑造作用，以及经济活动本身所承载的意义和符号价值，也是一种价值再定义再实现的过程。广州发展人文经济，就需要深入挖掘中国现代经济发展的文化基因，借助文化传承与创新的力量来推动经济的高质量发展。

人文经济是习近平经济思想与习近平文化思想相互贯通与鲜活运用的实践精华。经济高质量发展的出发点和落脚点是人民，重要支点是文化，文化自信是更基础、更广泛、更深厚的自信，是更基本、更深沉、更持久的力量。人文经济把现代化进程与中华优秀传统文化相结合，也是面向世界的发展新范式，始终坚持文化和文明的世界性，弘扬全人类共同价值，尊重世界文明多样性。人文经济是以人为中心、以人文价值为导向、以文化为基础的经济活动，深刻揭示了经济与文化的交融互动和融合发展规律，是新时代中国城市发展的新探索。

（二）文明新展示：人文城市

人文城市体现了中国式现代化发展模式人民性、协调性、动态性和完整性的基本特征，是城市文明发展的新形态，城市建设更多地以人文作为新支点，创造美好城市生活环境。人文是滋养城市经济发展的肥沃土壤，也是一个国家立足于世界民族之林的"文明之根"，城市则是推动经济社会高质量发展和创造美好生活的重要载体。在全球城市化进程加速的背景下，广州正以城市新文明建设为契机，构建具有可持续性、可推广性的人文城市，打造"读懂中国故事"新平台，贡献中国特色社会主义道路新力量。人文城市建设推动人文与经济和谐共荣，促进传统与现代融合共进，以人文精神塑造城市特质，在城市经济发展中繁荣文化，这也正是人文城市魅力之所在。

数字时代的人文城市建设以数字、人文与经济协同为依托，数字技术已经逐渐嵌入城市建设与发展的各个领域，以数字技术创新人文与经济融合方式和应用场景，为城市人文经济创造更广阔的发展空间，充分发挥城市的人文经济潜力。在人文广州创建过程中，通过城市数字新基建的建设，加快人文的产品化、产业化进程，并拓宽文化的参与群体、提高文化互动频率与效率，打破传统的城市传播格局，激发全民参与的城市实践，并正在不断转化为城市创新发展的原动力。人文广州通过培育城市人文精神，增强城市经济的人文属性，以文化为支点撬动城市高质量发展。数字技术打破时空界限，全方位助力人文广州的建设和发展，进一步凸显城市经济发展的人文价值。

（三）规则新导向：人文关怀

中国自古便有"以文相地"和"以人为本"的实践理念与规则，从城市选址、建设到治理过程中都串联着历史、文化、人本精神、自然风貌等要素。城市规划建设不仅考虑到安全性与经济性，还要特别关注人文属性，将城市的经济发展与城市人文空间格局塑造紧密联系，强调历史文化精神及物质空间相融合，重视既有城市人文设施与城市发展空间的关联。在城市的人文关怀方面，包容性逐渐成为一个城市人文和管理文明的重要尺度，城市的人本思想体现在城市基础设施、公共服务等方方面面，为不同人群特别是弱势群体提供多样的生活环境和空间使用机会，打造有温度的城市。

广州是拥有千年历史的南粤商都，是中国对外贸易的重要窗口和文化交流的枢纽门户，是一座传统与现代气质兼具的城市。习近平总书记视察广东时要求"广州实现老城市新活力，在综合城市功能、城市文化综合实力、现代服务业、现代化国际化营商环境方面出新出彩"[①]。广州老城区是近代民族工业的集聚地、岭南文化的融合地、粤菜饮食文化的发祥地，沉淀着广州开放创新、以人为本的文化底蕴。广州以人文城市建设作为激发城市活力的重要切入点，运用现代化技术和运营方式拓展老城区的服务辐射力，提高城市的人民属性。广州老城焕发人文新活力是城市建设的人文回归，展现了城市发展的人文逻辑，集中体现在能够让人们置身市场化、法治化、国际化的营商环境，城市各类要素和资源得到优化配置与使用。

三、广州实施人文城市战略的基础与优势

广州具有超两千年的建城历史，是华南地区的政治、经济、文化中

---

① 李志清. 从辩证角度看老城市新活力［N/OL］.（2019－04－08）. 中国经济网，http：// views. ce. cn/view/ent/201904/08/t20190408_31808423. shtml.

心，也是粤港澳大湾区的核心城市，拥有结构完善的文化产业集群和文化事业服务体系，聚集高水平的文化人才和机构，保存了特色鲜明的历史文化遗产，维护着和谐绿美的生活生态环境，具备深厚的人文城市建设基础与优势，正充分彰显着城市文化的独特魅力。

（一）人文精神底蕴深厚

一座城市的人文精神是彰显生活在这座城市的人民从历史到现在，并面向未来所凝集成的文化精神。广州百折不挠的城市精神力量是伴随着海上丝绸之路的发展，面向未知、充满危险的海域，广州人民勇敢出航，逐渐培育出"冒险无畏、百折不挠"的城市精神，正如康有为所说："吾粤际海无涯，自汉时与诸蕃互市，环行海外诸国，多吾粤人。故粤人之善商业、务工艺、履巨海、涉洪涛而交于诸蕃，殆天性。"在改革开放时期，广州勇当改革"排头兵"，谱写了"大潮起珠江，敢为天下先"的宏伟篇章，培育出变革创新的城市精神。广州作为中国的开放前沿阵地，千百年来始终作为东西方文明交流的窗口，在多元文化的共同滋养下形成了"开放包容、务实拼搏"的城市精神，吸引和激励着来自世界各地的人民。广州在务实发展中始终坚持以人为本，在城市规划、产业发展、社会保障体系完善和生态保护领域都展现着城市的人本精神。广州的人文精神在社会实践中不断转型创新，并引领人文城市发展。

（二）岭南文化资源集聚

广州不仅是广府文化的中心，也是岭南文化中心地，始终兼收并蓄，形成丰富的文化形态，涵盖文学、绘画、书法、戏曲、工艺、建筑、民俗等众多内容，其中西关大屋、骑楼、粤曲、粤菜、粤剧、"三雕一彩一绣"等岭南文化符号享誉全球。广州推动岭南文化资源、自然资源与科技应用的有机融合，推动形成"一核四廊"岭南文化发展布局，构建融挖掘、保护、传承、创新于一体的岭南文化发展走廊。加快建设岭南文化传承展示中心、创新发展中心和对外交流中心，不断增强优秀岭南文化的承载力、辐射力，为广州建设人文城市提供强大的文化支持。广州拥有多主题、数量庞大的文化资源，包括传统历史文化和红色文化，形成"青山半入城，六脉皆通海"的历史城区。表 1 所示为2023 年广州文化资源统计情况。

表 1 2023 年广州文化资源统计情况

类型		数量
传统文化类	传统街巷	378 条
	历史文化片区	27 片
	历史风貌区	22 片
	中国历史文化古镇	1 个
	中国历史文化名村	2 个
	广东历史文化名村	4 个
	传统村落	96 个
	历史建筑	828 处
	传统风貌建筑	1206 处
	文物保护单位	792 处
	中国重要农业文化遗产	2 处
	广东省工业遗产	1 处
	古树名木	约 1 万株
	人类非物质文化遗产代表作	2 项
	国家级非物质文化遗产	21 项
	省级非物质文化遗产	95 项
	市级非物质文化遗产	116 项
红色文化类	红色类旅游资源（物质遗产类）	526 项
	红色类旅游资源（人文活动类）	93 项
	国家级革命文物	15 处
	省级革命文物	18 处
	市级革命文物	73 处
	红色旅游国家 A 级景区	13 个

资料来源：根据广州市规划和自然资源局官网、广州市政府官网、《广州市历史文化名城保护规划》等信息汇总。

丰富的文化资源成为广州建设人文城市、传播人文精神的重要载体，不断提升广州的人文美誉度。

（三）城市文化产业持续繁荣

广州文旅资源丰富、区位优势明显、交通网络发达、城市品质优越，人口超 2000 万人，拥有庞大的文化消费群体。近年来，广州文旅产业蓬勃发展，数字文化产业等新业态发展态势依旧强劲，其中新闻信息服务、内容创作生产、创意设计服务、文化传播渠道、文化投资运营、文化娱乐休闲服务 6 个文化产业核心领域的规模以上法人单位实现营业收入 4216.82 亿元，同比增长 19.5%[①]。广州文化上市企业持续增加，主要分布在游戏、传媒和文化装备等行业，文化上市企业竞争力持续增强，文化产业竞争力在全国处于领先水平，创造了良好的经济效益和社会效益，成为引领经济高质量发展的新引擎。繁荣发展的文化产业为广州建设人文城市提供了坚实的产业基础。表 2 所示为广州 2023 年文化及相关产业发展情况。

表 2　　　　　　　　广州 2023 年文化及相关产业发展情况

类型	数值
规模以上文化及相关产业法人单位	3347 家
规模以上文化及相关产业营业总收入	5582.34 亿元
旅游总收入	9525.6 亿元
全市接待游客	2.3 亿人次
游戏产业营业总收入	超 1000 亿元
游戏产业占全国市场份额	约 1/3
游戏产业企业数量	超 3000 家
动漫产业总产值	近 300 亿元
动漫产业产值占全国比例	超 1/5

① 资料来源：广州市统计局官方网站，发布于 2024 年 2 月 8 日。

类型	数值
动漫企业数量	超 2800 家
文化产业园区	702 个
国家级文化产业园区	25 个
省级文化产业园区	23 个
珠宝首饰产品占全球市场份额	超 30%
商用游戏机产品占全球市场份额	超 20%
广州文化上市公司联盟总市值	超 2400 亿元
广州文化产业投融资联盟规模	超 500 亿元
粤港澳大湾区文化产业投资基金规模	超 100 亿元

资料来源：广州市统计局 2024 年 2 月 8 日发布的统计信息。

在全球化浪潮中，广州文化出口加速，与世界各地的文化、经济深入交流，加强城市文化品牌建设，例如，三七互娱荣登中国游戏厂商出海收入榜首，珠江钢琴占全球钢琴市场份额超 30%。广州加强建设面向世界的人文经济枢纽，稳步迈向国际交往中心新阶段，建设富有特色、体现关怀服务品质的人文机场、人文地铁和人文港口，构建具有广泛影响力的国际人文交通网络。广州通过文化主体、文化资源和文化平台等多个层面强化人文经济枢纽建设，构建布局合理、结构均衡、功能强大的文化平台体系。广州成功打造了广州文化产业交易会、中国（广州）国际纪录片节、广州国际艺术博览会、中国（广州）国际演艺交易会等一批具有世界影响力的文化平台，为推动广州人文经济高质量发展提供了多彩的舞台。

（四）城市文化事业提质增量

广州始终坚持提升公共文化服务效能，充分保障人民群众基本文化权益，加快构建公共文化服务体系，逐步构建起市、区、街（镇）、社区（村）四级公共文化服务网络。广州积极打造"图书馆之城""博物馆之城"，广州图书馆、广州少年儿童图书馆主要服务指标连续多年居全国同类图书馆首位，在各区建立城市"10 分钟文化圈"、农村"10 里文化圈"，公共文化服务供给质量和水平不断提升，人民群众的获得感、幸福感明显增强。2023 年，广州具有公共图书馆（不含分馆）14 间，群众艺术馆、文化馆 244 间，文化站 176 个，博物馆、纪念馆及美术馆达 72 个。其中，投资 10 亿元的广州市文化馆新馆是广州重大文化设施和重点民生工程，是融公益演出、展览、研究交流、非遗保护为一体的重要文化载体，园区分布有广州公共文化中心、广州文艺中心、岭南翰墨园等多个园区。

青年因城市而聚，城市因青年而兴。广州以高质量的文化事业集聚人文经济发展的青春活力，大力打造青年友好型城市。广州是一座"年轻"的城市，全市 14～35 岁的青年人口超过 700 万人，近几年的新增人口数量年均达到 40 万人左右，且 80% 属于中青年人群。广州的高学历人口数量也是其发展人文城市的重要优势，其中 2023 年普通（职业）高等教育在校学生数量达 146.86 万人，大约每 11 名常住人口就有 1 位大学生，并且依托环五山、大学城、广州科学城等高校院所集聚地，建设一批青年创新创业特区，不断激发人文城市的青春活力①。

（五）国际交往中心持续拓展

广州以更加开放的姿态建设人文城市，大力推动多层面、多形式的持续性国际交流合作，勇当开放"排头兵"。在构建"朋友圈"方面，2024 年，广州国际友城增至 106 个、友好城区 50 个、广州国际友城大学联盟成员达 22 所、国际姊妹学校 121 对、穗港澳姊妹学校（园）387 对、广州港友好港口 55 个、位居全国第一。在国际经贸方面，广州累计有 5 万多家外资企业，345 家世界 500 强企业，2023 年新增外资企业

---

① 资料来源：《2023 年广州市国民经济和社会发展统计公报》。

超过 6600 家，同比增长 90%，再创历史新高；被誉为"中国第一展"的广交会，在 2024 年举办到第 135 届，期间共有来自 215 个国家和地区的 24.6 万名境外采购商线下参会，交出线下出口成交 247 亿美元和线上平台出口成交 30.3 亿美元的成绩单。在国际人员往来交流方面，2023 年广州查验出入境人员 906 万人次，同比增长 517%。①

广州积极发挥自身资源禀赋优势，着力建设国际交往中心和世界人文枢纽，城市国际话语权不断增强，持续拓展友城合作网络，制定实施国际友城"百城计划""友城+战略"和"五外联动"等战略，巩固拓展国际友好城市、友好港口、友好城区、友好单位"四位一体"的友好城市关系网络。广州创设全球市长论坛和广州国际城市创新奖等载体，连续多年担任世界城地组织世界理事会和执行局城市，并在 2021～2022 年当选世界大都市协会主席城市，成功加入世界城市文化论坛、C40 城市气候领导联盟等国际城市多边组织，参与和推动全球城市治理创新，在国际交流合作中提供"广东智慧"。在经济与科创领域，广州始终走在前列，搭建更高质量的国际会议体系，办好广州国际投资年会、从都国际论坛和《财富》全球科技论坛等高端国际会议交流活动，强化与会议行业国际组织合作，不断优化国际化服务环境，成为国家重要的外交平台。

四、建设人文广州城市新典范的路径选择与重大举措

人文城市弘扬以人为本，围绕人和城市的全面发展构建新价值观体系，促进城市建设和经济发展的质量变革、效率变革和动力变革；激发城市的人文经济动能，以人育文，以文兴业，以业繁荣经济，打造"人文+"的城市发展新赛道，推崇多元、包容、开放、合作的发展理念，提倡人文关怀的城市新规则，将人文思维贯穿于城市经济之中，逐步迈向共同富裕。

---

① 广州：扩大高水平对外开放 朋友遍全球"新"怀天下［R］.广东省现代服务业联合会，2024－04－07.

（一）打造人文广州城市新典范的路径选择

人文城市是未来城市文明的标杆，是实现城市可持续发展的必由之路。为扎实建设现代化人文城市，广州要立足自身资源禀赋，坚持以文润城、以产兴城的发展策略，坚持以人为本规划、建设和发展城市，并充分利用经济社会的融合发展趋势和全球化特点，走"人文＋"国际化道路。

1. 以文润城：形成文化共识，夯实人文基础

人文对城市的熏陶是细致、动态且长久的，人民是一座城市的细胞，为城市发展提供源源不断的动力，而文化是城市精神品格的底色，能凝聚城市发展的各方力量。激发人文的效能可以有效促进城市文化共识的形成，并夯实城市建设发展的人文基础，形成一座城市的人文印记，从而建设一座更有凝聚力、竞争力和影响力的现代化城市。广州要坚持以文润城，充分挖掘城市的文脉资源，将城市的文化资源和人民的普遍需求有机结合，要在保护传承历史文化的基础上活化利用、开拓创新，确保城市文脉在人民的自觉、自信中延续传承，让非遗走入寻常百姓家。广州建设人文城市要发挥人民的主体作用，通过文化共识全方位调动城市潜能，提升城市文化辨识度，构建城市文化品牌，形成城市专属符号。

2. 以业旺城：繁荣文化产业，激发人文动能

文化经济化、产业化是推动文化创新发展的不竭动力，也是建设人文城市的动能来源，能有效激发城市的创造性活力，充分提升城市竞争力。发展城市文化产业有利于加速城市文化的创新转化，并将城市文化的覆盖面不断向更多的人民延伸，让更多的生产主体参与到文化创新，也让更多的消费主体接触文化发展成果。发展文化产业是城市升级的重要支撑，是人文城市建设的主要表征，也有利于培育城市居民的美育素养，形成城市文化内生动力系统。广州打造人文城市范例，要进一步做

大做强文化产业，以新型技术赋能新型文化企业、文化业态、文化消费模式，推动文化产业高质量发展。随着以数字技术为代表的新科技的创新发展和对城市生活的深度介入，城市的发展逐渐形成了"人＋科技＋文化"的发展底色，科技进步激发人的主体功能，畅通要素流通，发挥文化的引领作用。广州在传承和创新中激活城市人文资源，有意识发掘、保护、开发当地文脉资源，积极主动创新文化资源；重视内外联动，在保证城市底色的基础上，以开放的姿态引进外来文化资源，在合作中谋求发展；推进文化的基础设施、公共服务、商品、产业和生态环保等领域的一体化发展，以更高的标准建设人文城市。

3. 以人为本：推进"三生融合"，塑造人文环境

城市是人类聚居的场所，城市建设要从"以物为中心"向"以人为中心"转变，需要从生产、生活和生态三个层面关注城市中人的发展，要推动三生有机融合，扩宽城市居民的选择广度，营造一个城市居民可以自由且全面发展的人文环境。广州建设人文城市新典范要坚持以人为本，改善生产环境以提高生产效率，完善生活保障以提升生活质量，重视生态保护以构建可持续城市发展环境。推进三生融合，促使个人与城市同频共振，加速人文城市建设。

4. 以内促外：注重内外联动，讲好广州故事

人文是在交流互动中不断发展的，要坚持文化走出去和引进来双轮驱动，通过国际交通枢纽设施、国际商贸活动和国际文化演艺活动等载体讲好广州人文故事。广州建设人文城市过程中，要在文化自信的地基上搭建更多元的人文大厦，建设更高水平的人文机场、人文高铁、人文港口和人文数字中心等国际化人文枢纽，充分发挥广州在建设人文湾区的核心作用，通过深度参与"一带一路"等世界级经贸活动，做大做强广交会、广州文交会等城市品牌活动，丰富文化交流内容，创新城市外交形式，主动参与全球人文发展，彰显广州的国际影响力。

（二）打造人文广州城市新典范的重大举措

广州城脉延绵、文脉兴盛、商脉繁荣，着力打造红色文化、岭南文化、海丝文化和创新文化四大城市文化品牌，以人文促进湾区融合，文化产业和文化事业向"新"提"质"，逐渐走上国际交流舞台。

1. 推进城脉、文脉和商脉的交融发展

广州以"绣花"功夫推动城市改造，坚持保护好城市特有的地域环境和建筑风格，不大拆大建，把城市的人文特色更好地融入现代城市建设中。深入梳理城市文脉，既有历史文化内涵，也有时代创新元素，守正与创新相得益彰，不断激活文化价值，让城市文脉活起来、看得见、走得远；在新时代的内外循环大格局下，利用好千年商都的商脉禀赋，以改革促开放、促创新，建设国际枢纽型城市，让人流、物流、资金流、信息流加速汇聚，激活广州商脉新动能。尤其要促进文旅融合发展，不断探索与实践文旅融合、文化科技融合等发展新路径。广州在人文理念的引领下持续提高旅游业发展质量，激发城市旅游新活力，通过体制机制创新、资源深度整合和产业链延伸，促进了文化产业与旅游产业的相互促进、共同发展。广州以科技赋能人文经济高效发展，推动人文经济向数字化、智能化方向发展，创新文化传播的方式和渠道，拓展文化旅游的新业态、新模式。

2. 塑造城市的文化品牌

广州根据自身文化特色，锚定红色文化、岭南文化、海丝文化、创新文化四大文化品牌。精准定位城市文化，推进红色文化，传承弘扬示范区建设，以红色文化锻造英雄城市之魂；加快建设岭南文化中心城市，融合湾区城市的文化资源，以岭南文化描绘湾区同心圆；联古通今，推动海上丝绸之路遗产和现代开放策略的相互融合，以海丝文化扩

大世界朋友圈；多举措增强全民创新意识，充分发挥创新的驱动力作用，营造勇于创新的良好氛围，以创新文化激发城市活力，在持续发展中彰显广州的城市形象。在发展空间方面，广州以建设人文湾区为契机，积极推动人文经济区域融合，构建协同发展新格局，打造具有国际影响力的文化品牌，提升区域整体的文化软实力。

3. 构建开放型人文经济生态圈

广州以新质生产力赋能文化产业，培育文化和旅游龙头企业，促进文化产业园区规模化发展，正全力打造动漫游戏、创意设计服务、文化装备及消费终端生产等三个千亿级文化产业集群。广州的文交会、文博会等展会活动影响力连年提升，各类国家级和省级文化产业园区体量不断扩大，全面强化文化类企业的引资及创收能力。广州要发挥自身作为国际交往中心的优势，创新文化和旅游惠民消费模式，推动文创产品开发利用，完善人文湾区合作机制，积极推动对外文化贸易，加快培育建设国际文化中心，推动文化制造业和服务业高质量发展。

广州坚持开放视角下推动经济与文化的国际交流合作，搭建多元化的国际文化交流平台，通过举办国际性文化交易会展、文化节庆和学术论坛等活动，以多样方式促进多元文化对话与交融，展现广州文化的人文魅力和国际风范。广州也主动加强与文化、经济、科技等领域的全球性机构的合作，持续引入国际高端文化资源，推动文化产业国际化，加强与国际文化市场的对接与合作，推动文化产品和服务"走出去"，发展开放型人文经济，提升文化国际影响力和竞争力。

4. 织密城市公共文化服务网

广州持续优化文化供给，高质量建设运营国家版本馆广州分馆、广州文化馆新馆、广州美术馆新馆、白鹅潭大湾区艺术中心等公共文化设施，发挥其服务效能，满足城市居民的基本文化需求，"博物馆之城"已初具规模。积极调动社会力量参与人文城市建设的积极性，建设更多融阅读、艺术培训、文化展览、轻食餐饮等功能于一体的优质"花城市民文化空间",继续深入实施文艺精品创作工程,加大政策扶持力度,力争推出更多叫好又叫座的精品力作,推动广州文化艺术创作再攀高峰。

5. 高质量建设绿美广州

广州具有齐全的山、水、林、田、湖、海自然要素,素有"花城"美称。广州立足城市生态资源禀赋,推进人与自然和谐共生,建设有弹性的生态系统,高质量供给优质生态产品,规划生态绿美的宜居城市。广州全市拥有 450.03 万亩森林,森林覆盖率为 41.6%,已形成"森林围城、绿道穿城、绿意满城、四季花城"的绿色生态格局,为人文城市建设增添靓丽的"绿色"。聚焦打造美丽广州、低碳广州、山水广州,因地制宜构建"美丽区县 + 美丽镇街 + 美丽乡村 + 美丽社区 + 美丽园区"格局。人文广州是人与自然和谐共生的现代化城市。

在粤港澳大湾区建设中,广州在历史演变、文化资源和地理位置中都占据独特优势,是粤港澳民众心中的"省城",是众多外国友人踏入中国的第一站。广州正探索以文化赋能高质量发展的新路径,通过构建覆盖面更广、功能更强大、结构更完整的文化交流平台体系,成立大湾区文化交流促进中心等多个组织机构,推进社会各主体的文化交流,促进区域内文化资源的共享与互动,为广州乃至整个湾区的人文经济发展注入新的活力与动力。广州持续提高机场、高铁和港口等基础设施的人文含量,成为名副其实的湾区文化枢纽、世界文化中转站,各类人文枢纽和平台已成为广州人文经济转型升级的重要引擎,进一步提升人文广州的文化软实力和核心竞争力,为粤港澳大湾区乃至全球的人文交流贡献更多"广州智慧"。

参考文献

[1] 新华社新时代人文经济学课题组. 新时代人文经济学发展范式研究 [J]. 苏州大学学报(哲学社会科学版),2024,45(1):11 - 19.

［2］项松林，孙悦.新型城市建设与中国式城市现代化［J］.云南民族大学学报（哲学社会科学版），2024，41（3）：140－150.

［3］陈忠.城镇化的伦理自觉与人文经济的空间实现［J］.江海学刊，2024（2）：73－83.

［4］陈忠.涂层式城市更新：何以生成，何以克服？——基于人文城市学与城市哲学的视角［J］.甘肃社会科学，2022（3）：28－36.

［5］刘士林，何睿敏.人文城市的理论逻辑与现实发展［J］.江西社会科学，2021，41（10）：236－245，256.

［6］王晓静.人文城市建设视域下的文化和旅游消费［J］.江西社会科学，2021，41（9）：246－253.

［7］陈立旭.人文经济多重维度与人文经济学研究对象［J］.浙江社会科学，2024（6）：9－12.

［8］魏鹏举.作为新质生产力的文化科技融合与人文经济发展［J］.福建论坛（人文社会科学版），2024（6）：55－64.

［9］周琍，赵全伟.人文经济学助力城市文明典范建设：理论逻辑、现实挑战和实现路径［J］.江西师范大学学报（哲学社会科学版），2024，57（3）：47－57.

［10］周锦.数字时代城市人文经济高质量发展：理论逻辑与实践路径［J］.江海学刊，2024（2）：92－99，255.

［11］徐政，吴晓亮.人文经济助推共同富裕：内在逻辑与实践路径［J］.西南民族大学学报（人文社会科学版），2024，45（3）：122－131.

［12］王忠，车学森.人文经济学研究：理论演进和话语创新［J］.江苏社会科学，2024（2）：77－86.

［13］胡钰.人文经济学的实践基础、基本假设与核心理念［J］.苏州大学学报（哲学社会科学版），2024，45（2）：1－8.

［14］陈龙.人文经济对数字技术发展中精神困境的制度化纠偏［J］.苏州大学学报（哲学社会科学版），2023，44（6）：9－16.

［15］黄韫慧，刘玉杰，陈璐.数字新基建促进人文经济的生产机

理与产业实践［J］. 南京社会科学，2023（9）：51 - 58.

　　［16］陆大道. 人文与经济地理学如何响应"中国式现代化"的要求［J］. 经济地理，2023，43（3）：1 - 5.

　　［17］潘家栋. 数字技术赋能人文经济发展的作用机制与实现路径［J］. 江南论坛，2024（4）：10 - 14.

　　［18］徐剑. 城市人文经济：以文化为支点推动城市高质量发展［J］. 人民论坛·学术前沿，2024（4）：56 - 62.

　　［19］李扬. 以人文经济赋能长江经济带高质量发展［J］. 江南论坛，2024（1）：4 - 9.

　　［20］向科，欧阳一语. 人民城市理念下广州城市特色风貌研究体系探析［J］. 重庆建筑，2024，23（5）：14 - 17，22.

　　［21］周权雄. 广州实现老城市新活力的三个维度［J］. 探求，2024（2）：100 - 109.

　　［22］赵宏宇. 广州打造社会主义文化强国城市范例的思考［J］. 探求，2023（2）：112 - 120.

Path Selection for Creating a New Paradigm of Humanistic Guangzhou from the Perspective of Humanistic Urban Development Strategy

Liu Wei[1]，**Chen Jieying**[2]

（1. Institute of International Studies，Guangdong Academy of Social Sciences，Guangzhou 510610；

2. Guangdong University of Finance and Economics，Guangzhou 510521）

Abstract：A humanistic city serves as a crucial domain in the construction of a humanistic Greater Bay Area. It entails developing a humanistic economy with an uplifting urban humanistic spirit, fostering integration among production, life, and ecology, improving public services and facilities in a people-centered manner, and building an international exchange center. This represents a concentrated manifestation of a new form of human civilization and a new paradigm of cultural empowerment for urban development. Guangzhou should leverage its strengths in humanistic and economic resources, ignite new growth drivers for the city through a humanistic urban development strategy, promote internal and external linkages, and enhance its international competitiveness. Guangzhou should advance the integrated development of its urban fabric, cultural heritage, and commercial networks, shape the city's cultural brand, promote the integrated development of culture and tourism, construct an international humanistic economic ecosystem, strengthen the public cultural service network, build a green and beautiful Guangzhou of high quality, and forge a new paradigm of a humanistic city.

Key Words: Guangzhou; humanistic city; strategic connotation

"双碳"背景下广州建设
低碳城市的路径探析

陈智颖[*]

（广州市社会科学院 区域发展研究所，广州 510410）

摘要： 广州是国家低碳试点城市、碳达峰试点城市，推进低碳城市建设不仅是对习近平生态文明思想的贯彻与落实，也是确保广州如期实现碳达峰、碳中和的重要举措，对广州建设出新出彩的中心型世界城市、实现城市绿色转型具有重要意义。本项研究基于广州建设低碳城市的优势与短板，结合国外低碳城市建设的成功案例，建议以能源系统为核心逐步推进低碳城市建设，以数字经济为抓手为低碳城市建设提供技术支撑，以绿色金融为依托为低碳城市建设提供资金保障，以国有企业为引领推动全社会低碳转型，并根据广州不同区域的发展特征，采用"1 + 2 + 3 + N"的建设布局，有序推进广州低碳城市建设。

关键词： 低碳城市；能源系统；数字经济；绿色金融

一、相关理论综述

气候变化问题一直受到世界各国高度关注，其中最严峻的就是温室气体排放导致的全球变暖。根据联合国政府间气候变化专门委员会（IPCC）的估算，过去 60 年来全球二氧化碳排放急剧上升，导致平均气

---

* 作者简介：陈智颖（1986—），男，助理研究员，研究方向为区域经济、绿色经济。

温相比 1850 年工业化前提高了 1.2℃，并由此引发海洋酸化、冰川融化、森林大火、干旱、洪水、物种灭绝等一系列次生灾害。为此，全球 178 个缔约方于 2015 年通过了《巴黎协定》，提出将全球平均气温较前工业化时期上升幅度控制在 2℃ 以内，并努力将温度上升幅度限制在 1.5℃ 以内的长期目标。中国也明确提出力争于 2030 年前实现碳达峰、在 2060 年前实现碳中和。党的二十大报告进一步强调，"实现碳达峰碳中和是一场广泛而深刻的经济社会系统性变革"，因而必须"立足我国能源资源禀赋，坚持先立后破，有计划分步骤实施碳达峰行动"。这要求我们深入分析推进碳达峰碳中和工作面临的形势和任务，充分认识实现"双碳"目标的紧迫性和艰巨性，研究需要做好的重点工作，统一思想和认识，扎扎实实把党中央决策部署落到实处。

作为人类经济活动的最重要载体，城市能否实现低碳发展将直接关系到碳达峰、碳中和目标能否如期实现，低碳城市因此应运而生。这一概念最早由瑞典在 1991 年提出，强调通过减少碳排放、提高能源效率和推动可再生能源利用，实现城市的可持续发展。2003 年，英国在能源白皮书《我们未来的能源——创建低碳经济》中首次提出了"低碳经济"的概念，也使关于低碳城市、低碳经济的研究逐渐兴起。时至今日，关于低碳城市内涵的界定大致可以分为三类：第一类，从低碳经济的视角出发，认为低碳城市就是以城市空间为载体来发展低碳经济，实施绿色交通和建筑来转变居民消费观念，创新低碳技术，从而达到在城市中最大限度地减少温室气体排放的目的[1]；第二类，从碳排放水平的视角出发，认为低碳城市是经济增长与能源消耗相互脱钩的城市发展模式，包括能源消耗增长低于经济增长的相对脱钩和能源消耗负增长而经济保持正增长的绝对脱钩[2]；第三类，从城市管理的视角出发，认为低碳城市是将低碳发展理念融入城市规划、建设、生产、消费等各个环节中，通过技术创新和制度创新，引领生产模式和生活方式的转变，形成节约、高效和环保的城市发展模式[3]。这三种视角互为因果，相互补充。本文综合这三种视角，将低碳城市的内涵总结为：以可持续发展为核心理念，通过城市规划、技术变革、生活模式更新等手段控制碳源、增加碳汇，最终实现碳达峰、碳中和的城市形态。

2010 年，国家发改委启动了首批低碳试点工作，广州作为国家中心城市，肩负着引领粤港澳大湾区实现绿色高质量发展、完成国家双碳战略目标的重要使命，在 2012 年被纳入第二批试点。2023 年，国家发改委复核认定的首批国家碳达峰试点区域出炉，包括广州在内共 35 个试点名额，充分体现了国家对低碳城市工作的重视。党的二十届三中全会更是明确指出，加快经济社会发展全面绿色转型，健全生态环境治理体系，推进生态优先、节约集约、绿色低碳发展，促进人与自然和谐共生。因此，推进低碳城市建设，不仅是广州作为国家碳达峰试点的责任使命，也是广州贯彻落实党的二十届三中全会精神的重要抓手，更是广州打造具有经典魅力和时代活力的中心型世界城市、推动城市绿色低碳转型、实现"大干二十年、再造新广州"目标的重要一环。基于这种背景，本文将从低碳城市建设对广州的意义入手，梳理广州建设低碳城市的优势与短板，通过借鉴国外低碳城市建设的成功案例，提出广州低碳城市的路径对策。

二、低碳城市建设对广州的意义

（一）低碳城市建设可以提升广州综合城市功能

2021 年，广州对标联合国 193 个国家共同签署的《2030 年可持续发展议程》，提交了《活力 包容 开放 特大城市的绿色发展之路——联合国可持续发展目标广州地方自愿陈述报告》（下文简称《报告》），提出广州将继续努力践行"创新、协调、绿色、开放、共享"的新发展理念，不断探索可持续发展之路。低碳城市建设与《报告》的内核是高度契合的，也将从两方面提升广州的综合城市功能：一方面，低碳城市建设将提升广州作为粤港澳大湾区经济发展重要引擎的功能，通过提升企业的清洁生产技术水平和科技研发水平，逐步淘汰价值链末端的高排放、低附加值产业，向价值链前端的低排放、高附加值产业转型，带动粤港澳大湾区经济高质量发展；另一方面，低碳城市建设也将提升广州作为中国对外交流重要窗口的功能，为广州与世界各国加强友好交流合作提供了契机，通过向国际社会分享"广州经验"和"广州故事"，介绍中国推进公平、多样、包容和开放的可持续发展理念。

（二）低碳城市建设可以提升广州城市文化内涵底蕴

城市文化是一座城市历史传统、文化底蕴、时代风貌和价值追求的综合体现，对提升城市软实力、激发城市创造力、扩大城市影响力具有重要的推动作用。低碳城市建设将从以下三个方面提升广州的城市文化内涵底蕴：一是打造人与自然和谐发展的城市文化，生动诠释"绿水青山就是金山银山"，将生态优势与文化优势相结合形成经济优势；二是打造绿色宜居的城市文化，围绕绿色低碳的核心，将广州的传统产业与旅游观光、文化创意、消费娱乐等文化产业相结合，提升市民的生活品质，营造绿色生活的良好氛围；三是打造制度规范的城市文化，为城市绿色转型制定完善的顶层制度设计与配套保障机制，规范政府、企业与个人的行为，树立广州井然有序的城市形象。

（三）低碳城市建设可以提升广州现代服务业综合实力

现代服务业是广州的城市名片。根据《2022 年广州市国民经济和社会发展统计公报》数据显示，2021 年广州现代服务业增加值占第三产业比重达到了 67.5%，对广州经济增长的贡献率为 45.0%，是广州未来城市发展的重要动能。低碳城市建设将从以下两个方面提升广州现代服务业的综合实力：一是提升数字技术服务业综合实力，无论是对碳排放的识别、监测、追踪，还是对生产、运输、销售等各环节的节能减排改造，都需要大数据、云计算、人工智能、区块链、5G 等新一代数字技术的支持；二是提升金融服务业综合实力，为企业盘活碳资产、研发清洁生产技术、实现低碳转型提供定制化的咨询方案和金融产品等。

（四）低碳城市建设可以提升广州现代化国际营商环境

广州是"千年商都"，也是国家营商环境创新试点城市，在优化营商环境、探索投资贸易便利化、激发市场活力方面责无旁贷。低碳城市建设将从以下两个方面提升广州的现代化国际营商环境：一是为本土出口型企业提供一套完整的碳排放核查、认证、追踪系统，应对西方国家利用气候变化议题与中国开展的贸易战，例如，欧盟的碳关税制度（CBAM）等；二是通过低碳城市建设形成更高标准的市场制度体系，降低企业的经营成本，提高运营效率，增强对国内外企业的吸引力，特别是与低碳城市建设密切相关的新能源、数字技术等新兴产业将成为广州未来招商引资的风向标，吸引相关领域企业来粤投资，助力广州打造全球企业投资首选地和最佳发展地。

三、广州建设低碳城市的优势条件与短板制约

（一）广州建设低碳城市的优势条件

自 2012 年被纳入国家低碳城市试点以来，广州已在低碳城市建设方面经过了十年的探索，不仅取得了一系列建设成果，而且积累了丰富的建设优势，具体表现在以下四个方面。

一是经济优势。广州一直以来都是国家一线城市，GDP 总量与增长速度长期名列前茅，并且形成了完整的制造业与服务业产业体系。广州的经济发展已经完成了早期积累，进入由高速发展向高质量发展转型的

阶段，而这一转型正是改变唯 GDP 论、实现人与自然和谐可持续发展的阶段，与低碳城市建设的内涵高度契合。广州的经济体量和经济发展阶段能够支撑低碳城市建设带来的产业转型，实现生产方式由粗放型向集约型的转变，以及产业链由低端向高端的跃迁。

二是政策优势。广州长期践行低碳发展战略，先后出台了《广州市节能降碳第十三个五年规划（2016—2020 年）》《广州市能源消费总量控制实施方案》等多项政策措施，在淘汰落后产能、替代清洁能源、发展绿色建筑等多个方面取得了突出成绩。《中国净零碳城市发展报告（2022）》数据显示，广州目前在全国 30 个样本城市中排名第 9，一般工业固体废弃物处理率和建成区绿化覆盖率位于样本城市较高水平，2020 年，碳排放强度、能源消费强度和电耗强度相较 2019 年下降明显。2022 年 9 月，《广州市能源发展"十四五"规划》发布，明确提出推动能源生产消费方式的绿色低碳变革，力争到 2025 年初步形成清洁低碳、安全高效、开放融合的现代能源体系。

三是基建优势。广州具备完善的现代化基础设施体系。在交通出行方面，广州早在 2017 年就颁布了《广州市新能源汽车发展工作方案（2017—2020）》，提出自 2017 年起，新增及更新的公交车 100% 推广使用纯电动汽车，至 2020 年底全面实现公交电气化，并大力增设充电桩（机），鼓励汽车租赁行业优先使用电动汽车；在资源保障方面，广州现已形成了多源头的供水、供电、供气体系，工业互联网二级节点全国居首；在环境保护方面，根据《广州市城市基础设施发展"十四五"规划》，广州入选了首批国家黑臭水体治理示范城市，城市污水处理率为97.9%，生活垃圾无害化处理率为100%，人均绿地面积为 17.3 平方米，建成区绿化覆盖率为 45.5%。这些城市基础设施将为广州向低碳城市转型提供重要的支撑保障，加快低碳城市建设进程。

四是文化优势。广州既有底蕴深厚、特征鲜明的岭南文化，也吸纳了来自全国各地移民文化，以及来自国外的海洋文化，因此，广府文化一直具有"海纳百川，有容乃大"的包容力。这种文化包容力与低碳城市建设所倡导的人与自然和谐共存是高度一致的，也使政府在出台相关绿色发展政策时可能面对的社会阻力更少，更容易被民众接受。低碳城市建设也能够将广州的城市文化提升到一个新的高度，为广州的城市名片增添新的色彩。

（二）广州建设低碳城市的短板制约

尽管广州低碳城市建设方面存在诸多优势，但不可否认的是，广州也存在一些低碳城市建设方面的短板，具体表现在以下三个方面。

一是能源转型存在挑战。能源排放一直是碳排放的重要来源，约占碳排放总量的80%~90%，因此，建设低碳城市必须实现能源低碳化。根据《中国净零碳城市发展报告（2022）》提供的数据，广州近年来在能源低碳化方面已取得显著成效，煤炭消费占比从2015年的19.8%下降到2019年的13.9%，天然气装机容量占比从2015年的19%上升到2020年的44%，太阳能分布式光伏发电装机容量也大幅提升。然而，目前广州的火力发电占比仍高于全国平均水平，达到95%，能源转型仍存在不小挑战。

二是老城改造存在阻碍。低碳城市建设需要进行科学的城市规划，往往需要前瞻性的规划布局和较长周期的建设。广州老城区已建设发展多年，许多建筑、绿化、循环、交通设施已经陈旧老化。但如何对老城重新规划改造使之满足低碳城市建设的需求，仍存在诸多困难与阻碍，需要进行系统论证。

三是低碳城市发展模式不明确。尽管我国在2010年就开始了低碳城市建设试点，但总体而言，我国对低碳城市的发展路径仍处于探索阶段，尚未形成具有代表性的发展路径与模式。广州同样存在类似的问题，无论是城市发展定位、阶段性目标、不同功能区域的空间布局，以及定量的碳排放监测、计量、评估工具开发等方面都存在不足，也是未来广州低碳城市建设必须解决的问题。

四、国外低碳城市建设的实践经验

低碳城市建设在国外的发展历史较长，已经形成了多种不同类型的发展路径。通过梳理国外的实践经验，将为广州建设低碳城市提供有益的借鉴与指引。目前国外较为典型的低碳城市建设路径有以下四类[4][5][6]。

（一）可持续性城市——瑞典马尔默

可持续性城市是应用最为广泛的低碳城市发展概念，其内涵源于可持续性发展，指城市经济与环境质量既满足当代人的需求，又不损害后代人的需求。低碳是可持续性城市建设的内容之一，但并不会设定一个明确的碳排放目标。瑞典马尔默市是重工业城市向可持续性城市转化的典型案例，其目标到 2020 年实现气候中和，在 2030 年实现 100% 的可再生能源利用，并最终实现经济、社会、环境的可持续性发展。为实现这一目标，马尔默市采取的主要措施包括：（1）建设被动式房屋，通过太阳能、风能和含水层热能储存系统获得能量；（2）严格执行垃圾分类，废物和生活垃圾通过地下管道输送到垃圾处理厂进行真空分解和无氧酵解，从而生产沼气循环利用；（3）推广低碳出行，发展以自行车和有轨电车为核心的慢行系统，减少交通运输产生的能耗与碳排放。

（二）碳中和城市——澳大利亚阿德莱德

碳中和城市是指提出了明确的中长期碳中和目标并加以实施推进的城市，要求通过植树造林、节能减排等方式将城市生产生活产生的碳排放全部抵消，实现"零排放"。阿德莱德市作为南澳大利亚的首府，长期致力于低碳行动，早在 1995 年就开始监测城市的碳排放情况，并采取了一系列卓有成效的碳减排措施：（1）以太阳能作为城市主要能源，对住宅、学校、中心市场、汽车站、议会等地安装太阳能屋顶给予财政支持，并为安装屋顶光伏的居民建筑安装了储能设备以加强太阳能消纳；（2）交通电气化，引入全电动公交车队，并开展氢燃料电池汽车的研发和试验性行驶；（3）有效利用水资源，通过基于 AI 的水循环管理系统整合了雨水、饮用水、地下水、废水，为城市提供循环水资源利用。阿德莱德市在 2020 年 7 月 1 日开始实施《阿德莱德 2020—2024 年战略计划》，目标在 2025 年建成碳中和城市。

（三）智慧城市——日本柏之叶

智慧城市也是实现城市低碳化的又一途径，相较碳中和城市，智慧城市更强调通过信息技术和数字技术实现城市生活的智慧化、智能化、数字化，以及人与自然的和谐共存。日本东京都北部千叶县的柏之叶新城就是智慧城市的典型。2005 年，柏之叶围绕"环境共生都市""健康长寿都市""新产业创造都市"三大主题建设智慧城市，联合了三井不动产、日建设计、日立等多家企业、大学和研究机构共同参与：（1）打造了柏之叶能源管理系统 AEMS，实现了街区间电力融通，以及用水、用电、用气的可视化，居民和商户可以通过各类终端实时了解各类能源消费情况，以便开展节能减排行动；（2）设计了高科技的生态建筑，建筑设置一体型太阳能板，充分利用景观空间实现太阳能和风能收集，并在室内运用屋顶绿化、垂直绿化、室内种植等技术打造绿色生态宜居空间；（3）建设智能交通系统，包括智慧公交、智慧道路、智慧停车等，为居民出行提供更多便利。

（四）生态城市——德国弗莱堡

生态城市是指根据生态学原理，应用生态工程、系统工程、社会工程等手段使城市既保持原有自然风貌，又能发扬优点，克服不足，建设成社会、经济、自然可持续发展的人类居住区。德国弗莱堡市是欧洲著名生态城市，其主要特点包括：（1）建设可持续性社区，将森林、草地等自然景观与居住区相融合，采用节能建筑和太阳能设施，利用建筑自身加热与制冷以满足生活需要；（2）保护环境，对河流与河岸保留拟自然状态，将城市地面改造成能透过雨水的生态地面，并用植被覆盖以降噪降尘；（3）规划交通，构建了一体化的公交换乘网络，鼓励市民使用公共交通，减少私人汽车出行；（4）回收垃圾，城市80%的用纸是废纸回收加工，对不可回收的垃圾进行高标准焚烧，焚烧余热用于城市供暖供电。

五、国外低碳城市建设的经验总结

回顾国外低碳城市建设的实践经验不难发现，尽管低碳城市建设的理念、目标、诉求不尽相同，但都绕不开四个核心系统的建设：一是能源系统建设，即如何实现城市能源供给的低碳化，其中最关键的是构建以风能、太阳能、水能、核能为主体的新型电力系统，取代传统的化石能源发电，因此，需要解决可再生能源发电、并网、储存、输送、调峰等诸多问题；二是建筑系统建设，即如何实现城市建筑的低碳化，一方面，需要解决建筑的能源供给问题，另一方面，需要实现建筑材料的低碳化，此外还需要考虑建筑的生态宜居性；三是交通系统建设，即如何实现城市居民交通出行的低碳化，一方面，需要对城市公共交通系统进行智能化、电气化改造，另一方面，需要鼓励居民低碳出行，以公共交通工具代替私人交通工具；四是循环系统建设，即如何有效循环利用城市资源减少浪费，包括废弃物回收、污水净化，以及自然生态环境的保护和利用。因此，广州建设低碳城市的着力点也应聚焦在如何实现上述四个核心系统的低碳转型，发挥在经济、政策、基建、文化方面的优势，补足在能源、城市规划、发展战略等方面的短板，将广州建设成为粤港澳大湾区的低碳城市标杆。

六、广州建设低碳城市的路径策略

2024 年 7 月《国家碳达峰试点（广州）实施方案》发布，明确提出"到 2025 年，能源供应持续降碳增效，能源利用效率持续提升，产业结构和用能结构持续优化""到 2030 年，清洁低碳安全高效能源体系全面建成"的两阶段目标，并从能源供给、资源利用、工业领域、城乡建设、交通运输、生态碳汇、绿色要素、试点示范 8 个方面，提出了 25 项具体建设任务。由此可见，低碳城市建设与广州未来城市建设的发展方向是高度契合的。基于广州建设低碳城市的优势与短板，结合国外在低碳城市建设方面的成功经验，广州可从以下五个方面入手。

（一）以能源系统建设为核心，逐步推动建筑、交通、循环系统低碳建设

低碳城市建设是一项长期的系统性工程，四个核心系统交叉融合，相互补充，其中最核心、最关键的是能源系统建设。现阶段，广州应以能源系统为核心制定低碳城市建设的顶层规划，制定针对能源系统节能减排的财税政策和监管措施[7][8]，提高对能源企业在可再生能源开发利用方面的扶持力度，推动国家"以电代油""以电代气"战略的落实，以能源系统低碳建设逐步推动建筑系统、交通系统、循环系统的低碳建设。

（二）以发展数字经济为抓手，为低碳城市建设提供技术支撑

从国内建设低碳城市的经验来看，数字技术对低碳城市建设具有不可替代的关键作用[9]。因此，广州应着力发展数字经济，以数字经济为抓手为低碳城市建设提供技术支撑。具体而言，对于能源系统的低碳转型，可以通过数字孪生、云计算等数字技术搭建数据平台，提高电网对风能、分布式太阳能等清洁能源发电的消纳与存储，保证清洁能源系统

的安全稳定；对于建筑系统的低碳转型，可以通过大数据、物联网等数字技术优化生产流程，减少对原材料、能源的过度消耗与浪费，并确保建筑系统与能源系统的有效对接，构建智能建筑；对交通系统的低碳转型，可以通过人工智能、图像识别等技术优化交通调度，减少交通拥堵，推广电动公交汽车等公共交通工具以减少尾气排放；对于循环系统的低碳转型，可以通过物联网、智能传感器等技术实时监测城市日常活动产生的碳排放，并向居民披露废物循环利用产生的节能减排数据，从而营造全社会共建低碳城市的良好氛围。

（三）以发展绿色金融为依托，为低碳城市建设提供资金保证

绿色金融是指为支持环境改善、应对气候变化和资源节约高效利用的经济活动，即对环保、节能、清洁能源、绿色交通、绿色建筑等领域的项目投融资、项目运营、风险管理等所提供的金融服务。广州在绿色金融领域已有长足发展，包括在花都区成立了经国务院批准的华南地区唯一一个绿色金融改革创新试验区；作为首批碳排放权交易试点成立了广东碳排放权交易所，目前已成为全国交易规模最大的区域碳排放权交易市场；发行了包括绿色信贷、绿色债券、绿色股票、绿色基金等在内的一系列绿色金融产品，形成了层次丰富的绿色金融体系。未来应继续完善绿色金融市场，以绿色金融为依托助力低碳城市建设[10]，具体而言：一是以广州期货交易所成立为契机，推动碳排放权期货市场建立，并开发绿色基金、绿色证券、绿色保险、绿色 ABS 等股权融资类非信贷绿色金融产品，为不同行业的低碳转型提供定制化的绿色金融服务；二是立足低碳城市建设优化绿色金融的风险管理水平，完善 ESG 评估体系，建立标准统一、覆盖面广的绿色金融信息披露机制，加强对项目投融资的风险管控，提高绿色金融的投融资效率；三是健全绿色金融的激励机制，对符合广州低碳城市建设的项目予以税收优惠、专项奖励等政策扶持，实现绿色金融政策与低碳城市建设战略的有效衔接；四是推进绿色资本的跨境流动，充分发挥粤港澳大湾区对外开放的优势，鼓励广

州金融机构与世界银行、气候债券倡议组织等国际机构交流合作和国际绿色金融标准的互认，吸引国际资本参与广州的低碳城市建设。

（四）以国有企业低碳转型为引领，为全社会树立低碳转型标杆

在低碳城市建设中，企业的低碳转型投入成本大、转型周期长、短期经济收益低，因此，存在市场激励不足的问题，往往不愿意进行低碳转型。在这种情况下，国有企业应主动担当，率先开展低碳转型工作，履行作为国有企业的政治责任、经济责任、社会责任，为民营企业与中小企业树立低碳转型的标杆。具体而言：一是要求国有企业落实低碳转型的顶层设计与路线图，自上而下地推动其下辖各分、子公司的低碳转型，引进先进的生产技术与管理体系，降低生产经营各个环节的能源消耗与碳排放；二是实施低碳转型"链长制"，发挥国有企业涉及面广的特征，对其产业链、供应链上下游的企业形成低碳约束，促使与其相关的企业参与低碳转型；三是发挥国有企业的引领示范作用，一方面，为民营企业与中小企业提供转型经验与成果借鉴，另一方面，开发通用的低碳转型数字化平台，减少民营企业与中小企业转型过程中的试错成本。

（五）以区域错位发展为理念，形成广州特色的低碳城市建设布局

尽管国际上已有众多低碳城市建设的案例，但不同城市的实际情况不同，不能直接照搬他人经验。尤其是广州这种超大型城市，11 个城区的产业基础、发展轨迹存在较大差异，应当充分发挥不同区域的比较优势，通过区域错位发展形成互补。具体而言，广州可采用"1 + 2 + 3 + N"的低碳城市建设布局。

"1"是指一核，即由越秀、荔湾、天河、海珠构成的低碳城市发展核心区。越秀、荔湾是广州传统的核心区，拥有丰富的商贸服务、金融、生命健康产业；海珠区是广州数字经济的发展高地，依托琶洲人工

智能与数字经济试验区、中大国际创新生态谷等数字产业园区在互联网、人工智能等领域持续发力；天河区是广州高端 CBD、总部经济聚集地，集商务、金融、旅游、科研、教育于一身。这四个区域涵盖低碳城市建设所必需的技术、资金、人才、市场等要素，通过各区之间的优势互补与协同合作，能够率先打造出广州低碳城市的核心样板。

"2"是指两带，即由白云、花都、从化、增城组成的北部低碳产业发展带，以及由黄埔、番禺、南沙组成的南部低碳产业发展带。这些区的产业发展各有侧重，北部产业带侧重于轨道交通、都市农业、生物医药等产业，南部产业带侧重于汽车制造、通信电子、航空航天等产业。南北两个产业带的重点在于推进低碳转型，包括能源低碳化、生产流程节能化、生产废弃物循环利用等。

"3"是指三圈，即由越秀、荔湾、天河、海珠构成的核心圈层，由白云、黄埔、番禺构成的中间圈层以及由花都、从化、增城、南沙构成的外围圈层。低碳城市发展应采取"由内向外"和"由外向内"双向并进的方式，"由内向外"是指在低碳系统建设、数字技术研发、金融产品设计等"硬件"方面应由核心圈层向外辐射，发挥核心圈层的综合实力实现技术突破，为外部圈层提供支持；"由外向内"是指在城市规划、生态环境建设等方面应发挥外部圈层的后发优势，吸收国外建设低碳城市、智慧城市的经验，反哺老城区的低碳转型。

"N"是指 N 个特色低碳示范区，即发挥各区的产业优势形成错位发展，打造各具特色的低碳园区、低碳社区等，为广州整体的低碳城市规划建设积累经验，最终归纳形成最适合广州的低碳城市建设布局。

参考文献

[1] 陈飞，诸大建. 低碳城市研究的内涵、模型与目标策略确定 [J]. 城市发展研究，2009，16（10）：71－79.

[2] 戴亦欣. 低碳城市发展的概念沿革与测度初探 [J]. 现代城市研究，2009，24（11）：7－12.

［3］方时姣. 绿色视野下的低碳经济发展新论［J］. 中国人口·资源与环境，2010，20（4）：8 – 11.

［4］杨秀. 国际社会建设零碳城市的探索［J］. 旗帜，2021（4）：83 – 84.

［5］胡剑波，任亚运. 国外低碳城市发展实践及其启示［J］. 贵州社会科学，2016，316（4）：127 – 133.

［6］王白雪，郭巍. 城镇化道路中城市低碳发展路径探索——国外低碳城市发展经验与启示［J］. 生产力研究，2021（12）：1 – 7，66.

［7］庄贵阳. 中国低碳城市试点的政策设计逻辑［J］. 中国人口·资源与环境，2020，30（3）：19 – 28.

［8］盛广耀. 中国低碳城市建设的政策分析［J］. 生态经济，32（2）：39 – 43.

［9］钟文，郑明贵，钟昌标. 数字经济发展与城市低碳转型：影响效应与机制检验［J］. 统计与决策，2024，40（22）：109 – 114.

［10］徐佳，崔静波. 低碳城市和企业绿色技术创新［J］. 中国工业经济，2020（12）：178 – 196.

Analysis on the Path of Guangzhou's Construction of a Low-carbon City under the Background of "Dual Carbon" Goals

Chen Zhiying

（Regional Development Institute，Guangzhou Academy of Social Sciences，Guangzhou 510410）

Abstract：Guangzhou is the low-carbon pilot city and carbon peak pilot city in China. Promoting the construction of low-carbon cities is not only the implementation of Xi Jinping thought on eco-civilization, but also an important measure to ensure that Guangzhou achieves carbon peak and carbon neutrality on schedule. It is of great significance for Guangzhou to build a central world city and achieve green transformation. This study is based on the advantages and disadvantages of building a low-carbon city in Guangzhou, combined with successful cases of low-carbon city construction abroad. It is recommended to gradually promote the construction of low-carbon cities with the energy system as the core, provide technical support with the digital economy as the lever, provide financial support with green finance as the basis, promote the low-carbon transformation of the whole society with state-owned enterprises as the leader, and adopt a "1 + 2 + 3 + N" construction layout according to the development characteristics of different regions in Guangzhou.

Key Words: low carbon city; energy system; digital economy; green finance

世界城市视角下提升广州国际航运功能的路径探讨[*]

葛志专[1]　赵蓓蕾[2][**]

（1. 广州市社会科学院 区域发展研究所，广州 510410；

2. 中国社会科学院大学 应用经济学院，北京 102488）

摘要： 在全球经济贸易疲弱的背景下，广州国家航运中心功能稳步提升，航运枢纽主要指标居国际前列，航运基础设施规模和效率大幅提升，拥有广阔的国内国际腹地市场，互联互通的多式联运体系高效释放推动作用，总体实力进入国际第二梯队。同时现代航运服务业发展相对滞后，国内外及周边区域竞争激烈，航运人才短缺仍是关键制约因素，深中通道开通运营后腹地市场有收缩的潜在风险。建议以南沙、黄埔为主要区域，建设高水平的临港经济服务集聚区。争取国家支持，探索建设（准）自由贸易岛，营造卓越的现代航运服务环境。加快建立可持续的人才培养体系，努力培育稳定、质高的航运人才队伍。深化湾区合作，加快整合珠江内河及珠江—西江流域港口资源，加强与深圳、香港在航运、海洋经济的互补合作、共赢合作。

关键词： 世界城市；国际航运；广州

党的二十届三中全会明确指出，要完善高水平对外开放体制机制，

---

*　基金项目：广州市"羊城菁英"计划宣传思想文化领域"揭榜挂帅"骨干人才项目"以南沙开发开放为重点，增强广州粤港澳大湾区核心引擎功能"（2024GG02）。

**　作者简介：葛志专（1987—），副研究员，研究方向为区域与城市经济、数字经济；

　　赵蓓蕾（1997—），博士研究生，研究方向为城市经济与区域经济。

稳步扩大制度型开放。主动对接国际高标准经贸规则，深化外贸体制改革，支持有条件的地区建设国际物流枢纽中心和大宗商品资源配置枢纽。巩固东部沿海地区开放先导地位，实施自由贸易试验区提升战略。国务院关于《广州市国土空间总体规划（2021—2035 年）》的批复指出，广州是彰显海洋特色的现代化城市，国际性综合交通枢纽城市，发挥国际商贸中心、综合性门户等功能，打造具有经典魅力和时代活力的中心型世界城市。历史规律和经验表明，强化国际航运枢纽功能，发展航运贸易是扩大对外开放、建设综合门户的天然渠道和关键方式之一，也是世界城市必备的城市功能之一。

1991 年，美国学者萨森（Sassen，1991）正式提出了全球城市的概念[1]，全球城市为全球经济中的关键节点，集中了跨国公司总部、金融机构、国际贸易和信息交流的核心功能。卡斯特（Castells，2011）进一步对这一概念进行了拓展，提出流动空间理论，认为全球城市系统呈网状结构，不同城市通过信息流、资本流和人员流动等多种形式相互连接，形成了一个跨越地理边界的动态网络体系[2]。这一理论强调，全球城市不仅仅是地理位置上的中心，还通过流动网络实现了全球经济和社会的功能整合。

泰勒（Taylor，2000）等在弗里德曼（Friedmann）的世界城市理论和萨森的全球城市理论的基础上，进一步扩展了全球城市的概念，其从城市体系和城市外部联系的视角出发，选择全球化的专业服务企业（如会计、金融、法律、广告等）作为研究对象，重点分析这些企业在全球城市网络中的作用，通过研究这些专业服务企业的跨国网络联系，构建了全球城市的网络结构[3]。这种方法为全球城市的研究提供了新的角度，强调了城市之间通过全球化企业的网络互动所产生的联系，而不再局限于单一城市的经济或政治影响力。此外，也有不同学者基于不同类型的跨国要素如航空航海、互联网等产生的联系，对全球城市间的联系网络开展了多样化的研究[4][5][6]。

当前，国内关于全球城市的研究主要集中在以下两个方面。一是全面梳理全球城市的定义、发展机制、特征及功能，并以此为基础对纽约、伦敦和东京等国际公认的全球城市进行案例分析，将北京、上海、广州等中国城市与国际大都市进行比较，以期为中国城市向全球城市转型提出可行的策略[7][8][9]。二是基于"流空间"概念，构建全球城市网络和全球生产网络的理论框架，提出后发城市发展成为世界级或全球城市的具体路径[10][11][12]。

全球城市理论强调了特定城市在全球经济中的关键地位，这些城市是全球金融、贸易、技术、管理和服务的核心枢纽。全球城市并非孤立存在，而是通过跨国公司、金融机构、信息技术和交通运输等手段，在全球经济网络中充当重要节点，形成城市间的紧密联系。国际航运中心依托优越的地理位置、良好的港口设施、成熟的物流网络以及完善的航运服务体系，是掌握全球航运话语权的重要港口城市。航运中心不仅支持全球城市的运作，还在全球商品流通中起到桥梁作用，促进城市间的互联互通，港口城市如鹿特丹、上海等，通过其航运和物流功能，提升了城市在全球网络中的重要性。航运中心的发达程度与全球城市的经济地位息息相关，二者协同合作，共同推动全球物流网络的高效运行。

鉴于此，本文从广州推进国际航运中心高质量发展视域出发，以全球城市理论为依据，首先分析广州在国际航运中心高质量发展方面的主要基础与优势，其次剖析其发展短板与潜在风险，进而在此基础上为广州建设中心型世界城市提供政策建议。

一、主要基础与优势

（一）航运枢纽综合实力居国际前列

广州港是我国沿海主要港口和集装箱干线港，是华南地区最大的综合性主枢纽港，已经形成以南沙港为核心，内港、黄埔、新沙三个港区，联动珠江–西江流域内河港口和无水港的分布格局、南沙四个港区。广州港出海航道是全球最繁忙的黄金水道之一，既是珠三角港口群连接国际航线、通达国内外港口的重要运输动脉，也是广州港、东莞港和深圳西部港区发展的关键生命线。2023 年广州港完成货物吞吐量 6.75 亿吨，集装箱吞吐量 2541 万 TEU（见表 1），同比分别增长 2.91%、2.24%，实现双增长，国际枢纽能级持续巩固，吞吐量排名分别位居全球第 5 和第 6，水路货运周转量完成 22045 亿吨公里，同比增长 3.16%。广州港继续保持全国最大的粮食和内贸集装箱中转港，是保障国家粮食安全的重要枢纽。2023 年新华·波罗的海国际航运中心发展指数中，广州保持全球第 13 位。2023 年世界银行等联合发布的"全球集装箱港口绩效指数"排名，广州港在全球货物吞吐量前十港口中位列第三。①

表 1　　　　　　　　2023 年全球港口集装箱吞吐量前 10 名

排名	港口	2023 集装箱吞吐量（万 TEU）	2022 集装箱吞吐量（万 TEU）
1	上海港	4915.8	4730.3
2	新加坡港	3901.3	3728.9
3	宁波舟山港	3530.0	3335.1
4	深圳港	2988.0	3003.6
5	青岛港	2875.0	2567.0
6	广州港	2541.0	2485.8
7	釜山港	2275.0	2207.8
8	天津港	2217.0	2102.1
9	杰贝阿里港	1447.2	1400.0
10	香港港	1434.1	1668.5

资料来源：美国交通杂志（AJOT）。

---

① 资料来源：广州市港务局，https：//www.gz.gov.cn/xw/zwlb/bmdt/sgwj/content/mpost_9488838.html。

（二）拥有国际一流的航运基础设施

广州港是大湾区中唯一的综合性港口，物流"大枢纽"、能源"大动脉"、粮食"大通道"，港口拥有长度 25 公里的泊位，其中包括 62 个万吨级以上的码头泊位（最大靠泊 20 万吨级船舶），涵盖矿石、粮食、集装箱、煤炭、石油化工、滚装汽车等各类专业化码头、通用货物码头和客运码头，拥有 23 个万吨级以上的装卸锚地，最大锚泊能力可达 30 万吨级。近年来，更进一步升级了承载能力、运营效率。重点码头工程建设明显提速，南沙港区四期全自动化码头、近洋码头工程已建成并投入运营。粮食及通用码头扩建工程基本完成建设。国际通用码头已开展先行工程。南沙港区集装箱码头五期工程正在有序推进。国际海铁联运码头基本形成平面布置方案。仓储配套不断扩容。南沙国际物流中心南、北区均建成投用并获批海关监管作业场所，江海联运码头（一期）工程仓储区已开工建设。南沙港区三期半自动化堆场三期工程、粮食筒仓三期工程已开展施工，南沙港区三期小港池根部区域拟建设南沙国际港航中心项目。航道工程稳步推进，广州港环大虎岛公用航道工程全线投入使用，广州港南沙港区龙穴岛中部挖入式港池口门外航道疏浚工程顺利推进施工。

（三）拥有广阔的国内国际腹地市场

从广州自身层面看，广州位于 21 世纪海上丝绸之路的中段，靠近太平洋、印度洋区域主要国际航区，半径 100 公里范围内可覆盖整个粤港澳大湾区，4 个小时内覆盖广西、贵州、湖南、江西等周边省份，是全国最大的内贸集装箱枢纽港。珠江－西江流域经济总量规模巨大，人口、资金密集，是我国发展开放型经济最具活力的区域之一，进出口贸易业务、航运物流、航运服务等多元的业务市场需求广阔。正是这些区域与国内外的经贸往来，成为广州港经久不衰的源源动力。珠三角地区是广东省内河航运的核心区域，拥有超过 1000 条通航河流，总通航里程超过 6000 公里，其中三级及以上航道超过 800 公里，3000 吨级驳船可从广州直达肇庆。珠三角连接广西的"三纵三横三线"及其支线的 16 条高等级航道网已基本建设完成，构建了海轮进江、江海联运的运输体系，广州至南宁的 1000 吨级航道和通往贵港的 2000 吨级航道均已建成投入使用。覆盖中西部区域的无水港加速建设，南沙港港区铁路直通华南、中南、西南等地 30 多个内陆无水港、办事处，而且与珠三角域内其他城市相比，广州港重点港区拥有明显的空间优势，南沙港、南沙新区可供开发建设的陆地、海洋面积广阔，人口密度低，历史遗留问题少，开发成本相对优势明显。

（四）拥有互联互通的多式联运体系

广州港已经形成了覆盖粤港澳大湾区、辐射内陆、联通全球的物流网络体系。一是国际航线网络持续扩大布局。截至 2025 年 1 月底，广州港共有集装箱班轮航线 218 条，其中 173 条外贸航线，连通欧洲、美洲、非洲、大洋洲、亚洲等全球 100 多个国家和地区[①]，作为华南地区通往"一带一路"和《区域全面经济伙伴关系协定》（RCEP）共建国家海运主要港口的优势地位明显，也是非洲航线、东南亚航线核心枢纽港。二是江海联运枢纽能级进一步提升。截至 2024 年，广州港在南沙港区开通 73 条驳船支线，覆盖珠三角及广西地区，全年 365 天不间断服务，满足客户 CCA（内河水水中转）等业务需求，保障港区集疏港高效畅通。以南沙港区为枢纽的"湾区一港通"已覆盖大湾区 14 个核心喂给港，高质量服务珠三角制造业企业出口。拓展南沙—北部湾"两湾快航"精品航线，依托两湾联动，深入打造以南沙为引领的粤港澳大湾区服务中

---

① 资料来源：广州港集团，https：//www.gzport.com/foreground/news－win.html？id＝511fdc4a129343bf8e89cd203d037b3d。

南、西南地区产业通往国际市场的重要物流通道。三是大湾区海铁联运业务起步向好。截至 2023 年，海铁联运业务范围辐射全国 10 个省份、42 个地级市，常态化运营中欧/中亚国际班列 3 条，内陆地区出口货物通过广州港海铁联运通道可抵达全球。2023 年，广州港完成海铁联运量 43.6 万 TEU，同比增长 96.7%，增速位于粤港澳大湾区首位。①

二、发展短板与潜在风险

总体上，从港口硬件基础设施条件及集装箱吞吐量、货物吞吐量等"硬实力"指标来看，广州基本达到了国际航运中心的先进水平，其排位应属于或靠近第一梯队。而国际航运枢纽话语权更侧重在服务领域。相比伦敦、新加坡等老牌航运中心，广州在航运金融、航运经纪、海事仲裁、航运开放环境等方面仍有不小差距。

（一）现代航运服务业还处于国际低位

根据 2023 年度新华·波罗的海国际航运中心发展指数结果显示，全球航运中心前 10 位依次为新加坡、伦敦、上海、香港、迪拜、鹿特丹、汉堡、雅典—比雷埃夫斯、宁波舟山、纽约—新泽西。广州达到历史新高位列第 13，其差距主要体现在航运服务、航运综合环境方面。在航运服务方面，差距主要体现在以下三个领域。

1. 国际海事仲裁仍处于起步阶段

仲裁作为航运法律服务的高端产业，是体现航运中心"软实力"的关键指标之一。广州国际航运仲裁院自 2015 年成立以来，锚定仲裁国

---

① 资料来源：南方日报，https：//gdio. southcn. com/node_5201f00af5/a5c4c34237. shtml。

际化方向，虽然已经积极在航运物流、金融、结算、保险、融资、仓储争议等方面发挥了积极作用，并同步开展了仲裁的"广州模式"（国际商事仲裁"3+N"模式，以三大法系为框架，结合 N 个地域特色规则，叠加远程庭审技术优势）等方面取得很大进展，但由于起步相对较晚，与国际领先的仲裁机构相比，仍处于起步阶段。[①]

2. 航运金融发展缓慢

与伦敦、新加坡、上海等城市相比，广州航运金融发展较为滞后，如伦敦直接海运保险收入占世界份额的 20% 左右，近 70% 的世界保赔保险份额在伦敦。以船舶融资业务为例，截至 2023 年 7 月底，广州共有航运企业 2761 家，其中水路运输企业 153 家，无船承运人 2382 家，船舶管理企业 35 家，航运服务企业 191 家。航运企业注册资金主要分布在 50 万~1000 万元，广州在册船舶 981 艘，航运企业总体呈现"中小型航运企业多、大型企业集聚少"的发展不均衡特点。2022 年，广州航交所对 74 家航运水路运输企业就航运融资租赁和航运保险情况展开抽样调查，结果显示，近半数企业存在资金短缺，而企业通常首选银行抵押贷款，其次是船舶融资租赁和民间借贷。表 2 所示为广州航运企业融资难点。

表 2　　　　　　　　　　　广州航运企业融资难点

难点	主要原因
银行信贷难度大	企业资信等级低，银行放贷难度大。约 3/4 的企业表示向银行贷款存在困难，73% 的企业将船舶抵押作为主流增信措施，15% 的企业选择房产、设备抵押，8% 的企业表示无须担保。航运业作为传统运输业，大多为"家族企业""夫妻店"，中小航运企业规模小，为了保障资金安全，银行放贷非常谨慎，国有银行大部分贷款都投向了国有企业或大型企业，中小航运企业贷款难度大且利率高。此外，在从事跨境运输时资金及融资抵押物监管存在一定难度，而这也间接导致企业资信低，增加了企业贷款和融资难度。

---

① 资料来源：广州国际航运仲裁院简介，广州仲裁委员会网站，https：//www.gziac.cn/gjhyzcy1/567。

续表

难点	主要原因
融资租赁推进难	航运业与金融业信息阻滞，融资租赁难以推进。融资环境差、企业对融资租赁了解少、融资租赁资金使用成本高、导致融资租赁开展存在难度。六成航运企业对目前融资环境持相对悲观态度，且大多数不了解融资租赁，认为其手续烦琐，资金使用成本高，影响企业经营。超八成水路运输企业目前没有融资租赁的船舶，但六成企业希望未来自有船舶中有融资租赁船舶，也印证了目前融资租赁船舶并非航运企业主流购置运力方式，但企业仍有较强融资租赁的意愿。航运业有其自身特殊性，不适合通用的资产、负债评估原则。由于规模较小、融资抵押物难以监控、企业报表不符合要求以及信用等级不足等原因，大量中小航运企业面临融资困难问题，甚至难以获得融资。
航运保险服务质量有待提升	航运保险办理时间成本、沟通成本高，服务质量有待提升。近95%的航运企业都购买了船舶保险，然后依次为货物运输保险、桥梁碰撞险、承运人责任险及运费险，保险种类繁多。近半数企业认为，理赔时间成本高，购买船险前期沟通不到位，32%的航运企业认为，保险公司太过强势。中小航运企业行业金融专业知识不甚了解，具体表现为缺乏专业知识人员，事前购买保险沟通不充分导致理赔过程耗费大量时间与人力成本。

资料来源：广州航交所。

3. 广州航运交易所已发展成为华南地区最大的船舶资产交易服务平台

自2011年成立至2022年底完成船舶交易6581艘，成交额约240.45亿元。累计完成242架飞机和93艘船舶租赁业务，业务合同额累计超6000亿元，已进驻航运保险机构3家，累计完成线上交易保单3305单，实现保费约1.19亿元，风险保障金额约347亿元。但与上海航运交易所相比（唯一一家国家级航运交易所），广州的业务规模、服务范围、行业影响都有很大差距，特别是上海航交所编制的相关指数已经基本具备国际"晴雨表"功能。而广州航交所近阶段在进一步建设中仍面临多重困难，如机构落实需要多级审批，在申请"粤港澳大湾区"字样使用和交易场所资质方面涉及国家、省级相关单位的审批。需要省、市给予支持。而经与省、市相关部门沟通，新增交易场所资质事项推进难度极大。航交所人才队伍建设亟待量质齐身，专业人才队伍力量薄弱，缺少信息化、金融类等航运专业的复合型人才，港行领域专业科研人才难以匹配航交所长远发展需求。

（二）服务环境和支持政策面临激烈竞争

受世界经济贸易形势的影响，全球范围内的主要港口枢纽都在积极改革，以巩固对国际航运资源集聚与配置能力，国际国内主要港口间的竞争加剧，特别是来自全球的航运服务企业都在积极争夺亚太市场。广州与香港、新加坡等航运服务中心存在差距，航运贸易自由化、便利化环境，航运金融等现代航运服务业体系、人才国际化专业化水平还有不小差距。国内主要省市由北至南为大连、天津、青岛、宁波、厦门等相继加强港口资源整合，组建港口联合体，形成整体竞争优势。深圳在集装箱领域是广州传统的直接竞争对象。海南自由贸易岛已经全面封岛运作，国家支持力度之大，前所未有。而广州南沙自贸片区虽然获批 FT 账户、期货交易所、跨境贸易投资高水平开放试点等政策，为从事离岸贸易、大宗商品交易等贸易企业创造了一定的政策条件，但金融、商贸、信息等现代服务业的产业发展滞后，行业融合环境欠缺，政策优势对企业需求未能形成很好的吸附作用，未能有效带动航运、贸易、金融等服务平台的培育和发展。南沙自由贸易试验片区的政策溢出效应尚未在国际航运中心建设中充分释放，与腹地区域的一体化大通关模式还有待进一步拓展和优化。航运生产、服务、监管等单位之间的业务协调性还需提高。

（三）航运人才短缺仍是关键制约因素

航运人才是航运业发展的关键竞争力要素。目前，广州建设国际航运中心的最大制约因素可能正是各类航运人才的严重缺乏。其主要表现在以下四个方面。

1. 缺乏基础人才、复合人才、中高端人才

无论是航海技术、轮机工程、航道设计与施工、引航等高级工程技术类人才，还是航运经营与管理、国际贸易和国际运输业务、航运金融

保险、航运经纪等现代航运人才，还是既懂外语、国际法律、贸易又专于航运专业的复合型人才都非常缺乏，航运相关企业经常遇到招聘难问题。广州拥有超过 2000 家水路运输及辅助企业、港口及相关服务企业，每年对航运工程技术类人才的需求至少达到 1000 人，目前的供给规模难以满足需求。对比来看，如果广州在海事法律（包括海事仲裁）方面能够获得伦敦市场份额的一半，则需要约 1690 名相关人才。根据伦敦和纽约金融行业从业人员占比 11.5% 的计算，广州需要达到 90 万人以上的从业人员。如果广州的船舶经纪业务能占全球市场份额的 5%（伦敦为 50%），则至少需要 420～530 名船舶经纪人。若广州在航运培训、航运信息咨询和航运指数发布等领域获得伦敦市场份额的一半，则需要 2000～2500 名从业人员。

2. 缺乏人才育成体系

目前，广州航运人才培养主要集中在大中专航运专业院校、专业培训中心等，且是基础性人才培训，高端复合型航运人才培训仍是空白。大型航运企业高端人才基本是企业自己培养或引进，中小型航运企业普遍面临人才短缺问题。广州航海学院是唯一一所本科类航海专业院校，珠三角地区也仅有广州航海学院、广东交通职业技术学院、深圳职业技术学院、东莞职业技术学院 4 所院校开设相关专业，每年招收港口与航运管理专业的学生不到 600 人，培养规模供给远小于需求。

3. 缺乏航运人才政策

广州航运人才培养基本上处于一种市场自发状态，政府尚未制定有影响力的扶持政策，更没有系统的培训计划和目标，吸引人才落户的紧缺工种（职业）中只有机械装卸一项与航运有关，其他航运业急需的人才均未被列入目录中，更没有相应的激励措施，与上海、重庆甚至深圳都存在不小差距。

4. 航运人才流失严重

由于工作环境较为艰苦，且当前国际航运经济持续低迷，许多海员选择"弃船上岸"，年轻人对该行业更无兴趣。与其他港口城市一样，广州面临着航运人才流失的挑战。调查显示，仅有63%的航海类院校毕业生进入航运企业工作，而大多数应届生在上船工作3～5年后选择转行上岸。① 航运行业普遍缺乏职业发展空间，这使得招募和留住人才变得更加困难。据广州海事部门统计，广东注册船员数量近年来以年均15%的速度逐年减少，广东海船船员每年培养人数仅1000多人，只占全国培养人数的5%，人才老龄化以及优秀人才流失和缺乏的状况更是令人担忧。② 表3所示为部分城市航运人才及政策情况。

表3　　　　　　　　部分城市航运人才及政策情况

城市	政策重点
伦敦	伦敦已不再依赖大型港口设施，转型为以航运交易和服务为核心功能的国际航运中心，集聚了国际上最多的航运服务要素和高端航运人才资源。这表明，尽管港口的基础装卸服务功能可能会转移，但已经建立的高端服务要素仍然会持续存在。此外，伦敦拥有较为完善的航运人才培养和吸引机制。其培养模式突破了传统的考试方法，遵循以国家职业标准为导向、以实际工作成果为验证的原则，培养出具有高度市场适应能力和控制能力的航运人才。
新加坡	新加坡政府高度重视航运人才的培养，除大力吸引高端航运人才在新加坡择业就业外，还大力培养高端航运人才。早在2002年，新加坡政府投资了8000万新币设立航运中心基金，并在新加坡南洋理工大学、新加坡国立大学和新加坡海事学院开设了航运硕士课程。同年，政府还拨款1亿元新币成立航运创新和科技基金，旨在加强航运领域的科研与发展。之后，新加坡又顺应市场需要，开设海商法硕士、海商法仲裁硕士班。还设立了海事基金，支持各海事企业选派工作人员赴境外航运企业实习。新加坡实施一系列鼓励和扶持政策，逐步形成了一支强大的专业航运人才队伍，为其成为国际航运中心提供了雄厚的人才保障。
上海	根据世界著名航运与交通咨询机构FISHER的调查，上海在全球航运服务业高端人才数量中排名第八，仅为伦敦的1/3。近年来，上海本土企业也在积极储备高端复合型人才。为了推动国际航运中心的建设，上海成立了首个国际金融和航运物流人才服务中心，专注于航运金融和物流领域人才的培养。同时，80个相关专业，如国际航运业务管理、港口航道与海岸工程以及船舶技术等，被列为上海市的重点发展领域和紧缺专业。此外，上海还放宽了相关专业人才申请居住证的学历限制至专科，以进一步支持这些专业的引进和发展。《上海市推进国际航运中心建设条例》明确提出：要加强人才培养和引进工作，由上海市人力资源和社会保障行政管理部门会同交通行政管理部门制定航运人才的集聚、发展规划和培养、引进计划；由上海市教育行政管理部门和交通行政管理部门会同市有关部门设立航运职业教育与培训基地，培养各类航运专业人才；为支持航运企业和机构通过市场机制从国内外引进优秀航运人才，上海市将对引进的国内航运人才提供优先办理上海户籍的服务。此外，条例还要求上海市公安等行政管理部门为引进的外籍航运人才在入境签证和外国人居留许可等方面提供便利。

①② 汪莉等.国际航运中心建设背景下广州航运人才发展策略研究［R］.广州经济发展报告，2016.

城市	政策重点
重庆	重庆市政府同样重视航运人才培养工作，并把培训航运人才纳入"富民兴渝"发展战略。同时，重庆还把"151"航运人才工程（培养和引进10名航运领军人才，培养50名高级专家，培训1000名业务骨干）、西部航运人才中心建设计划列入了市级人才项目，早在2011年就明确提出了建立一支数量充足、结构合理、素质优良的水运人才队伍的目标。继上海之后，重庆市也建立了专门的航运人才服务中心。

资料来源：笔者根据广州、上海、重庆、伦敦、新加坡等城市港务及海事部门公布资料与数据整理。

（四）深中通道可能引发腹地市场收缩

各个城市不同的自然禀赋和独特优势，造就了世界上不同城市的不同的航运发展模式。广州背靠的是珠江西岸、粤西、粤北、珠江—西江流域强大的工业能力，以及全国的大市场，依托广州港功能类型、规模以及超强作业能力和效率，广州港综合实力得以不断提升。而珠江流域航运竞争激烈，特别是香港、深圳、珠海等主枢纽港在许多领域都越来越强或追赶上广州。随着技术、人才的快速崛起，货物流、贸易流、资金流等要素逐渐东移，深圳航运中心能力不断增强。深中通道通车运营后，珠江西岸城市至深圳、香港的时间大幅缩短，深圳将直接辐射带动珠江西岸城市。在航运领域，深圳港口硬件条件、航运政策、航运服务水平、营商环境改革力度、进出口通关效率及成本等多个方面都领先或不弱于广州，再叠加深圳的金融、科技中心地位，深圳、香港的航运保险、航运经济、航运法律、航运管理等高端要素并不弱于广州。这些因素都极大可能推动珠江西岸城市乃至西江流域地区企业会越来越多选择深圳或香港作为贸易港，广州的传统腹地市场很有可能面临削弱的风险。

三、推动广州国际航运中心高质量发展的路径探讨

当前全球经济仍然疲弱，以及红海局势紧张、巴拿马运河水位下降

等因素共同加剧全球航运贸易风险。国内经济进一步回升向好仍需要克服一些困难和挑战，广州经济增长新动能仍需进一步培育壮大。广州因港而兴，近年来，广州国际航运中心建设保持了良好发展势头，总体实力位列国际第二梯队。在多重挑战和困难中，广州仍需抓准短板和相对差距，持续巩固航运贸易优势，增强航运在推动广州成为高质量发展方面的"领头羊"和"火车头"中的引领作用。

（一）建设高水平的临港经济服务集聚区

在全球贸易疲软，航运市场平稳发展的背景下，更加需要提高服务水平，发展服务经济，争取服务市场。借鉴伦敦、新加坡、上海等城市的经验和创新做法，比如，上海虹口航运服务业集聚区已经成为国内航运服务企业最集聚、航运总部特征最明显、航运要素最齐备、航运产业链最完善的区域之一。建设广州的航运经济服务区，以黄埔广州经济开发区、南沙自贸片区为主体，加速推动临港经济区规划工作，依托南沙自由贸易试验区、自由贸易港，集聚高端港航服务要素，加快推进粤港澳大湾区联合交易中心落户南沙，推动船舶资产交易服务平台、航运保险要素交易平台等进一步做大业务规模，打造世界一流的"国际化、市场化"航运交易综合服务平台。加强广州国际航运仲裁院，加强海事仲裁专业化国际化建设。进一步扩大船舶登记扶持范围覆盖到新能源船舶，加大对国际船舶登记支持力度。以落实《南沙方案》"增强国际航运物流枢纽功能"为牵引，加强对国内外航运服务企业深入挖掘，依托粤港合作咨询委员会渠道，推动航运金融、海事服务、邮轮游艇等高端服务业与香港的业务对接、规则衔接，加快推进与香港航运物流行业组织及企业的合作路径，深化与港澳合作建设国际航运服务中心，建设粤港澳大湾区航运服务示范区。利用广州经济技术开发区的优势，重点发展包括总部经济、航运人才、航运金融、航运物流以及"互联网＋航运服务"在内的国际化航运服务产业，充分发挥传统航运服务业集聚的优势。

（二）积极营造卓越的现代航运服务环境

广州航运中心建设要从追求规模转向运输规模与高品质服务并重发展，既追求数量也追求质量。

1. 要推动现代航运服务业高质量发展

深入落实《关于加快推进现代航运服务业高质量发展的指导意见》，聚焦短板弱项，坚持问题导向，以补短板、优服务、扩功能、聚要素、提能级为主线，借鉴上海、香港等城市经验，提升航运交易及信息服务能力，提升广州航交所相关指数权威性和影响力。增强航运金融服务效能，借鉴天津经验，加快发展融资租赁，解决船企融资难题。提升海事法律服务能力，吸引港澳及国际仲裁机构在南沙自贸片区设立业务机构，开展涉外海事仲裁业务。持续推动航运枢纽的数字化、绿色化建设。

2. 要持续探索建设自由贸易港

借鉴国际自由贸易港发展实践和先进经验，积极深化与海南自由贸易港的合作发展，依托自由贸易试验区、国家级新区、经济技术开发区、保税区、高新技术产业开发区，持续探索建设广州自由贸易港或准自由贸易港。构建更加便捷的国际船舶、货物进出境监管机制，实施更高标准的"一线放开、二线高效管住"，发展离岸经济，逐步实现贸易自由，探索基于国际贸易业务与国际通行做法相衔接的金融、外汇管理规则。积极拓展以海南为重点的沿海集装箱驳船运输，探索海南港口沿海捎带业务模式。利用南沙毗邻港澳的地理优势，扩展自由贸易港的发展空间，实现自由贸易港与港澳在通关监管、贸易规则和金融服务等方面的有效对接，从而推动粤港澳大湾区成为世界级航运枢纽。

3. 高水平建设中国企业"走出去"服务平台

充分发挥国家发改委国合中心、南沙粤港合作咨询委员会等平台资源优势，高水平建设中国企业"走出去"综合服务基地，紧抓 RCEP 机遇，支持企业应用 RCEP 规则，推动船舶公司在南沙新增航线和运力，提高外贸航线数量质量增长。推进保税船燃加注和燃油混兑业务，支持更多企业获取资质，打造大湾区国际船舶保税油供应基地。发展离岸贸易、数字贸易、跨境电子商务等新型服务贸易。加强供应链安全与便利化合作，开展海关"经认证的经营者"（AEO）国际互认。大力发展服务贸易，落实好国家跨境服务贸易负面清单。培育"走出去"企业"链主"企业，推动优势产能走出去。

4. 要持续拓展覆盖全球的航线网络

不断缩小与上海、香港和新加坡在航运网络方面的差距，扩大航运物流网络。持续优化内河集装箱航线的常态化运行，推动支线驳船网络的航线共享和舱位互换。提升广州港在非洲、东南亚和地中海的国际集装箱运输枢纽地位，同时拓展欧美远洋集装箱航线。吸引国际航运联盟及班轮公司在南沙港区增设航线，争取设立外贸滚装班轮航线，并推动干散货运输准班轮航线的开辟。同时，扩展并强化境外办事处网络功能，提升境外货源的组织和管理。

（三）努力培育稳定、质高的航运人才队伍

1. 要优化航运人才职业发展环境，促进航运业高质量发展

争取国家重视对广州乃至广东航运人才培养的投入，包括开办综合性航运类院校，鼓励高校增加航运相关专业招生名额，加强实践教学，提高教学质量，培养更多具有实践能力的航运人才。提高船员的社会地

位、经济待遇，切实保障船员在船服务期间获得合理劳动报酬，落实船员相关税收优惠政策。①

2. 要形成可持续的自主人才培养体系

加快筹建广州交通大学，成立粤港澳大湾区航运研究院和海上丝绸之路国际学院，支持有关院校设立航运专业和加大航运人才培养培训力度，大力引进海外专业人才服务机构落户广州或在广州设立分支机构，充分发挥港口航运行业协会、船东协会、航运经纪人协会等的作用，对接引进香港航运企业在南沙开展船舶管理、船员培训、船舶建造检修等海事服务人才培训，建立形成广州国际航运中心专业人才服务平台网络，逐步建立一套相对完善的自主人才培养体系。加强政策支持，研究设立航运教育发展基金，实施港航精英养成计划，加大对航运人才培训的专项投入经费，加快针对高级船员开展金融、保险、航运管理等航运服务培训，引导高级船员向创新型、复合型高端航运服务人才转型，鼓励校企合作办学，实行"订单式"人才培养模式。

3. 深入落实国家支持航运人才措施

深入落实《关于加快推进现代航运服务业高质量发展的指导意见》关于强化航运人才保障的政策措施，争取国家在船员权益保护、邮轮高技能人才等方面的相关支持，增加航运紧缺人才供给。

（四）深化湾区合作，共建世界级港口群

对广州而言，港因城生，城因港兴，环顾周边与深圳、香港承担了粤港澳大湾区90%以上的航运运输量，腹地交叉、功能相像、市场重

---

① 2023年8月，中国财政部税务总局印发《关于延续实施远洋船员个人所得税政策的公告》，对符合规定的远洋船员给予所得税优惠，执行至2027年12月31日。

叠，务必要走深化合作、优势互补的路径，以更加一流的服务环境，更加一流的政策环境留住市场、拓展市场。

1. 要加快珠江流域港口资源整合

持续地、坚定不移地贯彻落实省委、省政府明确的以广州港为主体推动珠江口内及珠江西岸港口资源整合的决策部署，打造世界级枢纽港区。支持以广州港集团为平台，采用多种方式，长期持续推进珠江口内和珠江西岸港口资源整合，充分发挥广州港集团的管理和网络优势，在结构调整、航线布局、效率提升等方面发挥协同效应，促进一体化发展。研究在珠江口合作建设大型深水港区的可行性，并制定广州港的中长期发展战略。

2. 加强与香港在航运领域的合作

包括航运信息、物流业和航运金融方面的互动，探索与香港企业在港航物流项目上的新合作模式。以南沙粤港澳全面合作示范区为载体，强化规则衔接示范和制度集成创新，深化与香港在港口航运、涉海金融、海洋科技等领域深化合作，建设粤港澳大湾区海洋经济合作示范区。

3. 加强与深圳的互补合作，在港口物流和航运服务领域实现互利共赢

通过优化港口资源配置，推动广州与深圳港口集疏运系统的互联互通，协力推进大湾区港口和航道等基础设施建设，携手打造具备国际竞争力的世界级枢纽港区。加强海洋经济合作，以南沙为主要区域，加强与深圳前海对接，共同推动海洋产业合作园等平台建设，共建国际一流的海洋科技创新与金融中心。深化南沙科学城与"光明科学城—松山湖科学城"的联动发展，加强在水上客运及邮轮旅游等领域的合作发展，共同促进广深邮轮的经济发展。

参考文献

［1］ Sassen S. The Global City ［M］. New Jersey：Princeton University Press，1991：3 – 15.

［2］ Castells M. The Rise of the Network Society ［M］. New York：John Wiley& Sons，2011：407 – 460.

［3］ Taylor P J. World cities and territorial states under conditions of contemporary globalization ［J］. Political Geography，2000，19（1）：5 – 32.

［4］ 桂钦昌，杜德斌，刘承良，等. 全球城市知识流动网络的结构特征与影响因素 ［J］. 地理研究，2021，40（5）：1320 – 1337.

［5］ 唐承辉，张衔春. 全球城市区域合作网络结构演变——以粤港澳大湾区为例 ［J］. 经济地理，2022，42（2）：25 – 34.

［6］ 陈鹏鑫，何金廖，曾刚，等. 全球城市顶尖人才流动网络的空间格局与结构特征——基于 AI 顶尖人才成长流动轨迹数据 ［J］. 地理科学，2023，43（12）：2069 – 2079.

［7］ 顾朝林，孙樱. 经济全球化与中国国际性城市建设 ［J］. 城市规划汇刊，1999（3）：1 – 6.

［8］ 诸大建. 上海建设循环经济型国际大都市的思考 ［J］. 中国人口·资源与环境，2004，14（1）：69 – 74.

［9］ 杨亚琴，王丹. 国际大都市现代服务业集群发展的比较研究 ［J］. 世界经济研究，2005（1）：61 – 66.

［10］ 周振华. 全球化、全球城市网络与全球城市的逻辑关系 ［J］. 社会科学，2006（10）：17 – 26.

［11］ 沈丽珍，顾朝林，甄锋. 流动空间结构模式研究 ［J］. 城市规划学刊，2010（5）：26 – 32.

［12］ 杨勃，王茂军，王成. 世界城市网络研究的热点变迁及主题判别——基于 WOS 数据库的知识图谱分析 ［J］. 人文地理，2019，34（5）：26 – 35.

Pathways to Enhance Guangzhou's International Shipping Capabilities from the Perspective of World Cities

Ge Zhizhuan[1], Zhao Beilei[2]

（1. Regional Development Institute, Guangzhou Academy

of Social Sciences, Guangzhou 510410;

2. Faculty of Applied Economics, University of Chinese Academy

of Social Sciences, Beijing 102488）

Abstract: Against the background of sluggish global economy and trade, Guangzhou has steadily enhanced its role as a national shipping center. Key indicators of its shipping hub rank among the top internationally, with substantial improvements in both the scale and efficiency of shipping infrastructure. The city benefits from broad domestic and international hinterland market, and its interconnected multimodal transport system effectively releases its driving effect. As a result, Guangzhou's overall strength has positioned it within the second tier of global shipping centers. The key shortcomings lie in the relatively slow progress of its modern shipping services sector, intense competition from both domestic and neighboring regions, and a persistent shortage of shipping talent. Additionally, the opening and operation of the Shenzhen – Zhongshan Bridge pose a potential risk of shrinking hinterland market. It is recommended to take Nansha and Huangpu as the main areas for developing high-level port-adjacent economic service clusters. Efforts should continue to secure national support and explore the establishment of (quasi) free trade islands, fostering an excellent environment for modern shipping services. Accelerate the establishment of a sustainable talent training system, and strive to cultivate a stable and high-quality shipping talent pool. Deepen cooperation within the Greater Bay Area by accelerating the integration of port resources along the Pearl River inland and the Pearl River – Xijiang Basin. Strengthen complementary and win-win collaborations with Shenzhen and Hong Kong in shipping and marine economy.

Key Words：world cities；international shipping；Guangzhou

城市经济

网络基础设施与城市电子商务企业空间分布研究*

种照辉　黄莉文**

（汕头大学 商学院，汕头 515063）

摘要：电子商务是促进数字经济和实体经济深度融合的重要抓手。本文构建了网络基础设施影响电子商务企业选址的理论模型，将网络基础设施作为新的影响因素融入电子商务企业选址倾向的表达式，进而基于选址倾向决策方程剖析出数字创新和高技能劳动力两大关键影响机制。为检验理论假设，本文结合"宽带中国"政策和新增电子商务企业数据进行检验。实证分析结果显示，网络基础设施显著增加了城市电子商务企业数量，推动了电子商务企业向政策试点城市集聚。机制检验表明，数字创新优势和高技能劳动力优势是网络基础设施引致电子商务企业空间分布变化的重要渠道。进一步分析表明，网络基础设施显著降低了电子商务企业的"死亡率"。本文结论对于城市激发数字经济发展潜力具有政策参考价值。

关键词：网络基础设施；电子商务企业；数字创新；高技能劳动力

---

* 基金项目：国家社会科学基金重大项目《区域经济多极网络空间组织研究》（19ZDA055）；广东省自然科学基金项目《数字基础设施对区域协调发展的影响与作用机制研究》（2023A1515011867）。

** 作者简介：种照辉（1990—），男，副教授，研究方向为区域协调发展；
黄莉文（1999—），女，硕士研究生，研究方向为区域经济空间布局，通讯作者。

一、引　言

　　党的二十大报告强调"加快发展数字经济，建设数字中国"。作为数字经济的核心参与主体，电子商务企业是催生数字产业化、拉动产业数字化的重要引擎，逐渐成为促进数字经济增长的重要力量。根据《2023 中国电商市场数据报告》数据显示，中国电子商务市场规模由 2008 年的 3 万亿元增长至 2023 年的 50.57 万亿元，占 GDP 的比重由 2008 年的 9.40% 跃升至 2023 年的 40.13%。在经济复苏疲软之际，2023 年电子商务增速仍达到 6.31%，是同期 GDP 增速的 1.21 倍。这体现了电子商务市场规模扩大增势强韧，正在成为提振经济发展信心的"强心剂"。通过将线上线下环节打通，电子商务成为促进数字经济和实体经济深度融合的重要抓手。作为电子商务市场的微观主体，电子商务企业能够极大拓展本地经济发展的时空阈值，其空间分布成为推动中国经济地理格局演变的重要力量。

　　网络基础设施改变了影响电子商务企业空间分布的集聚力量和分散力量的动态平衡。一方面，快速发展的网络基础设施汇集海量信息，推动技术、知识跨越地理距离在企业之间扩散和渗透，使企业享受到的知识技术溢出水平不断提高[1]。同时，依托于网络基础设施而发展起来的高性能电商平台拓展了电子商务企业生产销售的时空范围，助力企业挖掘下沉市场的消费潜力，为企业提供技术、制度都较为成熟的数字营商环境。另一方面，中国快速上涨的房价直接拉升企业的拥挤成本[2]，人力资本的分散力量也会持续倒逼不同生产率水平的企业外迁[3]。网络基础设施缓解信息不对称程度，降低电子商务企业搜寻、匹配和物流等冰山运输成本[4]，电子商务等虚拟商业环境催生的新型数字业态和数字产品更是完全突破地理距离的限制[5]。不仅如此，网络基础设施为电子商务企业提供更广阔的招聘电商适配型人才线上渠道，还使得劳动力的就业形式和就业场景更加灵活，有效缓解了企业吸纳劳动力的压力并提高劳动生产率。伴随着网络基础设施布局的不断完善，其应用范围渗透至经济生活的各个方位，地理距离与区位要素的限制不断弱化，电子商务企业空间分布的集聚和分散力量发生动态变化，企业的选址更富有弹性。

尽管已有学者研究了网络基础设施对企业空间分布的重塑效应[4][6]，但遗憾的是，现有研究并未对网络基础设施能否以及如何重塑电子商务企业的空间分布格局展开细致讨论。与传统企业相比，具有网络化、数字化、跨地域性等特点的电子商务交易模式可能更加依赖于本地优质的网络基础设施条件。在电子商务行业的发展历程中，凭借技术领先的网络基础设施作为底层基础设施，电子商务企业面临的信息搜寻[7][8][9]和新市场开拓[10]等成本显著降低，地理临近性对电子商务企业的约束明显弱化[11][12]。特别需要强调的是，由于电子商务企业的特点及其与网络基础设施的紧密联系，网络基础设施影响电子商务企业空间分布的机制路径与传统企业相较可能存在差异。基于此，本文深入探讨了网络基础设施如何改变电子商务企业空间分布格局，可能的边际贡献主要体现在以下两个方面。

第一，研究问题上，本文以电子商务企业为研究对象，为网络基础设施影响电子商务企业的空间分布提供了直接的经验证据，丰富了网络基础设施建设效果、企业空间分布这两类文献。网络基础设施为电子商务企业构建一个立体辐射、无边交互的虚拟数字世界，一定程度上突破了地理距离对企业选址的约束[4]，但现有文献鲜有针对网络基础设施改变电子商务企业的空间分布进行深入探讨。本文则回答了网络基础设施能否影响电子商务企业空间分布以及通过何种路径影响的问题，在研究问题层面丰富现有文献。

第二，理论模型建构上，本文拓展了梅里兹（Melitz）[13]、马述忠和房超[14]的理论分析框架，将网络基础设施这一影响因素融入电子商务企业选址倾向的表达式，为网络基础设施重塑电子商务企业空间分布格局提供了理论支持。进一步的机制分析发现，数字创新优势和高技术劳动力优势是网络基础设施重塑电子商务企业空间分布格局可能的重要渠道，有效拓展了网络基础设施缓解地理距离因素对于电子商务企业空间分布约束影响的潜在机制研究，丰富了网络基础设施作用于企业空间分布的机理内涵，能够为相关领域的研究提供有益洞见。

二、理论模型与机理分析

借鉴梅里兹[13]、马述忠和房超[14]的理论框架设定，本文构建了刻画电子商务企业在两类非对称区域进行选址的理论分析模型。具体地，在深入考虑了电子商务企业选址约束条件和行业特点的基础上，通过将网络基础设施这一选址的关键影响因素纳入模型中，考察网络基础设施对电子商务企业空间分布的影响及作用机制。

（一）模型设定

假定经济体系中存在 i 和 j 这两类非对称区域，其非对称性体现在 j 类区域的城市具有技术更为领先的网络基础设施，能够在一定程度上弱化地理距离对电子商务企业研发创新和生产销售的负面影响[11][16]。

进一步地引入贸易地理"冰山成本"，位于 i 类区域的电子商务企业运输一单位商品到 j 类区域需支付的运输成本以"冰山融化"的形式表示为 τ_{ij}，且 $\tau_{ii}=1$。代表性消费者的效用函数服从常替代弹性函数（CES）形式，其表达式为如下形式：

$$U = \left[\int_{v \in \Omega} q_i(v)^\rho \mathrm{d}v \right]^{\frac{1}{\rho}} \qquad (1)$$

其中，Ω 表示消费者消费的商品集，v 表示消费的商品种类，ρ 表示消费者对商品多样性的偏好，$\sigma = 1/(\rho-1)$ 为任意两种商品的替代弹

性且 $\sigma > 1$。消费者从市场上购买的商品组合的价格总指数为：

$$P = \left[\int_{v \in \Omega} p_i(v)^{1-\sigma} \mathrm{d}v \right]^{\frac{1}{1-\sigma}} \qquad (2)$$

消费者根据总产品 $Q \equiv U$ 以及总价格 P 作出效用最大化的消费决策：

$$R = PQ = \int_{v \in \Omega} p_i(v) q_i(v) \mathrm{d}v \qquad (3)$$

其中，Q 为总产品数，R 表示总收入，构建拉氏函数并求解一阶条件可得最优消费量，也即代表性企业面临的市场需求为：$q_i(v) = Q \left[\dfrac{p_i(v)}{P} \right]^{-\sigma}$。

参照梅里兹[13]的设定，i 类区域的电子商务企业进入市场需要支付固定成本 f_0，之后随机获得生产率 φ_i，$\varphi_i \in [0, +\infty)$，其分布密度函数为连续函数 $g_i(\varphi)$，累计分布函数为 $G_i(\varphi)$。企业的利润为企业销售产品的收入减去企业生产所需的固定成本和可变成本，企业的营业收入受到冰山运输成本的负面影响，可得 i 类区域代表性电子商务企业的利润函数为：

$$\pi_i(\varphi) = \left(1 + \sum_{i=1}^{J} \tau_{ij} \right)^{-1} p_i(\varphi) q_i(\varphi) - \frac{q_i(\varphi)}{\varphi_i} - f_0 - l_i^{\gamma} \xi_i^{1-\gamma} f_e \qquad (4)$$

其中，电子商务企业的可变成本包括招收高技能劳动力而付出的成本 l_i、进行数字创新而花费的成本 ξ_i 以及其他可变成本 f_e，包括利用物流体系的成本；采集—分销渠道的搭建成本；营销平台的开通、付费和推广成本等，$\gamma_i \in (0, 1)$。进一步地，结合零利润、市场自由进出和市场出清条件，可以得到选址于 i 类区域或 j 类区域所要求的企业生产率临界值：

$$\varphi_i^* = \frac{1}{\rho P} \left\{ f_0 + l_i^{\gamma} \xi_i^{1-\gamma} f_e \Big/ R \left[\left(1 + \sum_{i=1}^{J} \tau_{ij} \right)^{-1} - \rho \right] \right\}^{1/\sigma - 1} \qquad (5)$$

$$\varphi_j^* = \frac{1}{\rho P} \left\{ f_0 + l_j^{\gamma} \xi_j^{1-\gamma} f_e \Big/ R \left[\left(1 + \sum_{j=1}^{J} \tau_{ji} \right)^{-1} - \rho \right] \right\}^{1/\sigma - 1} \qquad (6)$$

（二）模型分析①

区域 j 的城市中配备了技术领先的网络基础设施，能够有效降低区域间的冰山运输成本，还能提升 j 类区域城市的数字创新优势和高技能劳动力优势。网络基础设施降低信息不对称程度，减少电子商务企业搜寻、匹配、物流等成本，在其基础上衍生的多种新型数字业态和数字产品更是突破地理临近性的限制，使得冰山运输成本对企业的负面影响减弱[4]。网络基础设施畅通知识信息传播渠道，放大技术知识溢出效应，同时电商平台的使用使电子商务企业能够以市场需求为导向进行数字创新，减少数字创新成本[1][17][18]，进而提升城市整体的数字创新优势。不仅如此，网络基础设施减少高技能劳动力供求信息不匹配程度[19]，催生大量灵活且富有弹性的就业岗位及零工经济，削减电子商务企业吸纳高技能劳动力的成本，进而提升本地高技能劳动力优势。因此，本文设定上述差异体现为：

$$\sum_{j=1}^{l} \tau_{ji} = \alpha - \lambda BI_{ji}^{d\omega} BI_{jj}^{\omega} \; ; \; \xi_j = \beta - \eta PA_i \; ; \; l_j = \delta - \phi WK_i \qquad (7)$$

其中，BI_{ji} 表示网络基础设施降低 j 区域产品销售到 i 区域面临的冰山运输成本的大小，BI_{jj} 表示网络基础设施降低 j 区域之间销售产品面临的冰山运输成本的大小。ω 表示网络基础设施降低 j 类区域间冰山运输成本的有效程度，$\omega \in (0，1)$。由于 i 类和 j 类区域间的网络基础设施建设水平存在差异，因此，网络基础设施在降低 j 类区域销售往 i 类区域的冰山运输成本方面还存在摩擦 d，$d \in (0，1)$。PA_i 表示 i 类区域的数字创新成本，WK_i 表示 i 类区域获取高技能劳动力的成本，成本越低，

---

① $\Delta = \Phi^{\sigma-1} = (f_0 + l_i^{\gamma_i} \xi_i^{1-\gamma_i})[(1 + \alpha - \lambda BI_{ji}^{d\omega} BI_{jj}^{\omega})^{-1} - \rho] / [(1 + \sum_{i=1}^{J} \tau_{ij})^{-1} - \rho][f_0 + (\delta - \phi WK_i)^{\gamma_j} (\beta - \eta PA_i)^{1-\gamma_j}]$，$\Gamma = \dfrac{\Delta}{[f_0 + (\delta - \phi WK_i)^{\gamma_j} (\beta - \eta PA_i)^{1-\gamma_j}]} = (f_0 + l_i^{\gamma_i} \xi_i^{1-\gamma_i})[(1 + \alpha - \lambda BI_{ji}^{d\omega} \cdot BI_{jj}^{\omega})^{-1} - \rho] / (1 + \sum_{i=1}^{J} \tau_{ij})^{-1} - \rho$，$\Upsilon = [(\delta - \phi WK_i)^{\gamma_j} (\beta - \eta PA_i)^{1-\gamma_j}]^{-2}$，$\Delta > 0$，$\Gamma > 0$，$\Upsilon > 0$。

表明城市的数字创新优势和高技能劳动力优势越大，α、λ、ω、d、β、η、δ、ϕ 均大于 0。进一步，可得电子商务企业分布于 j 类区域所面临的均衡生产率的决定式：

$$\varphi_j^* = \frac{1}{\rho P}\left\{\left[f_0 + (\delta - \phi WK_i)^{\gamma_i}(\beta - \eta PA_i)^{1-\gamma_i}f_e\right]\right/$$

$$R\left[(1 + \alpha - \lambda BI_{ji}^{d\omega}BI_{jj}^{\omega})^{-1} - \rho\right]\}^{1/\sigma - 1} \qquad (8)$$

为了更好地分析网络基础设施对电子商务企业空间分布的影响，本文借鉴马述忠和房超[24]的做法，设定电子商务企业在 j 类区域中的选址倾向为如下表达式：

$$\Phi = \frac{\varphi_i^*}{\varphi_j^*} = \left\{(f_0 + l_i^{\gamma_i}\xi_i^{1-\gamma_i})\left[(1 + \alpha - \lambda BI_{ji}^{d\omega}BI_{jj}^{\omega})^{-1} - \rho\right]\right/\left[(1 + \sum_{i=1}^{J}\tau_{ij})^{-1} - \rho\right]$$

$$\left[f_0 + (\delta - \phi WK_i)^{\gamma_i}(\beta - \eta PA_i)^{1-\gamma_i}\right]\}^{1/\sigma - 1} \qquad (9)$$

选址倾向，即式（9）反映了相对于 i 类区域，电子商务企业分布于网络基础设施建设完善的 j 类区域的偏好程度。其内在的逻辑为，φ_i^* 表示电子商务企业分布于 i 类区域面临的生产率门槛，该数值越大，表明电子商务企业转而选择进驻 j 类区域的倾向越高；当电子商务企业分布于 j 类区域所需跨越的生产率门槛 φ_j^* 越小，其在 j 类区域选址的倾向则越高。

网络基础设施跨时空和无边界性的特点使得电子商务企业摆脱传统企业发展的路径依赖，可触及的市场规模在理论形态上呈现几何式递增，地理临近性对电子商务企业空间分布的约束正在逐渐减弱[5][16]。基于此，本文聚焦于考察网络基础设施对电子商务企业空间分布的影响，将式（9）中在 j 类区域选址的倾向 Φ 对 BI_{ji} 求偏导：

$$\frac{\partial \Phi}{\partial BI_{ji}} = \frac{1}{\sigma - 1}\Delta^{\frac{2-\sigma}{\sigma-1}}(f_0 + l_i^{\gamma_i}\xi_i^{1-\gamma_i})(1 + \alpha - \lambda BI_{ji}^{d\omega}BI_{jj}^{\omega})^{-2}BI_{ji}^{d\omega-1}d\omega > 0 \quad (10)$$

可知，随着网络基础设施建设的完善，其对空间距离带来的冰山运输成本的削减幅度提高，电子商务企业分布于 j 类区域的倾向上升。即，j 类区域网络基础设施的改善，将改变电子商务企业的选址决策，进而影响电子商务企业的空间分布情况。

由此，本文提出命题一：网络基础设施是重塑电子商务企业空间分布格局的重要源泉。

电子商务企业提供的产品和服务、依托的平台和技术往往与数字资源、数字创新紧密相关，借助网络基础设施，电子商务企业在数字创新过程中能享受到丰富的信息流、数据流，并获得数字技术外部性[20]。即，数字创新环境的提升能够破除电子商务企业在数字创新过程中面临的信息不对称壁垒，并平滑数字创新风险[18]。同时，在网络基础设施基础上所衍生出的人工智能、大数据等数字技术和电商平台有利于企业信息集成[6]，以市场需求为导向进行数字创新并拓展数字创新的边界[1]。可见，网络基础设施可能通过提升城市的数字创新优势而吸引电子商务企业分布。基于此，本文考察 i 类区域较高的数字创新成本 PA_i 对电子商务企业选址倾向的影响，将式（9）中的 j 类区域选址倾向 Φ 对 PA_i 求偏导：

$$\frac{\partial \Phi}{\partial PA_i} = \frac{1}{\sigma - 1}\Delta^{\frac{2-\sigma}{\sigma-1}} \cdot \Gamma \cdot \Upsilon \cdot (1 - \gamma_j)(\beta - \eta PA_i)^{-\gamma_i}\eta > 0 \qquad (11)$$

由式（11）可知，相较于 j 类区域，i 类区域较高的数字创新成本会提升电子商务企业分布于 j 类区域的倾向。也即，网络基础设施通过提升城市数字创新优势，进而影响电子商务企业的空间分布。

网络基础设施在降低电子商务企业获取高技术劳动力成本、提升城市高技能劳动力优势方面能够发挥积极作用。依托于数字技术和电商平台发展的电子商务企业对高技能劳动力有更大的需求[21]，网络基础设施则是满足企业人才需求的有力手段[22]。一方面，网络基础设施搭建的线上人才招聘市场使得高技能劳动力在网络空间虚拟集聚，人才的集聚效应能够有效降低劳动力要素的错配程度和企业的劳动力吸引成本[23]；另一方面，网络基础设施催生了一大批新的就业形态，大量电子商务企业的工作呈现从线下到线上、固定到灵活、单一到多元的转变[24]，这一变化大幅提升工作效率并减少了企业的高技能劳动力吸引成本。可见，网络基础设施有效提升城市的高技能劳动力优势可能是影响电子商务企业分布的潜在机制。基于此，本文考察 i 类区域较高的高技能劳动力吸纳成本 WK_i 对电子商务企业选址倾向的影响，将式（9）中的 j 类区域选址倾向 Φ 对 WK_i 求偏导：

$$\frac{\partial \Phi}{\partial WK_i} = \frac{1}{\sigma - 1} \Delta^{\frac{2-\sigma}{\sigma-1}} \cdot \Gamma \cdot \Upsilon \cdot \gamma_j (\delta - \phi WK_i)^{\gamma_j - 1} \phi > 0 \qquad (12)$$

由上式可知，与 i 类区域相比，j 类区域较低的高技术劳动力获取成本将提高电子商务企业分布于 j 类区域的选址倾向。也即，网络基础设施可能通过提升城市的高技能劳动力优势吸引电子商务企业分布。

综合上述分析，本文提出命题二：网络基础设施通过提高城市的数字创新优势和高技能劳动力优势影响电子商务企业的空间分布。

三、实证模型与数据说明

（一）计量模型

为检验前述理论模型分析得到的命题一和命题二，考察网络基础设施对电子商务企业空间分布的影响和内在作用机理，本文以"宽带中国"政策作为准自然实验，构建如下双向固定效应模型进行实证分析：

$$\ln num_{it} = \alpha + \beta DID_{it} + \eta X_{it} + \delta_t + \delta_i + \varepsilon_{it} \qquad (13)$$

其中，下标 i 表示电子商务企业分布的城市，下标 t 表示年份。$\ln num_{it}$ 衡量 t 年 i 城市新增的电子商务企业数量，DID_{it} 表示"宽带中国"政策的虚拟变量。X_{it} 为城市层面的一系列控制变量。δ_t 为时间固定效应，用以控制时间层面不随个体变化的独特特征对电子商务企业空间分布的影响；δ_i 为个体固定效应，用以控制个体层面不随时间变化的独特特征对电子商务企业空间分布的影响。ε_{it} 为随机扰动项。

（二）变量与数据

本文选取了 2008 ~ 2021 年包含 285 个地级市的平衡面板数据，一方面，这一研究区间全面覆盖了多批次的"宽带中国"政策试点；另一方面，这一研究区间内的数据完整可靠。因此，该数据集适合于考察"宽带中国"政策试点对于电子商务企业空间分布的影响。

被解释变量：新增电子商务企业数（lnnum）。本文从新增电子商务企业数这一数量维度来表征电子商务企业的空间分布演变特征，所使用的数据来源于国家企业信用公示系统。具体的数据处理过程为：提取每年新注册的电子商务企业数量信息并加总到城市层面后取自然对数。不仅如此，为了进一步刻画电子商务企业的空间分布格局，本文借鉴王林辉等[6]的做法，构造电子商务企业区位熵的指标进行实证分析。区位熵变量的设计如下：

$$location_{it} = \frac{\sum\limits_{j=1}^{J} ecom\_firm_{ijt} / \sum\limits_{j=1}^{J} firm_{ijt}}{\sum\limits_{j=1}^{J} \sum\limits_{i=1}^{I} ecom\_firm_{ijt} / \sum\limits_{j=1}^{J} \sum\limits_{i=1}^{I} firm_{ijt}} \quad (14)$$

其中，式（14）表示电子商务企业的空间分布格局，$ecom\_firm_{ijt}$ 表示 i 城市 j 行业在 t 年新增的电子商务企业数量；$firm_{ijt}$ 为 i 城市 j 行业在 t 年新成立的制造业企业数量。所使用的数据来源于国家企业信用信息公示系统和爱企查企业信息数据库。

解释变量："宽带中国"政策虚拟变量（DID）。"宽带中国"试点城市在当年及之后年份的 DID 变量赋值为 1，其余赋值为 0。"宽带中国"政策虚拟变量的数据信息来自中华人民共和国工业和信息化部。

控制变量。本文加入的城市层面的控制变量包括：经济发展水平（lnpgdp），其计算方法为人均 GDP 取对数；政府财政支出水平（lngovern），采用政府财政预算内支出与城市 GDP 的比值取对数来衡量；人均工资水平（lnwage），使用城市人均工资取对数表征；对外开放水平

（*open*），使用实际利用的外商直接投资与城市 GDP 的比值表示；互联网普及水平（ln*int*），其计算方法为国际互联网接入数值取对数。上述控制变量的数据来源于历年《中国城市统计年鉴》。

机制变量：数字创新优势（*d_patent*）和高技术劳动力优势（*em-ployee*）。本文以每万人的授权数字发明专利数量作为城市数字创新优势的代理衡量方式，数字创新优势的增强体现为城市授权数字发明专利数量的增加。其中，发明专利数据来源于 CNRDS，授权数字发明专利数据则使用文本识别方法对原始发明专利信息进行筛选和清理后得到。以每万人中从事传输信息、计算机服务和软件业加上从事科学研究、技术服务和地质勘探业的人数作为城市高技术劳动力优势的代理衡量方式，高技能劳动力优势的增长反映为城市高技能劳动者数量的增长。高技能劳动力所对应的数据来源于历年《中国城市统计年鉴》。

四、实证检验

（一）基准回归

为检验本文理论模型推演得到的命题一，即网络基础设施改变了电子商务企业的空间分布，本文根据计量模型（12），以各城市每年新增电子商务企业数（ln*num*）和电子商务企业区位熵（*location*）作为被解释变量，以 *DID* 作为核心解释变量展开实证分析，结果如表1所示。当以新增电子商务企业数（ln*num*）为被解释变量时，在同时控制年份和城市双向固定效应后，列（2）*DID* 的系数为 0.11 且在 5% 的水平下显著为正，表明"宽带中国"政策显著增加城市电子商务企业的数量，即网络基础设施能够提升城市新增电子商务企业数量。当以电子商务企业区位熵（*location*）作为被解释变量时，在同时控制年份和城市双向固定效应后，列（4）DID 的估计系数为 0.182 且在 1% 的水平下显著为正，该结果表明"宽带中国"政策显著促进电子商务企业向试点城市集聚，即网络基础设施能够使电子商务企业空间分布呈现集聚的演化趋势。上述结果为本文理论模型中的命题一提供了直接经验证据，网络基础设施对电子商务企业数量增长有着显著的正向促进作用，推动电子商务企业向试点城市集聚，进而重塑电子商务企业的空间分布格局。

表1   基准回归结果

变量	（1）新增电子商务企业数	（2）新增电子商务企业数	（3）电子商务企业区位熵	（4）电子商务企业区位熵
	（lnnum）	（lnnum）	（location）	（location）
DID	0.392 *** (6.270)	0.110 ** (2.316)	0.357 *** (5.074)	0.182 *** (2.998)
ln$pgdp$	0.223 *** (3.233)	0.026 (0.449)	0.438 *** (5.128)	0.139 * (1.910)
ln$govern$	−0.025 (−0.288)	0.128 ** (2.157)	0.444 *** (5.216)	0.056 (0.862)
ln$wage$	0.191 (0.727)	0.013 (0.109)	1.024 *** (5.662)	0.095 (0.540)
$open$	0.211 *** (3.224)	0.000 (0.006)	−0.015 (−0.348)	0.033 (1.141)
lnint	0.541 *** (16.236)	0.047 (1.544)	0.001 (0.045)	−0.051 (−1.404)
Year FE	Yes	Yes	Yes	Yes
City FE	No	Yes	No	Yes
N	3990	3990	3990	3990
R^2	0.695	0.865	0.153	0.740

注：括号内为 t 统计量，*** 代表 $p<0.01$，** 代表 $p<0.05$，* 代表 $p<0.1$，下表同。

（二）平行趋势检验

使用双重差分方法进行实证分析需确保"宽带中国"试点城市和非

试点城市在政策发生前，其新增电子商务企业数量的变化趋势不存在显著差异。为此，本文采用事件研究法来考察"宽带中国"政策效果的动态变化，模型设定如式（15）所示：

$$\ln num_{it} = \alpha + \beta \sum_{M}^{N} DID_{it} + \eta X_{it} + \delta_i + \delta_t + \varepsilon_{it} \qquad (15)$$

其中，M 和 N 分别表示"宽带中国"政策实施前后的年份，M 的取值范围为 $-6 \sim -2$，N 的取值范围为 $0 \sim 7$。由于本文所考察的时间区间为 2008 ~ 2021 年，而首批"宽带中国"城市试点的政策批复年份为 2014 年，即存在部分城市没有多于 -6 期的样本值，故本文将 -6 期之前的时间归并至 -6 期，同时为了避免多重共线性问题将 -1 期作为参照期进行剔除。图 1 展示了各时点 DID 的估计系数以及 95% 的置信区间，可以发现，政策发生前的 DID 系数不显著异于零，这表明"宽带中国"政策实施前，试点城市与非试点城市在新增电子商务企业数量的变化趋势上并无系统性差异，即"宽带中国"试点政策满足平行趋势假设。在政策效果的动态变化方面，可观测到试点政策的影响效果显著为正，这表明"宽带中国"试点政策能够产生改变电子商务企业空间分布的政策效应。

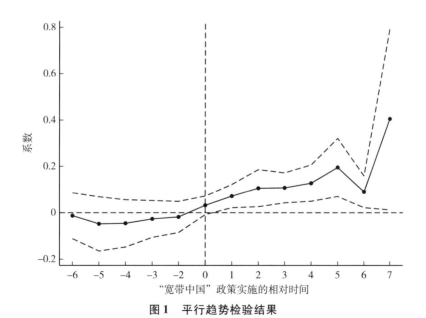

图 1　平行趋势检验结果

五、稳健性检验

（一）构造匹配样本检验

为了避免样本选择性偏差而导致的内生性问题，本文进一步采用倾向得分匹配法为试点城市寻找可观察特征相类似的对照样本。将匹配后的样本代入基准回归模型中进行实证分析，结果如表 2 列（1）所示。可以看到 DID 的系数与基准回归系数相近且高度显著，验证了本文基准回归结果的有效性。

（二）替换被解释变量

网络基础设施对电子商务企业空间分布的影响可能不仅体现在企业数量的增长上，还体现在企业规模的扩张上。为了涵盖企业的规模信息，本文以注册资本表征的企业规模与新增企业数量的交乘项作为被解释变量，以此衡量电子商务企业空间分布的变化。表 2 中列（2）的核心解释变量系数显著为正，表明网络基础设施重塑电子商务企业空间分布格局的结论是比较稳健的。

（三）排除其他竞争性假说的影响

为了排除其他试点政策的干扰，本文对可能影响电子商务企业空间分布的政策进行了讨论。已有研究发现，跨境电子商务综合试验区等政策通过出台多项便捷化举措而吸引了许多电子商务企业入驻[15]。本文将跨境电子商务综合试验区作为控制变量（exper）加入基准回归方程，以解决该政策可能混淆因果效应识别的困惑。实证结果如表 2 列（3）所示，可以发现，*DID* 的系数和显著性没有发生实质性改变，依然显著为正，验证了本研究基准回归结果的稳健性。

（四）处理效应异质性检验和考虑离群值的影响

在多处理时点的渐进双重差分中，双向固定效应模型可能存在将早期已接受处理的样本作为控制组和当期接受处理的样本进行比较的错误[25]，因此，本文借鉴戈德曼 – 培根（Goodman – Bacon）[26] 提供的方法对渐进双重差分的估计量进行分解。根据识别结果可知，处理效应中高达 93.50% 的权重来自"时变处理"与"从未处理"这一"好的"组别的比较，超过了使用 Goodman – Bacon 分解对于处理效应稳健性检验的临界值。同时，考虑到离群值可能对回归结果造成影响，本文对核心变量进行了双侧 1% 水平的截尾处理。从表 2 列（4）可以看到，对主要变量进行截尾处理后，核心解释变量系数和显著性均无实质性改变。上述检验表明，本文基准结果是稳健可靠的。

表 2　　　　　　　　　　　稳健性检验结果

变量	（1）	（2）	（3）	（4）
	构造匹配样本检验	考虑电商企业规模	排除竞争性政策干扰	对核心变量截尾处理
	ln*num*	*num* × *weight*	ln*num*	ln*num*
DID	0.109 ** （2.315）	0.166 *** （2.979）	0.079 * （1.659）	0.106 ** （2.225）
ln*pgdp*	0.230 *** （2.996）	0.040 （0.753）	0.017 （0.286）	0.018 （0.309）
ln*govern*	0.157 *** （2.681）	− 0.014 （− 0.232）	0.123 ** （2.084）	0.124 ** （2.079）
ln*wage*	− 0.313 *** （− 2.692）	− 0.014 （− 0.574）	0.014 （0.115）	0.016 （0.135）

变量	（1） 构造匹配 样本检验 ln*num*	（2） 考虑电商 企业规模 *num* × *weight*	（3） 排除竞争性 政策干扰 ln*num*	（4） 对核心变量 截尾处理 ln*num*
open	-0.006 （-0.163）	0.025 （0.686）	0.013 （0.375）	0.000 （0.009）
ln*int*	0.053* （1.678）	0.025 （0.573）	0.052* （1.694）	0.043 （1.389）
Year FE	Yes	Yes	Yes	Yes
City FE	Yes	Yes	Yes	Yes
N	3990	3990	3990	3910
R^2	0.866	0.476	0.866	0.858

六、作用机制检验

根据本文前述理论模型推演得到的命题二，网络基础设施对电子商务企业空间分布的影响可能通过提升城市的数字创新优势和高技能劳动力优势这两个机制来实现。一方面，网络基础能够降低电子商务企业的数字创新成本，进而增强城市的数字创新优势。数字经济时代，如果不投身于数字创新，企业间将形成明显的生产率差异和技术势差，从而面临迅速被淘汰的风险[27]。网络基础设施为知识、信息的高效传播搭建数字化连接[20]，极大程度地破除信息不对称壁垒；网络基础设施削弱了地理距离的负面影响，指数性地放大电子商务企业能够辐射到的市场规模；数字技术助力企业贴合市场需求进行数字创新，平滑数字创新过程中的风险[1]。因此，提高城市的数字创新优势可能是机制之一。另一方面，网络基础设施有助于减少吸引高技能劳动力的成本，进而增强城市的高技能劳动力优势。人力资本影响数字技术吸收的广度和深度[6]，相较于传统行业，电子商务等数字化行业对高技能劳动力需求更为旺盛[21]。网络基础设施构造的数字化平台吸引了众多人才集聚，有助于减少企业招聘适配的高技能劳动力所需付出的搜寻成本；数字经济发展催生的电子商务等新业态、新就业模式拓宽了工作的形式和场景[24]，释放了极大的数字化就业吸引力并降低了企业的用工成本[28]。基于此，本文认为，提高城市的高技能劳动力优势可能是另一重要机制。

为了实证检验作用机制，本文以城市数字发明专利数量和高技能劳动力数量来衡量优势。表3首先报告了网络基础设施影响城市数字创新优势的回归结果，列（2）中 DID 的系数为 0.137 且在 1% 的水平下显著，表明网络基础设施能够明显增加城市的数字发明专利数量，即网络基础设施有助于城市数字创新优势的提升。接着表3报告了网络基础设施影响城市高技能劳动力优势的估计结果，同样地，列（4）中 DID 的估计系数为 0.14 且在 1% 的水平下显著，说明网络基础设施对城市吸附高技能劳动者具有明显的正向作用，即网络基础设施能够提升城市的高技能劳动力优势。综上，机制检验结果为本文理论推导的命题二提供了经验支持，网络基础设施通过增加城市的数字创新优势和高技能劳动力优势这两个机制影响电子商务企业的空间分布。

表3　　　　　　　　　　作用机制检验结果

变量	（1）数字创新优势（d_patent）	（2）数字创新优势（d_patent）	（3）高技能劳动力优势（employee）	（4）高技能劳动力优势（employee）
DID	0.180***（5.660）	0.137***（7.019）	0.302***（5.621）	0.140***（5.539）
ln pgdp	0.130***（3.358）	0.048（1.118）	0.171***（2.874）	−0.010（−0.521）
ln govern	0.215***（4.630）	−0.076***（−2.801）	0.283***（3.436）	−0.105***（−3.368）
ln wage	0.465***（4.798）	−0.078**（−2.203）	0.269（1.444）	−0.003（−0.308）

变量	（1）	（2）	（3）	（4）
	数字创新优势	数字创新优势	高技能劳动力优势	高技能劳动力优势
	（d_patent）	（d_patent）	（employee）	（employee）
open	−0.037 ** （−2.030）	−0.002 （−0.229）	0.041 （1.315）	0.017 （1.308）
ln*int*	0.106 *** （8.902）	−0.064 *** （−4.056）	0.244 *** （9.059）	−0.045 *** （−3.543）
Year FE	Yes	Yes	Yes	Yes
City FE	No	Yes	No	Yes
N	3990	3990	3990	3990
R^2	0.212	0.773	0.189	0.850

七、进一步分析

电子商务企业的死亡率下降可以反映出电子商务企业的可持续发展。为了考察网络基础设施对电子商务企业死亡率的影响，本文首先将登记状态为"注销"和"撤销"的电子商务企业标记为死亡企业，将每年死亡的电子商务企业数量加总到城市层面，以城市 i 在 t 年的死亡电子商务企业数量除以城市 i 在 t 年的新增电子商务企业数量来衡量 t 年 i 城市电子商务企业的死亡率，并将死亡率替换为基准回归模型的被解释变量进行实证分析，结果如表4所示。可以发现，列（3）中的 DID 系数为 −0.07 且依然在1%的水平下显著。这表明，网络基础设施使得死亡的电子商务企业数相对于新增的电子商务企业数明显减少，也即网络基础设施对降低电子商务企业的死亡率产生显著的积极作用，有效促进了电子商务企业的可持续发展。

表4　　　　　　　　　　　　电子商务企业死亡率的检验结果

变量	(1)	(2)	(3)
	电子商务企业的死亡率	电子商务企业的死亡率	电子商务企业的死亡率
	(dead_ratio)	(dead_ratio)	(dead_ratio)
DID	-0.059 *** (-3.743)	-0.037 *** (-3.660)	-0.070 *** (-4.166)
lnpgdp		0.005 (0.362)	-0.043 ** (-1.964)
lngovern		-0.030 ** (-2.080)	-0.024 (-1.177)
lnwage		0.080 ** (2.383)	0.068 (1.038)
open		0.033 *** (3.049)	0.028 ** (2.463)
lnint		0.027 *** (3.788)	0.017 (1.267)
Year FE	Yes	Yes	Yes
City FE	Yes	No	Yes
N	3990	3990	3990
R^2	0.289	0.180	0.289

八、结论与建议

本文研究发现，网络基础设施显著地增加了城市新增电子商务企业数量，推动电子商务企业向网络基础设施布局完善的城市集聚，重塑了电子商务企业的空间分布格局。在影响机制方面，本文发现，网络基础设施通过提升城市的数字创新优势和高技能劳动力优势来吸引电子商务企业分布；进一步分析发现，网络基础设施有效降低电子商务企业的死亡率。

本文的研究结果具有以下政策启示：首先，网络基础设施为电子商务企业空间分布的重塑效应可以在更大范围内推行"宽带中国"政策试点，加快形成以电子商务企业为代表的数字经济发展新格局提供经验支持。一方面，发挥网络基础设施和数字技术带来的电子商务产业发展机遇，特别是落后区域应探索打破原有产业发展瓶颈，加强产业融合，形成新的高质量发展路径；另一方面，网络基础设施和电子商务的发展有助于全国统一大市场的建设，这对于充分发挥中国式现代化的规模优势，形成数字经济与超大市场规模优势交融的倍增效应具有重要意义。因此，政府应加快网络基础设施布局，进一步激活新型数字业态、数字产业的发展活力。

其次，网络基础设施重塑电子商务企业空间分布格局的结论可以为政府破解城乡区域发展差距仍然较大的难题提供新的思路。当前中国发展不平衡不充分问题依然突出，大多数贫困县的内生发展能力不足。网络基础设施能够吸引电子商务企业分布，全面促进贫困区域产业链和供应链数字化改造，助力乡村经济向数字化、智能化方向转型升级；电子商务还能持续推进科技下乡，推动产学研合作，从而更好地实现数字惠农。因此，政府可以考虑从借助网络基础设施吸引电子商务企业分布和释放电子商务发展优惠政策支持力这两方面促进区域协调发展，打好贫困县域发展"攻坚战"。

最后，本文的机制研究表明，政府应考虑进一步优化数字创新和高技能人才优惠政策。当前，中国数字创新潜能有待深入挖掘，高技能人才基础薄弱、缺口巨大。政府需发挥集中力量办大事、办难事的制度优势，弥补数字基础设施和数字资本禀赋劣势，为引导关键数字技术攻坚提供政策支持，努力营造电子商务友好型的数字创新环境。同时，高技能人才是电子商务企业实现突破的动力。地方政府应当进一步优化高技能人才优惠政策，如高技能人才在落户、激励、招聘录用等方面的制度，着力形成能够为电子商务企业服务的高级人才队伍。

参考文献

［1］沈坤荣，林剑威，傅元海. 网络基础设施建设、信息可得性与

企业创新边界 [J]. 中国工业经济, 2023 (1): 57 – 75.

[2] 范剑勇, 邵挺. 房价水平、差异化产品区位分布与城市体系 [J]. 经济研究, 2011, 46 (2): 87 – 99.

[3] 吕大国, 耿强, 简泽, 等. 市场规模、劳动力成本与异质性企业区位选择——中国地区经济差距与生产率差距之谜的一个解释 [J]. 经济研究, 2019, 54 (2): 36 – 53.

[4] 安同良, 杨晨. 互联网重塑中国经济地理格局: 微观机制与宏观效应 [J]. 经济研究, 2020, 55 (2): 4 – 19.

[5] 刘向东, 刘雨诗, 陈成漳. 数字经济时代连锁零售商的空间扩张与竞争机制创新 [J]. 中国工业经济, 2019 (5): 80 – 98.

[6] 王林辉, 姜昊, 董直庆. 工业智能化会重塑企业地理格局吗 [J]. 中国工业经济, 2022 (2): 137 – 155.

[7] Dinerstein M, Einav L, Levin J, et al. Consumer price search and platform design in internet commerce [J]. American Economic Review, 2018, 108 (7): 1820 – 1859.

[8] Jolivet G, Turon H. Consumer search costs and preferences on the internet [J]. The Review of Economic Studies, 2019, 86 (3): 1258 – 1300.

[9] 张洪胜, 潘钢健. 跨境电子商务与双边贸易成本: 基于跨境电商政策的经验研究 [J]. 经济研究, 2021, 56 (9): 141 – 157.

[10] 李兵, 李柔. 互联网与企业出口: 来自中国工业企业的微观经验证据 [J]. 世界经济, 2017, 40 (7): 102 – 125.

[11] 马述忠, 房超, 张洪胜. 跨境电商能否突破地理距离的限制 [J]. 财贸经济, 2019, 40 (8): 116 – 131.

[12] 李小平, 余娟娟, 余东升, 等. 跨境电商与企业出口产品转换 [J]. 经济研究, 2023, 58 (1): 124 – 140.

[13] Melitz M J. The impact of trade on intra-industry reallocations and aggregate industry productivity [J]. Econometrica, 2003, 71 (6): 1695 – 1725.

[14] 马述忠, 房超. 线下市场分割是否促进了企业线上销售——对

中国电子商务扩张的一种解释 ［J］. 经济研究，2020，55 （7）：123 – 139.

［15］ 马述忠，郭继文 . 制度创新如何影响我国跨境电商出口？——来自综试区设立的经验证据 ［J］. 管理世界，2022，38 （8）：83 – 102.

［16］ Lendle A，Olarreaga M，Schropp S，et al. There goes gravity： eBay and the death of distance ［J］. The Economic Journal，2016，126 （591）：406 – 441.

［17］ Wernsdorf K，Nagler M，Watzinger M. ICT，collaboration，and innovation：Evidence from BITNET ［J］. Journal of Public Economics，2022，211：104678.

［18］ Hanlon W W，Heblich S，Monte F，et al. A penny for your thoughts ［R］. National Bureau of Economic Research，2022.

［19］ Kuhn P，Mansour H. Is internet job search still ineffective？ ［J］. The Economic Journal，2014，124 （581）：1213 – 1233.

［20］ 刘烨，王琦，班元浩 . 虚拟集聚、知识结构与中国城市创新 ［J］. 财贸经济，2023，44 （4）：89 – 105.

［21］ 孙早，侯玉琳 . 工业智能化如何重塑劳动力就业结构 ［J］. 中国工业经济，2019 （5）：61 – 79.

［22］ Bernard A B，Moxnes A，Saito Y U. Production networks，geography，and firm performance ［J］. Journal of Political Economy，2019，127 （2）：639 – 688.

［23］ Forman C，Goldfarb A，Greenstein S. The Internet and local wages： A puzzle ［J］. American Economic Review，2012，102 （1）：556 – 575.

［24］ 莫怡青，李力行 . 零工经济对创业的影响——以外卖平台的兴起为例 ［J］. 管理世界，2022，38 （2）：3，31 – 45.

［25］ De Chaisemartin C，d'Haultfoeuille X. Two-way fixed effects estimators with heterogeneous treatment effects ［J］. American Economic Review，2020，110 （9）：2964 – 2996.

［26］ Goodman – Bacon A. Difference-in-differences with variation in treatment timing ［J］. Journal of Econometrics, 2021, 225 (2): 254 –277.

［27］ Acemoglu D, Restrepo P. Robots and jobs: Evidence from US labor markets ［J］. Journal of Political Economy, 2020, 128 (6): 2188 –2244.

［28］ 陈贵富, 韩静, 韩恺明. 城市数字经济发展、技能偏向型技术进步与劳动力不充分就业 ［J］. 中国工业经济, 2022 (8): 118 –136.

Research on the Network Infrastructure and Spatial Distribution of Urban E-commerce Enterprises

Zhong Zhaohui, Huang Liwen

(Business of school Shantou University, Shantou 515063)

Abstract: E-commerce is an important tool for promoting the deep integration of the digital economy and the real economy. This article constructs a theoretical model of the impact of network infrastructure on the location of e-commerce enterprises, incorporating network infrastructure as a new influencing factor into the expression of e-commerce enterprise location tendency. Based on the decision equation of location tendency, the two key influencing mechanisms of digital innovation and high skilled labor force are analyzed. To test the theoretical hypothesis, this article combines the "Broadband China" policy and new e-commerce enterprise data for testing. The empirical analysis results show that network infrastructure has significantly increased the number of urban e-commerce enterprises, promoting the agglomeration of e-commerce enterprises to policy pilot cities. Mechanism testing shows that the advantages of digital innovation and highly skilled labor are important channels for network infrastructure to cause changes in the spatial distribution of e-commerce enterprises. Further analysis shows that network infrastructure significantly reduces the "mortality rate" of e-commerce enterprises. The conclusion of this article has policy reference significance for stimulating the potential of digital economy development in regions.

Key Words：network infrastructure；e-commerce enterprises；digital innovation；skilled labor

城市竞争量化研究的基本框架*

——基于中国地级市的空间一般均衡模型

戴谢尔　　曹　洁**

（深圳大学 经济学院，深圳 518055）

摘要：本文基于一个含有生产、居民、地方政府的多部门的空间一般均衡模型，使用中国地级市面板数据，提供了地方政府视角下的城市竞争力的研究框架。根据 Tiebout 假说，地方政府可以通过提供公共服务形成对居民居住地的竞争，从而达到公共品的最优供给。本文提出以劳动力、资本等要素的净流入作为城市竞争力的主要动态指标，并将地方财政收入约束下该指标的增长作为地方政府的发展战略参考目标。本文运用 288 个地级市的基本数据，对该模型的劳动力均衡分布进行了求解，并通过政策调整地方政府支出进行了反事实模拟。此外，本文介绍了该框架下国内外前沿的财税问题研究中的设定和应用，并对该模型在国内当前热点政策的应用前景进行了讨论。

关键词：城市竞争力；空间一般均衡；公共服务竞争；财税改革

一、引　　言

城市竞争力研究源于 20 世纪初期，经历了从单一经济视角到多元

---

　* 基金项目：广东省自然科学基金面上项目"高维面板数据的空间协整分析与运用"（2023A1515010029）。

　** 作者简介：戴谢尔（1986—），男，助理教授，研究方向为经济地理；

　曹洁（2001—），女，研究生，研究方向为经济地理。

综合视角的发展过程。早期的研究主要关注城市的经济基础和区位优势，韦伯（Weber & Friedrich，1929）的工业区位论奠定了城市经济研究的基础，霍特林（Hotelling，1929）的空间竞争模型则揭示了城市间竞争的本质。20 世纪 50 年代，经济基础理论[3][4]成为城市竞争力研究的主流，强调城市出口导向型产业对经济增长的重要性（North，1955；Tiebout，1956）。70 年代后，全球化浪潮对城市竞争格局产生了深远影响，世界体系理论（Wallerstein，1974）和全球城市理论（Sassen，2013）开始关注城市在国际分工中的地位，以及城市间的联系网络。这一时期，产业集群（Porter，1990）和区域创新系统（Cooke，et al.，1997）等理论也为城市竞争力研究注入了新的活力，强调了创新和集聚经济在城市发展中的重要作用。近年来，城市竞争力研究已涵盖经济学、地理学、城市规划和公共政策等领域。例如，克鲁格曼（Krugman，1991）提出，城市竞争力与地理位置、交通成本和市场规模密切相关，集聚经济是城市竞争力的关键来源。格莱泽特等（Glaeser et al.，2001）提出了消费城市理论，探讨了消费服务业在提高城市竞争力中的作用等。当前，全球化、信息化和可持续发展仍是影响城市竞争力的关键因素，城市竞争力评价体系也日益趋向多元化和动态化（Ni，2012）。

从公共服务的角度讲，城市的竞争力最具有影响力的理论之一是来自查尔斯·泰伯特（Charles Tiebout，1956）的地方竞争模型，即"蒂伯特（Tiebout）假说"。他提出了地方政府最优公共品供给的理论框架，该理论的基本假设包括：居民在选择居住地时，会根据地方政府所提供的公共服务和税收水平来作出决策。当有足够多的地方政府时，居民可"用脚投票"，即如果对一个地区的公共服务不满意，可以迁移到另一个提供更合适服务的地区。当居民无迁移成本、信息完全，且地方政府具有差异化服务的时候，地方政府能够通过吸引居民、劳动力和产业转移，从而吸纳税收收入，达到地方政府公共服务的有效供给。

《中华人民共和国国民经济和社会发展第十四个五年规划和 2035 年远景目标纲要》（简称"十四五"规划）指出，要促进服务业繁荣发展，聚焦产业转型升级和居民消费升级需要，构建优质高效、结构优化、竞争力强的服务产业新体系。扩宽地方自主税收要求地方政府发挥城市的比较竞争力，注重从消费等环节获得税收基础。因此，构建多元化的城市竞争目标成为当下城市战略研究的一项重要任务。基于此，本文提出以劳动力、物质资本、人力资本要素的净流入作为城市竞争力的动态指标，从多个维度评价城市的竞争力，并倡导城市从生产型向消费型、服务型经济转型。

空间一般均衡（spatial general equilibrium）理论通过研究区域内或区域间劳动力市场、中间产品市场、资本市场和住房市场之间的关系，以求出各个区域劳动力、中间产品、资本、房产等变量的均衡解，并通过模拟外生变量的冲击进行政策分析，如今已成为城市经济学研究的基本工具（朱希伟、朱胡周，2022）。与理论模型不同的是，空间一般均衡模型是包含一系列方程和参数的结构方程，这些方程描述了经济体系中的关键决策者（如企业、个人、政府）的行为，并揭示它们之间的相互作用。近年来，结构经济学模型被逐渐运用于空间经济学，由于该方法的以下特性：基于可证实的微观基础（microfoundations）、可求解的空间均衡（spatial equilibrium）、便于量化政策分析（policy analysis）和可追溯的动态性（dynamic nature）。本文基于空间一般均衡理论，提出了一个足够简化的含有地方政府、生产、住房多部门的量化空间模型。该模型反映了地方财政在主导城市竞争中所发挥的作用，通过计算劳动力、人力资源、资本等要素的净流入衡量城市的竞争力水平，并可通过对财政收支的具体设定研究具体财税政策对城市竞争力的影响。

空间一般均衡模型的基础奠定于罗斯（Rosen，1979）与罗巴克（Roback，1982）的区位选择理论框架内。该模型通过纳入多个区域、人口流动以及商贸活动的交互影响，显著提升了其模拟现实经济的能力，因此，得到了广泛应用。近年来，该领域的学术成果在理论和实证方面呈上升之势。理论方面，艾伦和阿卡拉卡斯（Allen & Arkolakis，2014）证明了完全竞争的阿明顿贸易模型（Armington，1969）的同构性

（其中商品按原产地区分），并扩展到包括劳动力流动和外部经济。艾伦和阿卡拉卡斯（2014）与雷丁和罗西－汉斯贝格（Redding & Rossi – Hansberg, 2017）表明，在伊顿和图姆（Eaton & Kortum, 2002）之后的带有劳动力流动和规模外部经济的完全竞争李嘉图贸易模型中也存在类似的性质。迪斯梅特和罗西－汉斯贝格（Desmet & Rossi – Hansberg, 2014）引入了异质性居民效用，讨论了城市规模的决定因素。莫雷蒂（Moretti, 2013）的研究中，区分了两种不同类型的劳动力在地理位置选择上的偏好，深入剖析了为何大学毕业生倾向于涌入大城市，并探讨了这一趋势对收入差异产生的影响。雷丁和罗西－汉斯贝格（2017）总结了近年来量化空间一般均衡的各种理论架构，使得研究者可根据需求对模型进行模块化设计。同时，在量化分析上出现了不少创新。例如，克兰曼等（Kleinman et al., 2023）构建了基于跨期投资和劳动力迁移决策的动态空间一般均衡模型，并证明了稳定均衡的存在性和唯一性。实证方面，不少文献也逐渐把劳动力市场、房地产市场也纳入空间一般均衡模型中，例如戴梦德（Diamond, 2016）运用空间一般均衡模型解释了技能差异下劳动力区域性分化而导致的城市生产力、工资、租金等变量的不平等。法里古巴姆和戈贝尔（Fajgelbaum & Gaubert, 2020）引入劳动力人数对生产效率的正向溢出效应。该领域还存在一些拓展，如阿尔布伊（Albouy et al., 2019）讨论了人口分布的最优化；亨德里克和肖勒曼（Hendricks & Schoellman, 2018）等引入了人力资本积累因素等。

近年来，空间一般均衡模型被用于研究中国区域与城市问题。周慧珺等（2024）以量化空间一般均衡为框架构建了包含高、低受教育程度劳动者的量化空间一般均衡模型，选取了提升教育水平与提升职业技能这两项政策作为反事实分析，探讨它们对收入不平等现象的潜在影响，为实际经济环境下政策效果的评估以及共同富裕战略的实施构建了参考框架。陈晓佳和徐玮（2024）通过建立量化空间一般均衡模型发现，数据要素与产业的融合有助于提高产业的劳动生产率和全要素生产率，促进产业结构升级，推动经济高质量发展。梁涵（2019）将土地要素部门纳入空间一般均衡模型，以解决该要素收入分配在国民经济中的重要作用。钟奥俊等（2024）表明，畅通生产要素国内大循环，释放要素向大城市集聚的潜力，能更好地解决区域资源配置的体制性、结构性问题，推动经济高质量发展，并促进地区间相对平衡。

随着实证结论和微观结构对空间经济学的不断完善，空间一般均衡模型逐渐成为地方财政政策分析的重要工具。法里古巴姆等（2019）研究了美国州税作为空间资源配置失调的潜在来源，该研究结合了美国州税系统的显著特征，并利用1980～2010年州税率的变化来估计决定工人和公司位置对州税变化反应的模型参数。朱军与许志伟（2018）在采用动态空间一般均衡分析框架的同时，融入了中央与地方两级政府架构，深入探究了财政分权背景下，地方层面财政政策的实施如何动态地作用于中国宏观经济。鉴于中国式财政分权的特点，地方政府在税收方面受限于无法直接调整法定税率或税种以参与税收竞争。随后，储德银等（2023）从理论维度剖析了地方政府间的税收竞争与经济发展不均衡之间的内在联系及其作用机理。在此基础上，他们构建了融入双重固定效应的空间杜宾模型，通过实证研究探讨了地方政府税收竞争对经济发展不均衡现象的影响效应。周慧珺等（2022）通过构建包含人口迁移成本和贸易成本的多地区空间一般均衡模型，分析了地区性财政政策对经济产出和福利的影响。研究表明，单个地区支出政策对产出和福利的影响可以分解为全要素生产率、要素禀赋、再配置调节、转移支付等多个渠道。地区生产性政府支出对产出和福利的影响主要通过全要素生产率渠道产生，而社会保障性支出的影响则主要通过转移支付渠道产生，且主要影响福利水平。赵扶扬和陈斌开（2021）基于量化空间模型，将地区数据匹配至一般均衡框架，较好地刻画了中国区域间房价分化的特征事实，并对中国土地的区域间配置进行量化评估。

本文提出通过构建中国288个地级市的动态空间一般均衡模型，研究在地方与中央财政收入的约束下，地方政府的竞争策略及其空间效应。本方法充分考虑到城市在规模、集聚程度、发展潜力上的异质性，从而全面地评估地方性政策异质性影响和空间溢出效应。中国城市在人口规模、经济总量、文化传统等方面存在明显差异，从而导致政策效应的不同结果。此外，城市之间存在劳动力、资本、信息等要素流动，地方政策除了直接影响本地经济，还可能通过要素特别是劳动力流动等渠道对其他城市产生溢出效应，需要予以重视。本文构建了城市人口、劳动力、住房价格、地方财政收支等宏观变量的长期均衡，并利用真实数据测度的模型参数对宏观状态变量进行了校准，对可行的地方政策进行评估及模拟。

二、空间一般均衡

本文考虑一个由 N 个区域组成的经济体[①]，用 i，n 索引。每个区域都拥有外生的质量调整后的土地供给（H_i）。整个经济体拥有 $\overline{L}$ 个居民，每个居民拥有一个单位的劳动力，假设居民在区域间完全流动，因此，在均衡中，实际工资在所有区域之间相等。区域通过双边运输网络连接，可用于运输商品，但需承担对称的冰山式贸易成本，即从区域 i 运输 $d_{ni} = d_{in} > 1$ 单位，才能使一个单位到达区域 $n \neq i$，其中 $d_{mn} = 1$。

在本节中，本文使用尽可能简化的空间一般均衡模型，以反映城市间经济活动分布，并用以研究地方政府如何通过提供公共服务提高城市的竞争力。本节参考阿尔费尔特等（Ahlfeldt et al.，2015）和亨克尔等（Henkel et al.，2021）的研究，概述了一个简化的空间一般均衡模型，其中集聚效应来自垄断竞争经济，而离心力来自非弹性土地供给和公共消费的挤占效应。为构建含有公共部门以城市为基础的且能反映规模经济的均衡模型，本文从雷丁和罗西 – 汉斯贝格（2017）构建的模型中选

---

① 在这里使用区域作为基本地理单位，但在具体研究中，该单位可以为中国的省、地级市、美国的州等。

择以下模块：拥有同质消费品和居住空间的效用函数；规模报酬不变、内生生产率、无投入产出联系以及商业用地的生产函数；基于地理距离的贸易成本，除居住和商业用地外无非贸易商品；知识外部性、无创新或动态变化以及思想的完全可转移性；无迁移成本的同质性劳动力；存在拥挤效应的公共品；完全竞争、给定外部经济价格和效用下的城市均衡以及城市内贸易平衡。

（一）消费者偏好

不考虑通勤，区域 n 的居民的效用来自：第一，同质性的公共消费品 g_n；第二，私人商品消费（C_n）；第三，私人居住消费（h_n）。假设效用函数采用柯布 – 道格拉斯形式[①]：

$$U_n = g_n \left(\frac{C_n}{\alpha}\right)^{\alpha} \left(\frac{h_n}{1-\alpha}\right)^{1-\alpha}, \ 0 < \alpha < 1 \qquad (1)$$

基于该效用函数，区域 n 居民的平均效用高低不仅依赖于当地的工资水平、物价、房价，还依赖于当地的公共服务供给、住宅用地供给、劳动力拥挤程度。令区域 n 的劳动力总量为 L_n，区域 n 的公共支出为 G_n，因此，人均公共品效用可表示为：

$$g_n = \frac{G_n}{L_n^{\beta}} \qquad (2)$$

其中，假设公共品在居民使用时不具备排他性，因此，公共品为个体提供的效用随区域劳动力的增加而降低，假设 $0 < \beta \leqslant 1$，表示公共品效用对人口规模的弹性，当 $\beta = 1$ 时，公共品的供给为线性函数。当 $\beta < 1$ 时，β 越小，意味着公共品的排他性越弱，提供公共品的规模效应越大。[②]

商品消费指数 C_n 是根据每个地区提供的商品种类 M_i，每个水平差异

---

① 对于使用美国数据支持柯布 – 道格拉斯函数形式所隐含的恒定住房支出份额的实证证据，读者可参考 Davis & Ortalo Magné（2011）。

② 这里 β 也可代表集聚经济的负外部性（拥堵效应）。

化的品种 j 的消费 $c_{ni}(j)$ 定义的。这个消费指数及其对偶价格指数 P_n 由下式给出：

$$C_n = \left[\sum_{i \in N} \int_0^{M_i} c_{ni}(j)^{\rho} \mathrm{d}j \right]^{\frac{1}{\rho}}, \quad P_n = \left[\sum_{i \in N} \int_0^{M_i} p_{ni}(j)^{1-\sigma} \mathrm{d}j \right]^{\frac{1}{1-\sigma}} \tag{3}$$

（二）生产

为反映城市产业集聚及规模效应，本文采用垄断竞争模型与规模报酬递增条件下的生产函数。按照该模型的经典假设，劳动力为产品的唯一投入。企业必须承担 F 个单位劳动力的固定成本的劳动力的恒定边际成本。因此，在地区 i 的生产率为 A_i 时，生产 $x_i(j)$ 个单位商品 j 时所需的总劳动量 $l_i(j)$ 为：

$$l_i(j) = F + \frac{x_i(j)}{A_i} \tag{4}$$

令城市 i 的劳动力的成本为 w_i，在利润最大化和零利润的条件下，均衡价格是边际成本与固定成本之和：

$$p_{ni}(j) = \left(\frac{\sigma}{\sigma - 1} \right) d_{ni} \frac{w_i}{A_i} \tag{5}$$

每个品种的均衡产出等于取决于地区生产率的常数，即：

$$x_i(j) = \bar{x}_i = A_i(\sigma - 1)F \tag{6}$$

这意味着每个品种的均衡就业量对所有地区都是相同的，因此有：

$$l_i(j) = \bar{l} = \sigma F \tag{7}$$

鉴于每个品种的均衡就业量是常数，劳动力市场出清意味着每个地区提供的品种总量与选择定居在那里的工人的内生供给成比例：

$$M_i = \frac{L_i}{\sigma F} \tag{8}$$

（三）价格指数和支出份额

使用均衡价格［式（5）］和劳动力市场出清［式（8）］，可以将消费指数的对偶价格指数［式（3）］表示为：

$$P_n = \frac{\sigma}{\sigma - 1}\left(\frac{1}{\sigma F}\right)^{\frac{1}{1-\sigma}}\left[\sum_{i \in N} L_i \left(d_{ni}\frac{w_i}{A_i}\right)^{1-\sigma}\right]^{\frac{1}{1-\sigma}} \tag{9}$$

使用常数替代弹性（CES）支出函数、均衡价格［式（5）］和劳动力市场出清［式（8）］，地区 n 在地区 i 生产的商品上的支出份额为：

$$\pi_{ni} = \frac{M_i p_{ni}^{1-\sigma}}{\sum_{k \in N} M_k p_{nk}^{1-\sigma}} = \frac{L_i\left(d_{ni}\frac{w_i}{A_i}\right)^{1-\sigma}}{\sum_{k \in N} L_k\left(d_{nk}\frac{w_k}{A_k}\right)^{1-\sigma}} \tag{10}$$

因此，该模型蕴含了商品贸易的引力方程，其中，地区 n 和 i 之间的双边贸易取决于双边阻力（双边贸易成本 d_{ni}）和多边阻力（到所有其他地区 k 的贸易成本 d_{nk}），如安德森和文（Anderson & van Wincoop, 2003）的工作所示。结合式（9）和式（10）可知，每个地区的价格指数可以用它与自身的贸易份额来表示，因此有：

$$P_n = \frac{\sigma}{\sigma - 1}\left(\frac{L_n}{\sigma F \pi_{nn}}\right)^{\frac{1}{1-\sigma}}\frac{w_n}{A_n} \tag{11}$$

（四）收入和劳动力流动

每个地区的住房支出以一次性的形式再分配给居住在该地区的居民。因此，每个地区的贸易平衡意味着每个地区的人均收入 v_n 等于劳动收入 w_n 加上人均住宅用地支出 $(1-\alpha)v_n$，即：

$$v_n L_n = w_n L_n + (1-\alpha)v_n L_n = \frac{w_n L_n}{\alpha} \tag{12}$$

土地市场出清意味着质量调整后的土地供给 H_n 等于土地需求 $L_n h_n$。将这个市场出清条件与消费者问题的一阶条件结合起来，本文得到土地租金 r_n，由下式给出：

$$r_n = \frac{(1-\alpha)v_n L_n}{H_n} = \frac{1-\alpha}{\alpha}\frac{w_n L_n}{H_n} \tag{13}$$

劳动力流动意味着工人在所有有人居住的地区获得相同的实际收

入，因此有：

$$V_n = \frac{G_n L_n^{-\beta} v_n}{P_n^\alpha r_n^{1-\alpha}} = \overline{V} \tag{14}$$

利用价格指数［式（11）］、每个地区的贸易平衡使得收入等于支出的假设［式（12）］以及劳动力流动条件［式（14）］中的土地市场出清［式（13）］，可以确定实际工资均等化意味着每个地区的劳动力 L_n 和国内贸易份额 π_{nn}，必须满足：

$$\overline{V} = \frac{A_n^\alpha G_n H_n^{1-\alpha} \pi_{nn}^{-\alpha/(\sigma-1)} L_n^{-\frac{\sigma(1-\alpha)-1}{\sigma-1}-\beta}}{\alpha \left(\dfrac{\sigma}{\sigma-1}\right)^\alpha \left(\dfrac{1}{\sigma F}\right)^{\frac{\alpha}{1-\sigma}} \left(\dfrac{1-\alpha}{\alpha}\right)^{1-\alpha}} \tag{15}$$

因此，每个地区的劳动力份额（$\lambda_n \equiv L_n/\overline{L}$）取决于其生产率 A_n、土地供给 H_n 和国内贸易份额 π_{nn} 相对于所有其他地区的大小：

$$\lambda_n = \frac{L_n}{\overline{L}} = \frac{\left[A_n^\alpha G_n H_n^{1-\alpha} \pi_{nn}^{-\alpha/(\sigma-1)} \right]^{\frac{\sigma-1}{\sigma(1-\alpha)+\beta(\sigma-1)-1}}}{\sum_{k\in N} \left[A_k^\alpha G_k H_k^{1-\alpha} \pi_{kk}^{-\alpha/(\sigma-1)} \right]^{\frac{\sigma-1}{\sigma(1-\alpha)+\beta(\sigma-1)-1}}} \tag{16}$$

其中，每个地区的国内贸易份额 π_{nn} 概括了它对其他地区的市场准入。

（五）一般均衡

通过将国际贸易的引力结构与劳动力流动条件相结合，可以描述模型一般均衡的性质。假设对称贸易成本（$d_{ni} = d_{in}$），并遵循艾伦和阿卡拉卡斯（2014）的论证，本文可以将模型的一般均衡简化为以下由 N 个方程组成的系统，此方程组根据外生变量（A_n，G_n，H_n，d_{ni}）和参数（σ，α，β，F）确定每个区域的 N 个劳动力数量：

$$L_n^{\tilde{\sigma}\gamma_1} A_n^{-\frac{(\sigma-1)(\sigma-1)}{2\sigma-1}} G_n^{-\frac{\sigma(\sigma-1)}{\alpha(2\sigma-1)}} H_n^{-\frac{\sigma(\sigma-1)(1-\alpha)}{\alpha(2\sigma-1)}} =$$

$$\frac{\overline{W}^{1-\sigma}}{\sigma F} \sum_{i\in N} \left(\frac{\sigma}{\sigma-1} d_{ni}\right)^{1-\sigma} \left(L_i^{\tilde{\sigma}\gamma_1}\right) A_i^{\frac{\sigma(\sigma-1)}{2\sigma-1}} G_i^{\frac{(\sigma-1)(\sigma-1)}{\sigma(2\sigma-1)}} H_i^{\frac{(\sigma-1)(\sigma-1)(1-\alpha)}{\sigma(2\sigma-1)}} \tag{17}$$

其中，标量 $\overline{W}$ 由劳动力市场出清的要求决定（$\sum_{n\in N} L_n = \overline{L}$），并且：

$$\widetilde{\sigma} \equiv \frac{\sigma - 1}{2\sigma - 1}, \; \gamma_1 \equiv \frac{\sigma(1 - \alpha + \beta)}{\alpha}$$

$$\gamma_2 \equiv 1 + \frac{\sigma}{\sigma - 1} - \frac{(\sigma - 1)(1 - \alpha + \beta)}{\alpha}$$

(18)

命题：假设 $\sigma(1 - \alpha) + \beta(\sigma - 1) > 1$。给定每个区域的生产率、政府支出和土地资源 A_n，G_n，H_n，以及所有地点对 n，$i \in N$ 之间的对称双边贸易摩擦 $d_{ni} = d_{in}$，存在唯一的均衡劳动力分布 L_n^*，满足式（17）。

证明：在假设 $\sigma(1 - \alpha) + \beta(\sigma - 1) > 1$ 的条件下，本文有 $\gamma_2/\gamma_1 < 1$，这意味着式（17）存在唯一解，该结论由藤本和克劳斯（Fujimoto & Krause，1985）以及艾伦和阿卡拉卡斯（2014）的研究证明。当不满足参数限制 $\sigma(1 - \alpha) > 1$ 时，该模型可能存在多个均衡，使得经济活动的空间分布不能由外生的地点特征（A_n，G_n，H_n，d_{ni}）唯一确定。唯一均衡的参数限制 $\sigma(1 - \alpha) + \beta(\sigma - 1) > 1$ 有直观的解释，对应于集聚力相对于分散力不能太强的假设。替代弹性（σ）越高，消费者对多样性的喜好就越低，这削弱了集聚力，因为消费者不太在乎是否靠近大量品种。占地面积支出份额（$1 - \alpha$）越高，模型中的分散力就越强，因为随着经济活动集中在某个地点并推高占地面积的价格，这对消费者的生活成本影响更大。

命题是针对埃尔普曼（Helpman，1998）经济地理模型得出的，但类似的结果适用于具有恒定贸易弹性的定量空间模型，如伊顿和图姆（Eaton & Kortum，2002）提出的模型以及阿明顿（Armington，1969）的模型的某些版本。这些模型通常被应用于离散区域的情况，但也可以考虑连续空间的情况。在连续空间下，存在性和唯一性结果同样适用。定量空间模型中存在性和唯一性条件之所以重要，有两个原因：第一，它给出了求解均衡劳动力分布的算法；第二，它确保了反事实变化对空间均衡的影响是确定的，从而可用于评估各种政策干预的一般均衡效应。定量空间模型文献主要关注存在唯一均衡分布的参数范围，而早期经济地理理论文献则常常以多重均衡作为主要结论。模型是否具有多重均衡可能取决于其模型的通用程度。然而，没有任何模型能涵盖所有设定，因此，选择单一均衡还是多重均衡模型在某种程度上是一个实际问题，取决于研究问题和可用数据。

三、量化分析

（一）数据和参数校准

本文使用的数据主要来源于中国国家统计局发布的相应年份的《中国统计年鉴》，其中 2000~2017 年中国 288 个地级市面板数据，主要来自《中国区域经济统计年鉴》《中国城市统计年鉴》等的统计结果。在数据处理阶段，本文基于数据的完整性和连续性原则进行了数据清洗工作。对于存在严重数据缺失或行政区划在样本期内发生行政区划变动的城市进行了剔除，以保证数据集的稳定性和一致性。针对剩余的少量年份数据缺失，本文通过查阅各地区统计公报或运用插值法等技术手段进行了合理补充，从而确保了整体数据的完整性。此外，为了更准确地反映经济活动的真实情况，本文对涉及价格变动的指标进行了必要的调整。依据 2000 年的价格水平，对所有价格相关指标进行了平减处理，以消除通货膨胀等外部因素对数据分析的潜在干扰。这一步骤确保了数据在不同年份之间的可比性，为后续的经济分析提供了更为坚实的基础。此外，由于变量规模和单位存在巨大差异，本文对变量进行了标准化处理。

本文基于静态空间一般均衡模型，利用 2017 年数据对模型进行校准。城市全要素生产率A_n的估算采用随机前沿法，采用柯布－道格拉斯函数进行计算。其中地区生产总值（万元）用以度量城市的整体经济产出；在劳动力投入L_{nt}方面则主要考虑了从业人员数量，包括单位从业人员和私营个体从业人员；在资本投入方面则使用了物质资本存量。为了估算物质资本存量，本文采用永续盘存法，首先，利用省级数据库中的"固定资本形成总额"和"固定资产投资价格指数"，求出以 2000 年为基期的价格平减指数，进而计算出固定资本形成总额的不变价。接着，运用公式 $K_{it} = K_{i,t-1}(1-\delta) + I_{it}$，其中 K_{it} 为当期物质资本存量，I_{it} 为平减后的当期固定资本形成总额，δ 则采用了张军（2004）提出的统一折旧率 9.6%，设定 2000 年的初始物质资本存量为当年固定资本形成总额除以 10%，并根据各辖市"固定资产投资总额"占所在省份的比重将总量划分到各城市。

（二）模型求解

本文以 288 个地级市空间量化模型中的基本单位，假设劳动力在区域之间完全流动，且不存在迁徙成本。对于每个区域（地级市），本文通过资本、劳动力数据计算地级市的全要素生产率 A_n；使用地级市城市建成区面积作为外生的土地供给变量（H_n）。此外，本文根据现有的实证文献为模型的参数选择中心值。首先，将土地在住宅消费支出中的份额（$1-\alpha$）设定为 25%，这与戴维斯和奥尔托 – 马涅（Davis & Ortalo – Magné，2011）的住房支出份额一致。其次，本文将替代弹性（σ）设定为 5，这意味着贸易流量对贸易成本的弹性为 $\sigma - 1 = 4$，与西蒙诺斯卡和沃（Simonovska & Waugh，2014）的估计一致。最后，本文假设贸易成本是有效距离的常数弹性函数（$d_{ni} = dist_{ni}^{\phi}$），这意味着贸易流量对有效距离的弹性为 $-(\sigma - 1)\phi$，因为贸易流量取决于 $d_{ni}^{-(\sigma-1)} = dist_{ni}^{-(\sigma-1)\phi}$。本文选择参数 ϕ 以匹配引力方程中使用区域间贸易数据得到的贸易流量对距离的弹性，$-(\sigma - 1)\phi = -1.5$。根据本文假设的 $\sigma - 1$ 的值，可得到 $\phi = 0.375$。公共品的挤占弹性取 $\beta = 1$（Flatters et al.，1974）。本文将中国 288 个地级市数据代入式（16），即表 1 中的外生变量（A_n，G_n，H_n，d_{ni}）和参数（σ，α，β，ϕ）。给定 2017 年劳动力的总供给 $\bar{L}$，则可确定每个区域 n 的均衡劳动力数量。图 1 展示了模型劳动力均衡解和真实数据的密度估计分布。该结果反映了：首先，基准解的分布基本符合我国地级市数据的经济客观状况，例如，城市劳动力的基本排序，印证了该模型的可靠性。其次，模型基准解有一定的预见性。从图 1 可知，较真实数据相比，基准解分布呈现更加明显的峰度，即劳动力在 100 万人左右的中等规模城市数量增加，且城市劳动力的极值增大，如上海人口超过 1800 万人（较数据 1346 万增加 25%）。该结果反映了城市化进程的均衡状态下劳动力的分布，且超大城市的承载能力还未达到极限。

表 1 模型变量说明及数据描述

变量名	含义	数据（数值）
E_n	总产出	地区生产总值（万元）
D_n	总需求	地区生产总值（万元）
Π_{ni}	贸易比例	%
d_{ni}	贸易成本	基于地级市间地理距离 $dist_{ni}$（公里）
L_n^d	劳动力需求	城市全社会从业人数（万人）
L_n^s	劳动力供给	城市全社会从业人数（万人）
λ_n	劳动力占比	%
P_n	价格指数	—
A_n	生产率	2000～2017 年城市平均全要素生产率（%）
w_n	工资	职工平均工资（元）
H_n	土地供给	城市建成区面积（平方公里）
$\bar{V}$	效用	—
G_n	政府支出	地方财政一般预算内支出（万元）
σ	商品替代弹性（贸易成本对贸易的弹性）	5
α	私人商品消费在消费支出中的份额	0.75
β	公共品的挤占弹性	1
ϕ	贸易成本的距离衰减系数	0.375

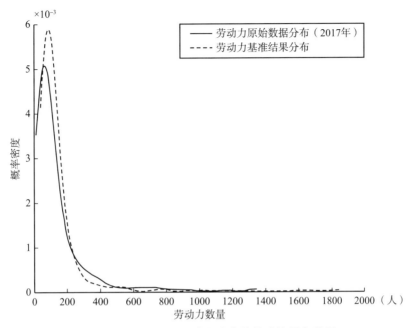

图1　288个地级市劳动力分布的基准结果和数据

（三）反事实分析

在均衡模型获得求解之后，本节建立在结构模型参数和数据基础上进行了反事实分析，用于评估财税政策措施效果。反事实分析可运用戴科（Dekle et al.，2007）引入定量国际贸易文献的"精确帽子"（Exact - Hat）方法进行。本文将变量（A_n，G_n，H_n，d_{ni}）在2017年取值作为均衡条件开始。接下来，本文根据初始均衡中内生变量的观察值以及这些内生变量在两个均衡之间的相对变化来重写这些反事实均衡条件。本文用撇号表示变量的反事实值，用"帽子"表示变量在两个均衡之间的相对变化，例如，$\hat{x} \equiv x'/x$。采用这种"精确帽子"代数方法，本文可以使用这些均衡条件来求解内生变量的反事实变化，只需要初始均衡中内生变量的观察值，而不必求解高维的不可观测的地点基本面。本文运用以下四个关键假设，进行反事实分析。第一，数据中初始均衡内生变量的观察值，例如，工资（w_i）、劳动力（L_i）和双边贸易份额（π_{ni}）。第二，模型结构参数的值，例如，贸易成本对贸易的弹性（$\sigma - 1$）和占地空间在支出中的份额（$1 - \alpha$）。第三，比较静态假设，例如，由于新建交通基础设施而导致的双边贸易成本的假设相对变化（$\hat{d}_{ni} \neq 1$，对于某些 n, i）。第四，比较静态下某些地点特征保持不变的假设，例如，生产率、政府支出和土地供给保持不变的假设（$\hat{A}_n = 1$、$\hat{G}_n = 1$、$\hat{H}_n = 1$，对于所有 n）。

$$\hat{w}_i \hat{\lambda}_i w_i \lambda_i = \sum_{n \in N} \hat{\pi}_{ni} \hat{w}_n \hat{\lambda}_n \pi_{ni} w_n \lambda_n \tag{19}$$

$$\hat{\pi}_{ni} \pi_{ni} = \frac{\pi_{ni} \hat{\lambda}_i (\hat{d}_{ni} \hat{w}_i / \hat{A}_i)^{1-\sigma}}{\sum_{k \in N} \pi_{nk} \hat{\lambda}_k (\hat{d}_{nk} \hat{w}_k / \hat{A}_k)^{1-\sigma}} \tag{20}$$

$$\hat{\lambda}_n \lambda_n = \frac{\lambda_n \left[\hat{A}_n^\alpha \hat{G}_n \hat{H}_n^{1-\alpha} \hat{\pi}_{nn}^{-\alpha/(\sigma-1)} \right]^{\frac{\sigma-1}{\sigma(1-\alpha)+\beta(\sigma-1)-1}}}{\sum_{k \in N} \lambda_k \left[\hat{A}_k^\alpha \hat{G}_k \hat{H}_k^{1-\alpha} \hat{\pi}_{kk}^{-\alpha/(\sigma-1)} \right]^{\sigma(1-\alpha)+\beta(\sigma-1)-1}} \tag{21}$$

反事实分析一：分别令四个一线城市北京、上海、广州、深圳的政府支出 G 增加 10%，不改变其他城市的其他变量。分析结果表明：北京、上海、广州、深圳的劳动力净流入分别为 8.97%、8.91%、9.19% 和 9.13%；同时使得全国其他地级市人口净平均流出 0.38%、0.43%、0.18% 和 0.24%。该结果表明：首先，由于城市的规模和承载能力差异，即使同样的财政支出刺激政策也会带来不同的结果。其中广州得益于充裕的城市土地供给，在四个一线城市中获得了最大幅度的劳动力净流入。其次，由于城市规模经济的差异，上海在一线城市中的劳动力虹吸效应最大。

反事实分析二：富裕城市对贫困城市实施转移支付，即政府支出排名前 20 的地级市政府支出减少 10%，将该部分支出转移给排名靠后的地级市，经计算，共有靠后的 127 个地级市得到的政府支出和增加 10%。分析结果表明：首先，从富裕城市转移支付 10% 的政府支出会导致这些城市 5% ~ 8.6% 的劳动力流失。其次，转移支付不仅直接使得接收财政扶持的城市受惠（劳动力净流入 10% ~ 10.4%），同时还间接让不参与转移支付的地级市获得了 0 ~ 0.5% 的劳动力增长。该分析反映了转移支付对缩小地区收入差异的影响，印证了汉高等（Henkel et al., 2021）的结论。

四、应用与拓展

本节通过总结近期相关文献，对空间一般均衡中的公共部门设定进行了拓展，以对具体的研究问题进行指导。本节从地方政府转移支付、地方政府税收竞争、地方政府支出竞争三个角度对空间一般均衡模型的应用进行了综述和分析。

（一）地方政府转移支付

许多国家中央政府通过将富裕地区的财政收入转移到贫困地区，以缩小区域的空间经济差距。然而，不少文献发现，转移支付会以牺牲效率以达到减小收入差距的目的，这加强了当前形势对加大地方财政自主的呼吁。汉高等（2021）使用一个包含多个不对称地区、劳动力流动性和高成本贸易的一般均衡模型来计算财政转移的总体影响。通过对德国的模型进行校准，本文发现，转移确实可以缩小地区间差距。然而，这是以国家产出下降为代价的，因为经济活动从核心城市转移到生产率低的偏远地区。该研究定义转移支付率 θ_n 为某一地区获得的转移支付数量与其总产出的比例，即地区得到的转移支付数量为 $\theta_n w_n L_n$。

$$G_n = (t_n + \theta_n) w_n L_n / P_n \tag{22}$$

私人部门总支出为：

$$E_n = (1 + \theta_n) w_n L_n \tag{23}$$

张莉和黄伟（2024）利用空间一般均衡模型量化了转移支付的产出和福利效应。理论机制表明，在地区间存在劳动力流动和产品贸易的条件下，转移支付面临总产出增长和地区间人均公共服务差距缩小的权衡。该研究假设了中央政府的目标函数，并假定地方政府同时关心本地实际总产出和居民总福利，且不同区域存在异质性。该研究进一步假设地方政府的收入来源包括本地税收、本地土地租金收入和来自中央政府的转移支付。

（二）地方政府税收竞争

地方政府间的税收竞争，其核心在于地方政府运用税收策略来间接影响生产要素的市场定价机制，吸引生产要素向本地流动，从而达到其政策目标。其中，土地财政是近年来财税竞争的热点问题。土地引资竞争，作为土地财政的一种表现形式，主要体现为地方政府采取两种策略：一是通过扩大土地供应规模；二是通过降低土地使用成本，以此来吸引工业资本的入驻。从土地供应的角度来看，我国实行的是政府主导的城市土地一级市场管理制度，即所有单位进行建设所需的土地必须是国有土地。这一制度赋予了地方政府在区域土地市场上的独特地位，使其成为土地的唯一供应者、管理者和调控者。在此框架下，地方政府能够直接通过增加工业用地的供应量，来参与并影响土地引资的竞争，从而扩大自身在吸引工业投资方面的优势。

法里古巴姆等（2019）考虑了包含个人所得税、企业所得税、销售税的联邦－州二级税收系统，发现美国各州税收的差异导致了福利损失，统一税率可以在一定程度上改善资源配置，提高总体福利水平。周慧珺等（2024）构建了包含中央政府和地方政府的两地区多部门波动模型，分析了地方政府竞争机制在房产需求冲击传导和溢出中扮演的角色。曹清峰和王家庭（2015）研究了不同房产税对城市内部的一般均衡的影响，发现当土地税率比建筑物税率高时，居民是政策调整的主要受益群体，提高土地相对于建筑物的税率，往往能增进整体福利。同时，社会总福利在城市内部展现出明显的空间差异性。此外，地方政府通过降低税率激励资本、人力资源等生产要素从而获得竞争力。莫雷蒂和威尔逊（Moretti & Wilson，2017）量化了顶尖科学家的迁移模式对美国各州个人和企业税收差异变化的敏感程度，发现减少个人税收和企业税收对顶尖科学家的迁入有着稳定且积极的影响。储德银等（2024）构建了一个存在禀赋差异的二区域模型，地方政府选择最优税率在地方预算的约束下最大化产出。研究揭示，地方政府间的税收竞争显著加剧了地区间居民收入的不平等，呈现出逆向的公平分配效果。这一不平等主要通过资本分布的不均衡作为中介机制进行传导。

（三）地方政府支出竞争

地方政府的支出包括两部分：一是为本地居民提供公共服务而产生的民生性支出；二是为提升本地生产率而产生的生产性支出。陈晓佳和徐玮（2024）采用量化空间经济学理论，构建数据要素的生产、交易和投入模型，将数据要素纳入生产函数中。在"效率—结构—速度"的分析框架下，采用结构化检验方法，定量分析数据要素如何影响产业结构升级，并采用比较静态方法研究交通与数据要素协同效应，加速这一产业结构升级。徐超等（2020）使用 2002 年所得税分享改革作为准自然实验，探究了地级市层面财政压力的外生变化，并发现所得税分享改革给城市带来的相对财政压力，可以显著提升地方政府的支出效率。

五、结论与政策建议

本文基于空间一般均衡理论，提出了一个含有地方政府、生产、居民多部门的城市竞争模型，并采用中国 288 个地级市的面板数据进行实证分析，研究地方财政收入约束下的城市竞争力问题。研究发现，地方政府可以通过提供公共服务形成对居民和企业的竞争，从而提升城市竞争力和实现要素净流入。但各城市在劳动力规模、经济总量、文化传统等方面存在明显差异，相同的财政政策会在不同城市产生异质性影响。同时，由于城市间存在要素流动，地方政策除了影响本地，还会对其他城市产生溢出效应。本文基于该模型，提出了在地方财政约束下，以城市不同的要素净流入，作为城市竞争力的多维度动态评价体系。

基于上述研究结果，本文认为，在新时代高质量发展背景下，应从以下几个方面推进中国城市竞争力提升：第一，深化财税体制改革，优化中央与地方财政关系，在加大对欠发达地区的均衡性转移支付的同时，应当注重效率，注重地方产业按照比较优势发展。第二，因城施策，推进公共服务均等化，根据不同城市发展阶段、资源禀赋等条件，有针对性地加大教育、医疗、养老、文化等领域的公共投入，增强城市综合承载力和吸引力。第三，促进要素资源优化配置，建立统一开放、竞争有序的要素市场，推动劳动力、资本等生产要素跨区域自由流动，最大限度激发市场活力和社会创造力。第四，加强区域协调发展，完善区域政策，发挥中心城市辐射带动作用，推动城市群一体化发展，提升区域整体竞争力。第五，提振服务业和消费经济，扩大税源，增加地方政府的自主收入渠道。因此，需要中央与地方协同发力，发挥好市场机制和政府作用，不断完善城市治理体系，持续增强城市可持续发展能力，努力在促进区域协调发展中实现共同富裕。

参考文献

[1] Weber A, Friedrich C J. Alfred weber's theory of the location of industries [M]. Chicago: University of Chicago Press, 1929.

[2] Hotelling H. Stability in competition [J]. The Economic Journal, 1929, 39 (153): 41 - 57.

[3] North, D.C. Location theory and regional economic growth [J]. Journal of Political Economy, 1955, 63 (3): 243 - 258.

[4] Tiebout C M. A pure theory of local expenditures [J]. Journal of Political Economy, 1956, 64 (5): 416 - 424.

[5] Wallerstein, I. The Modern World - System I: Capitalist Agriculture and the Origins of the European? World - Economy in the Sixteenth Cen-

tury（Vol. 1）［M］. Los Angeles：University of California Press，2011.

［6］Sassen S. The global city：New York，London，Tokyo，2013.

［7］Porter M E. The competitive advantage of nations［M］. Free Press，1990.

［8］Cooke P，Uranga M G，Etxebarria G. Regional innovation systems：Institutional and organisational dimensions［J］. Research Policy，1997，26（4 – 5）：475 – 491.

［9］Krugman P. Increasing returns and economic geography［J］. Journal of Political Economy，1991，99（3）：483 – 499.

［10］Glaeser E L，Kolko J，Saiz A. Consumer city［J］. Journal of Economic Geography，2001，1（1）：27 – 50.

［11］Ni P. The global urban competitiveness report – 2011［M］. Edward Elgar Publishing，2012.

［12］朱希伟，朱胡周. 量化空间经济学研究进展［J］. 经济地理，2022，42（12）：1 – 12.

［13］Rosen H S. Housing decisions and the us income tax：An econometric analysis［J］. Journal of Public Economics，1979，11（1）：1 – 23.

［14］Roback J. Wages，rents，and the quality of life［J］. Journal of Political Economy，1982，90（6）：1257 – 1278.

［15］Allen T，Arkolakis C. Trade and the topography of the spatial economy［J］. The Quarterly Journal of Economics，2014，129（3）：1085 – 1140.

［16］Armington P S. A theory of demand for products distinguished by place of production［J］. Staff Papers – International Monetary Fund，1969：159 – 178.

［17］Redding S J，Rossi – Hansberg E. Quantitative spatial economics［J］. Annual Review of Economics，2017（9）：21 – 58.

［18］Eaton J，Kortum S. Technology，geography，and trade［J］. Econometrica，2002，70（5）：1741 – 1779.

［19］Desmet K，Rossi – Hansberg E. Spatial development ［J］. American Economic Review，2014，104（4）：1211 – 1243.

［20］Moretti E. Real wage inequality ［J］. American Economic Journal：Applied Economics，2013，5（1）：65 – 103.

［21］Kleinman B，Liu E，Redding S J. Dynamic spatial general equilibrium ［J］. Econometrica，2023，91（2）：385 – 424.

［22］Diamond R. The determinants and welfare implications of us workers' diverging location choices by skill：1980 – 2000 ［J］. American Economic Review，2016，106（3）：479 – 524.

［23］Fajgelbaum P D，Gaubert C. Optimal spatial policies，geography，and sorting ［J］. The Quarterly Journal of Economics，2020，135（2）：959 – 1036.

［24］Albouy D，Behrens K，Robert – Nicoud F，Seegert N. The optimal distribution of population across cities ［J］. Journal of Urban Economics，2019，110：102 – 113.

［25］Hendricks L，Schoellman T. Human capital and development accounting：New evidence from wage gains at migration ［J］. The Quarterly Journal of Economics，2018，133（2）：665 – 700.

［26］周慧珺，傅春杨，王忏. 地方政府竞争行为、土地财政与经济波动 ［J］. 经济研究，2024，59（1）：93 – 110.

［27］陈晓佳，徐玮. 数据要素、交通基础设施与产业结构升级——基于量化空间一般均衡模型分析 ［J］. 管理世界，2024，40（4）：78 – 98.

［28］梁涵. 基于空间一般均衡理论的土地要素对经济影响机制研究 ［J］. 统计与决策，2019，35（6）：41 – 45.

［29］钟粤俊，奚锡灿，陆铭. 城市间要素配置：空间一般均衡下的结构与增长 ［J］. 经济研究，2024，59（2）：59 – 77.

［30］Fajgelbaum P D，Morales E，Suárez Serráto J C，Zidar O. State taxes and spatial misallocation [J]. The Review of Economic Studies, 2019, 86 (1): 333 – 376.

[31] 朱军, 许志伟. 财政分权、地区间竞争与中国经济波动 [J]. 经济研究, 2018, 53: 21 – 34.

[32] 储德银, 迟淑娴, 刘俸奇. 地方政府税收竞争助推了经济发展不平衡吗——基于劳动力流动的视角 [J]. 经济学动态, 2023: 51 – 71.

[33] 周慧珺, 傅春杨, 龚六堂. 人口流动、贸易与财政支出政策的地区性配置 [J]. 中国工业经济, 2022: 42 – 60.

[34] 赵扶扬, 陈斌开. 土地的区域间配置与新发展格局——基于量化空间均衡的研究 [J]. 中国工业经济, 2021: 94 – 113.

[35] Ahlfeldt G M, Redding S J, Sturm D M, Wolf N. The economics of density: Evidence from the berlin wall [J]. Econometrica, 2015, 83 (6): 2127 – 2189.

[36] Henkel M, Seidel T, Suedekum J. Fiscal transfers in the spatial economy [J]. American Economic Journal: Economic Policy, 2021, 13 (4): 433 – 468.

[37] Anderson J E, van Wincoop E. Gravity with gravitas: A solution to the border puzzle [J]. American Economic Review, 2003, 93 (1): 170 – 192.

[38] Fujimoto T, Krause U. Strong ergodicity for strictly increasing nonlinear operators [J]. Linear Algebra and Its Applications, 1985, 71: 101 – 112.

[39] Helpman E. General Purpose Technologies and Economic Growth [M]. MIT Press, 1998.

[40] 张军, 吴桂英, 张吉鹏. 中国省际物质资本存量估算: 1952—2000 [J]. 经济研究, 2004 (10): 35 – 44.

[41] Davis M A, Ortalo – Magné F. Household expenditures, wages, rents [J]. Review of Economic Dynamics, 2011, 14 (2): 248261.

[42] Simonovska I, Waugh M E. The elasticity of trade: Estimates and

evidence [J]. Journal of International Economics, 2014, 92 (1): 34 –50.

[43] Flatters F, Henderson V, Mieszkowski P. Public goods, efficiency, and regional fiscal equalization [J]. Journal of Public Economics, 1974, 3 (2): 99 –112.

[44] Dekle R, Eaton J, Kortum S. Unbalanced trade [J]. American Economic Review, 2007, 97 (2): 351 –355.

[45] 张莉，黄伟. 转移支付的福利效应：基于空间一般均衡框架 [J]. 财贸经济，2024，45 (7): 5 –22.

[46] 曹清峰，王家庭. 不同房产税制的福利效应——基于城市空间一般均衡模型的模拟分析 [J]. 财贸研究，2015 (26): 94 –102.

[47] Moretti E, Wilson D J. The effect of state taxes on the geographical location of top earners: Evidence from star scientists [J]. American Economic Review, 2017, 107 (7): 1858 –1903.

[48] 储德银，纪凡，刘俸奇. 税收竞争、资本流动与收入不平等 [J]. 经济研究，2024 (59): 88 –106.

[49] 徐超，庞雨蒙，刘迪. 地方财政压力与政府支出效率——基于所得税分享改革的准自然实验分析 [J]. 经济研究，2020 (55): 138 –154.

A Quantitative Framework on Urban Competition Research: Spatial General Equilibrium Models Using China's Prefecture – Level Data

Dai Xieer, Cao Jie

(School of Economics, Shenzhen University, Shenzhen 518055)

Abstract: The paper employs a spatial general equilibrium model encompassing production, residents, and local government sectors, using Chinese prefecture-level panel data to explore urban competitiveness from the perspective of local governments. According to the Tiebout hypothesis, local governments can compete for residents by offering public services, thereby optimizing the supply of public goods. This study identifies the net inflow of factors such as labor and capital as key indicators of urban competitiveness and uses factor inflow growth as a benchmark for local government development strategies within the constraints of fiscal revenue. The paper analyzes panel data from 288 Chinese prefecture-level cities to determine equilibrium labor distribution and conducts counterfactual simulations of government expenditure adjustment policies. Additionally, it introduces advanced research on fiscal and taxation issues globally and discusses the model's applicability to current domestic policies.

Key Words: urban competitiveness; spatial general equilibrium; competition for public services; fiscal and taxation reform

培育发展新质生产力的
城市行动策略研究

——基于深圳的实践观察

姚迈新*

（中共广州市委党校文献信息中心，广州 510070）

摘要： 在新的历史发展阶段，培育和发展新质生产力关系到中国发展的大方向、大思路和大战略，对中国未来发展将起到不可估量的深远影响和战略引领力。各地城市要科学把握新质生产力的概念、内涵和意义、着力点。基于近期中央印发的与新质生产力相关的文件、指导意见，以及深圳地方政府发展新质生产力的行动策略，研究如何加快提升城市政府发展新质生产力的能力：一是厘清逻辑起点：良好的制度供给；二是寻求核心驱动：关键的新技术突破；三是优化要素组合：创新性的效能提升。

关键词： 新质生产力；政府行动；实践观察

一、引言：新质生产力提出的时代背景

2022 年 10 月 16 日，习近平总书记在中国共产党的二十大报告中指出，"世纪疫情影响深远，逆全球化思潮抬头，单边主义、保护主义明

---

* 作者简介：姚迈新（1975—），女，副教授，研究方向为地方治理、城市社会学。

显上升，世界经济复苏乏力，局部冲突和动荡频发，全球性问题加剧，世界进入新的动荡变革期。""我国改革发展稳定面临不少深层次矛盾躲不开、绕不过，党的建设特别是党风廉政建设和反腐败斗争面临不少顽固性、多发性问题，来自外部的打压遏制随时可能升级。"概言之，中国正面临"百年未有之大变局"时代大背景，已进入冲击、挑战和机遇并存的历史新阶段，改革、开放与发展进入"深水区"。具体体现为：新兴经济体正在崛起，旧有力量日渐衰退，全球"东升西降"趋势明显，国际秩序进入重塑阶段等。

2018 年 5 月 28 日，习近平总书记在中国科学院第十九次院士大会、中国工程院第十四次院士大会上，发表《努力成为世界主要科学中心和创新高地》的讲话，指出"进入 21 世纪以来，全球科技创新进入空前密集活跃的时期，新一轮科技革命和产业变革正在重构全球创新版图、重塑全球经济结构"。从经济层面来看，一方面，世界主要经济体"逆全球化"现象愈演愈烈、技术变革方兴未艾，中国经济实现高质量发展面临一系列外部挑战，不确定性和治理复杂性日益加剧；另一方面，国内传统产业成本呈上升态势，经济增长动力不足，可持续发展与环境保护目标对中国经济实现绿色、高效发展提出了新要求，要求科学应对环境污染、气候变化和人口老龄化等严峻挑战。生物技术、信息技术和新能源技术等新科技将成为未来生产力发展的强大动力，并导致社会的大跃升，迫切要求对传统生产方式和社会结构进行相应调整。

2023 年 5 月 30 日，习近平总书记主持召开二十届中央国家安全委员会第一次会议，指出"当前我们所面临的国家安全问题的复杂程度、艰巨程度明显加大。国家安全战线要树立战略自信、坚定必胜信心，充分看到自身优势和有利条件。要坚持底线思维和极限思维，准备经受风高浪急甚至惊涛骇浪的重大考验"。为加强国家安全能力体系建设，必须以创新理论为引领，着力变革我国国家安全治理手段，以科技赋能优化力量布局。虽然 2010 年中国超越日本，已成为世界第二大经济体，并在经济发展、技术进步和环境治理等各个方面均取得了令世界瞩目的成就。但仍不容忽视的是，当前世界政治经济格局动荡不安，国内外环境复杂多变，大国博弈趋向于白热化，国际竞争环境日趋激烈，国际力量对比深刻调整，特别是俄乌战争、巴以冲突等事件，深刻凸显全球激烈竞争的态势。

基于以上背景，2024 年 1 月 31 日，习近平总书记在中共中央政治局第十一次集体学习上的讲话中，明确提出了"新质生产力"的基本概念——"新质生产力是创新起主导作用，摆脱传统经济增长方式、生产力发展路径，具有高科技、高效能、高质量特征，符合新发展理念的先进生产力质态"。

二、科学准确把握"新质生产力"：内涵、意义和着力点

（一）"新质生产力"的科学内涵

1. "创新"是新质生产力的核心内涵

"新质生产力"大致由三个"新"构成——"新制造"（以战略性新兴产业和未来产业为代表），"新服务"（以高附加值生产性服务业为代表），"新业态"（以全球化和数字化为代表），这些形成的聚合体就是新质生产力。新质生产力特别强调和突出各类创新元素，尤其重视"科技创新"，通过在产业转型升级、经济发展变革中着力引入新技术、新产品、新模式和新业态等创新元素，推动传统生产力实现革命性的跃迁。

2. "高质量发展"是新质生产力的根本导向

新质生产力不是抽象的概念，有其具体内容，即利用新技术全方位提升全要素生产率。高质量发展也并非空洞的标语或口号，当就经济工

作而言"高质量发展"一词时，可以用具体指标来加以界定或区分，例如，"提高全要素生产率"（包括劳动生产率等）。形成和发展新质生产力，不能局限于对既有生产力要素的修修补补，而是要通过对生产力的深层次变革，重塑生产力体系，为经济高质量发展提供更大的潜力空间。

3. 新质生产力高度重视未来产业

加快发展新质生产力，以科技创新引领现代化产业体系建设有新突破必须在转方式、调结构、提质量、增效益上积极进取。新质生产力注重以科技创新推动产业升级，尤其关切和着力未来产业，主要包括未来制造、未来材料、未来信息、未来空间、未来能源和未来健康等产业。

4. 新质生产力强调"虚实交融"

当前，新一轮科技革命正在孕育一种"虚实交融"的新型生产力。在虚实交融的环境下，人们的想象力和创造力得到了前所未有的释放和提升，畅通了现实世界与数智空间之间的连接，为经济社会的发展注入了新的活力。可见，新质生产力强调科技与人文相互促进交融，以实现从传统的单要素驱动向人本科技互融、多要素协同的经济样态转型。

5. 新质生产力倡导绿色发展

新质生产力注重以新技术推动碳达峰、碳中和，持续加强绿色产业体系建设，以形成绿色生产和生活方式。"相较于传统生产力，新质生产力具有颠覆性创新驱动、发展速度快、发展质量高等特点，是以智能技术和绿色技术为代表的新一轮技术革命引致的生产力跃迁。"[1]

6. 新质生产力注重劳动者与技术创新的"协同发展"

新质生产力回归价值本源，是马克思主义人学观的完整体现和实质性升华。它更为注重激发劳动者的智慧和创造性，促进人与社会的全面发展。这也是通过技术创新突破，激发劳动者的能动性和创造力，将马克思主义人学观落到实处，最终有利于人与社会的全面发展。

（二）新质生产力的意义和着力点

加快形成和发展新质生产力，对现阶段的中国具有重大的战略意义，即以实现经济高质量发展加快推进中国式现代化进程。第一，新质生产力的形成助推产业转型升级；第二，新质生产力的形成有利于实现绿色可持续发展；第三，新质生产力的形成推动区域均衡发展；第四，新质生产力的形成将加快形塑未来产业和空间；第五，新质生产力的形成将提升社会服务一体化水平；第六，新质生产力的形成有助于应对外部环境挑战与压力；第七，新质生产力的形成将巩固维护国家长期安全的实力。

2024 年 1 月 31 日，在中共中央政治局集体学习会议上习近平总书记明确指出，新质生产力培育和发展的着力点：一是科技创新。"科技创新能够催生新产业、新模式、新动能，是发展新质生产力的核心要素。"二是绿色可持续发展。"绿色发展是高质量发展的底色，新质生产力本身就是绿色生产力。"三是形成新型生产关系。"发展新质生产力，必须进一步全面深化改革，形成与之相适应的新型生产关系。"四是优化人才机制。"要按照发展新质生产力要求，畅通教育、科技、人才的良性循环，完善人才培养、引进、使用、合理流动的工作机制。"

综上所述，在实践层面，加快形成和发展新质生产力，指明了中央和地方经济发展的主动力源，赋予了产业升级优化以强劲的新动能，并将推动中国式现代化建设进程；在学术界，研究如何形成和发展新质生产力，将大大拓展和突破对生产力的认知，实现对传统观念的更替变革，例如，王国成、程振锋（2024）研究认为："从学理角度深入领会和解释阐发变革、升华和超载传统生产力的新质生产力……是观念的转变更替，认知的演进和跃迁，理论和实践的实质性突破"[3]。对国家战略政策发展而言，在新的发展格局中，形成和发展新质生产力将从根本上释放驱动高质量发展的持久动力。在新的历史阶段要认识到，新质生产力的提出关系到中国发展的大方向、大思路和大战略，对中国未来发展将起到不可估量的深远影响和战略引领力。

三、基于深圳的实践观察：新质生产力发展中的政府行动

（一）中央相关政策举措

近期，中共中央、国务院相关部委相继印发文件及指导意见，中央有关会议提出要求加快发展新质生产力（见表1）。

表1　　　　　　　　中央相关政策文件梳理

发布机构	政策文件	相关论述
中共中央、国务院	《中央经济工作会议公报》（2023年12月11～12日）	"要以科技创新推动产业创新，特别是以颠覆性技术和前沿技术催生新产业、新模式、新动能，发展新质生产力。"
工业和信息化部 教育部 科学技术部 交通运输部 文化和旅游部 国务院国有资产监督管理委员会 中国科学院	《工业和信息化部等七部门关于推动未来产业创新发展的实施意见》（2024年1月18日）	"以创新为动力，以企业为主体，以场景为牵引，以标志性产品为抓手，……积极培育未来产业，加快形成新质生产力，为强国建设提供有力支撑。"
新华社	《中共中央政治局召开会议 讨论政府工作报告 中共中央总书记习近平主持会议》（2024年2月29日）	"今年工作要坚持稳中求进、以进促稳、先立后破。……营造稳定透明可预期的政策环境。要大力推进现代化产业体系建设，加快发展新质生产力。"
十四届全国人大二次会议	《2024年国务院政府工作报告》（2024年3月5日）	"大力推进现代化产业体系建设，加快发展新质生产力……不断塑造发展新动能新优势，促进社会生产力实现新的跃升。"

续表

发布机构	政策文件	相关论述
国家发展和改革委员会	《关于2023年国民经济和社会发展计划执行情况与2024年国民经济和社会发展计划草案的报告》（2024年3月5日）	"以科技创新引领现代化产业体系建设，加快形成新质生产力。一是提升科技创新能力。二是加快传统产业转型发展和优化升级。三是积极培育发展新兴产业和未来产业。……六是加快建设现代化基础设施体系。"

（二）地方政府行动策略——对深圳的观察

1. 着力政策部署"新质生产力"，推动经济高质量发展

北京、上海、深圳、广州和杭州等超大城市均将"新质生产力"正式写入2024年政府工作报告，并将加快发展新质生产力作为2024年的工作重点。其中，深圳重点提出要"努力在发展新质生产力上冲在前、走在先"（见表2）。

表2　　　　　　　　　　深圳相关政策文件

发布机构	政策文件	相关论述
深圳市人民政府	《2024年深圳市人民政府工作报告》（2024年1月30日）	"增强产业体系完整性、先进性、安全性。实施战略性新兴产业集群能级提升工程……实体经济是发展之本，制造业是强市之基，我们要加快建设全球领先的重要的先进制造业中心，努力在发展新质生产力上冲在前、走在先，站上全球科技产业发展之巅。"

2. 因地制宜布局新兴产业，加快形成和发展新质生产力

深圳结合自身实际和禀赋，系统部署、精准谋划，精心规划、布局新兴和未来产业。通过调整和优化产业结构，着力培育新的发展优势与新动能，力争在新赛道和新的竞争格局中，占据新的发展优势，加快形

成和发展新质生产力。2022 年，深圳出台专门意见，指出要着力培育发展战略性新兴产业集群和未来产业，并重点发展 20 个战略性新兴产业集群（以先进制造业为主），布局谋划八大未来产业。2023 年，深圳战略性新兴产业增加值较往年增长 8.8%，占地区生产总值比例提高至41.9%。国家级"小巨人"（专精特新）企业居全国城市第二位，达到742 家。2023 年，新增国家高新技术企业 1615 家，总量达到 2.47 万家。2024 年 3 月，深圳根据自身实际和国内外产业集群发展动态，专门发布新方案，对 2023 年版的"20＋8"产业集群门类加以调整，实施分类培育发展。目前，深圳"20＋8"产业集群 2.0 版本，已成为深圳加快形成和发展新质生产力的关键抓手。

3. 推动体制机制改革创新，为新质生产力提供有力支撑

深圳近年来落实全面深化改革战略思路，以体制机制改革推动生产要素创新性配置，统筹推进体制机制一体化改革，加快形成支撑全面创新的基础制度和环境，引导生产要素沿着新质生产力发展方向顺畅流动，将深圳打造成为全方位创新之城。例如，探索特殊工时管理制度，以适应新技术、新业态、新产业和新模式发展需要；加快深圳一体化公共数据管理服务平台建设，持续优化"一数一源一标准"治理，以全面提升数据生产要素的共享利用水平；探索完善生产要素由市场评价贡献、按贡献决定报酬的机制，探索建立推动科技创新进步的薪酬分配和长效激励约束机制；持续完善数字知识产权财产权益保护制度；建立市场起决定性作用的科技项目遴选、经费分配和成果评价机制；统筹优化关键核心技术的攻关机制，加强央地协同和省市联动；探索建立企业研发准备金制度，推动企业构建加大研发投入的机制；完善企业加强长期投入的制度体系，以企业和高校、产业链上下游和科研院所深度合作为基础，打造面向研发创新的任务型联合体，等等。

4. 加强科技创新和产业创新协同，促进新质生产力发展

深圳深入贯彻中央"以科技创新引领现代化产业体系建设"的要

求，牢牢抓住新一轮科技革命和产业变革机遇，激发新技术潜能，尤其重视颠覆性技术和前沿技术在培育新质生产力中的作用，以科技创新推动产业创新。深圳面向世界科技前沿，科技创新"硬核力"持续强化。2024年1月30日，深圳市政府工作报告中明确提道："实施170个'深研'重点项目，开展312个技术攻关项目，深圳科研机构牵头成功绘制人体免疫系统发育图谱，EDA等软件国产化取得阶段性成果。深圳成为首批国家知识产权保护示范区建设城市，获中国专利奖97项，牵头和参与制定国际标准219项、国家和行业标准632项。建成并投入试运行合成生物、材料基因组等大科学设施，开工建设自由电子激光、特殊环境材料、国家超算深圳中心二期等大科学设施。设立深圳医学科学院。获批建设国家生物制造产业创新中心，揭牌成立细胞产业关键共性技术国家工程研究中心。加快建设粤港澳大湾区（广东）量子科学中心、国际量子研究院，量子纠错、量子计算等研究实现新突破。新增全国重点实验室3家、国家企业技术中心8家、中小试验基地23个。"① 深圳围绕发展新质生产力，以"硬核"科技创新引领产业升级转型，走在了全国前列。例如，深圳市坪山区举办的"深圳国际生物医药产业高峰论坛"，已成为国内外生物医药、健康前沿技术、人才和龙头企业的汇聚平台，它将政、产、学、研和投等生产要素深度融合，促进了深圳在生物医药领域"研发+转化+生产"全链条生态体系的形成，产学研合作得到不断深化，新技术与新产业协同共进，夯实了新质生产力发展的技术与产业基础。

5. 依托人才发展战略，打造新质生产力核心引擎

围绕人才引进、培养、使用、激励等各个方面，深圳等国内大城市纷纷出台具体办法，着力构建具有一流竞争力的人才高地，优化人才发展环境，夯实新质生产力的人才基础。深圳坚定不移地推动实施创新驱

---

① 2024年深圳市人民政府工作报告［EB/OL］.［2024 - 02 - 07］. https：//www. sz. gov. cn/szzt2010/wgkzl/jggk/lsqkgk/content/post_11142745. html.

动发展战略，促进人才链与创新链产业链资金链深度融合，充分发挥一流科技领军人才和创新团队，以及与产业发展相适应的高技能人才队伍作用，将战略性新兴产业、未来产业的发展与人才队伍建设充分结合，以推动形成新质生产力。2023 年 11 月，深圳出台专门意见，从"不唯地域引进人才，不问出身培养人才，不求所有开发人才，不拘一格用好人才，不遗余力服务人才"五个方面，制定更加积极、更加开放、更加有效的人才政策，为深圳加快建设具有全球重要影响力的产业科技创新中心、形成和发展新质生产力提供坚强人才支撑。近年来，深圳市高度重视高水平研究型大学建设，通过平台搭建、团队组建和课题攻关等，培养了大批拔尖创新人才；大力突破"学科化、院系制"的旧有人才培养模式，通过校企协同打造人才培育新平台；为更充分地提升技术型人才的市场价值，激发科技人才的创新潜能，着力完善人才培养和使用等工作机制。2023 年，深圳新引进人才入户 15.67 万人，两院院士新当选人数 4 人，外籍院士新增 2 人，高水平创新队伍新增 31 个，超过 2000人进入高层次人才梯队，3.2 万人新列高技能人才行列，研发人员数量较往年增长 7.1%，全时当量共计 36.4 万人/年。

四、培育发展新质生产力的城市行动路径

"新技术、新要素与新结构是理解新质生产力的三重维度。"[2] 分析深圳市培育和发展新质生产力的多种举措，不难发现，其关键指向包括以下几个方面：一是顶层设计；二是产业布局；三是制度优化；四是创新协同；五是人才高地打造。深圳培育和发展新质生产力的做法充分说明，新质生产力区别于依靠劳动力、土地、资本等驱动的传统生产力，它是新技术（包括颠覆性技术、数据技术等）介入生产过程，以及各类生产要素高效重组后的新型形态的生产力，目标指向于大幅提升全要素生产率。加快发展新质生产力，各地城市首先应当认识和建立起新质生

产力的整体分析框架（见图1），并正确把握新质生产力在发展中的政府责任。

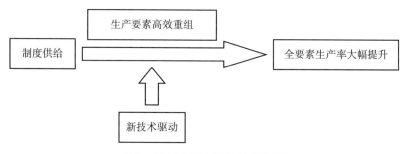

图1　新质生产力整体分析框架

由图1可知，与新质生产力关联的重要因素包括：制度供给（逻辑起点）；新技术（驱动要素）；资本、劳动和土地等生产要素（中间重组因素）；全要素生产率（目标指向）。企业、大学、科研院所等研发机构是新质生产力发展的直接主体，城市政府虽非科技创新主体，也并不能直接解决重大关键核心技术问题，但需要认识到，政府在培育和发展新质生产力中担负着重要角色，在制度供给、生产要素重组和技术驱动等各方面，都承担着不可或缺的责任。

（一）厘清逻辑起点：良好的制度供给

新质生产力从本质而言，是先进形态的生产力，主要的催生因素包括技术、生产要素和产业结构，具体而言，即要推动生产要素的创新性重组、实现技术的革命性跃迁、产业结构的升级转型。形成和发展新质生产力，必须进一步全面深化改革，破除要素配置的体制性壁垒和机制性梗阻，推动经济体制、科技体制和市场体系等制度层面的创新，形成与新质生产力相适应的新型生产关系。为激发企业的创新活力，鼓励创新型人才"喷涌"而出，一个基本认识是——城市政府应当夯实市场体系有效运转的基础制度（建立市场运行规则、保护知识产权和建立各种标准等），为企业营造市场化、法治化和国际化的营商环境，让市场在配置资源中发挥决定性作用，把技术创新创造的空间交给企业。良好的市场经济环境，有利于人才、技术、企业的发展与壮大，有利于新技术诞生后并落地投入产业化。此外，政府应从各个角度（如财政、货币和数据等）提供政策支持，稳定市场预期、增强企业信心，同时提高生产要素的利用效率和价值创造能力。"为了进一步激发新质生产力的活力，政府需要不断优化和完善政策体系，提供全方位的政策支持"。[3]例如，优化财政和货币政策，为市场主体提供充足必要的财政支持和信贷便利；抓住未来产业发展的战略机遇期，地方政府要制定支持未来产业发展的指导性文件，鼓励发挥区位优势先行先试；出台政策，确保产业链和供应链稳定，并促进信息、技术和资源等跨行业、跨领域融合发展等。

（二）寻求核心驱动：关键的新技术突破

发展新质生产力，一是要加强科学技术研发创新，二是要及时推动最新科技创新成果转化，力求持续形成发展新产业、新业态和新模式，为经济高质量发展不断开辟新赛道、增强新动能、塑造新优势。新质生产力的核心驱动力来自新技术，一方面，企业等市场主体是新技术研发与应用的重要方面；另一方面，政府作为间接主体，在新技术研发与深化应用的过程中，可以起到关键的支持作用。一是准确识别未来产业和关键技术。领导干部在推动政府寻求新质生产力核心驱动过程中，要用需求工程、技术推动、场景驱动等方法，提出重大关键技术的问题，并研究确定所在区域的未来产业类型和关键技术领域，适时出台技术专项发展规划，优化产业结构和产业链布局。二是加大资金支持力度。针对未来新兴产业加大研发投入，引领重大技术攻关，实现关键技术突破，助力推广新技术的产业应用。三是形成技术发展的良好空间格局。鼓励区域中重点区位发挥技术先行优势，以一域带全局，为新技术突破营造创新策源、资源保障和产业承载的多层次空间格局。四是组建政企联合平台。在政府主导和主动作为下，建立政府与企业创新联合体，加快促进新技术成果转化成现实生产力，为技术驱动创造有为政府和有效市场相配合的良好条件。

（三）优化要素组合：创新性的效能提升

新质生产力超越了传统生产力的简单优化与量变迭代，生产要素创新性配置是实现全要素生产率大幅提升的中间环节，意味着劳动者、劳动资料和劳动对象这三大生产要素在技术驱动之下，实现优化组合。第一，技术创新突破原有技术的局限，劳动者因而能够使用到海量数据和超越以往的巨大算力，进而大幅提升生产能力；第二，高新技术的产业应用带来了生产工具各方面性能的提升，催生和释放出更大的生产效能；第三，科技创新大幅拓展劳动对象的种类和形态，推动全要素生产率的大幅提升。颠覆性创新已经成为世界主要国家推动经济社会发展和提升国家竞争力的重要"利器"。[4]政府部门在推动优化要素组合方面，重点在于采取措施，以突破旧有利益格局、规则以及流程、行为方式等方面存在的瓶颈与难题，为各要素互融互通创造条件，充分解放和发展新质生产力。例如，在科技资源配置方面可以作出重点安排，组建和完善政产学研集成的科技资源战略联盟；"不同于大众化的创新主体，科学家是高水平科技自立自强的代表"[5]。在人才队伍培养使用方面，要着力于优化人才结构、空间布局，积极培育高质量技能劳动者，优化人才评价、考核和使用规则；在战略科技力量建设方面，加快培育壮大高水平研究型大学、科技领军企业等，并推动和激活战略科技力量体系化高效协同发展，以加快实现高水平科技自立自强；在重大关键核心技术攻关方面，要强化各类技术开发计划之间的统筹协调，系统化布局攻关任务，等等。

参考文献

［1］刘立云，孔祥利．新质生产力与新型生产关系的双向度变革研究［J］．西安财经大学学报，2024（4）：36．

［2］李杏，戴一鑫．新发展阶段提升我国新质生产力的创新战略［J］．江苏社会科学，2025（1）：152．

［3］王国成，程振锋．新质生产力与基本经济模态转换［J］．当代经济科学，2024（3）：77．

［4］方晓霞，李晓华．颠覆性创新、场景驱动与新质生产力发展［J］．改革，2024（4）：31．

［5］周文康，高水平科技自立自强助推新质生产力形成发展：理据、优势与进路［J］．技术经济，2024（4）：24．

Research on Urban Action Strategies for Cultivating and Developing New Forms of Productivity: Based on Practical Observations in Shenzhen

Yao Maixin

(Document and Information Center, Guangzhou Party School of the CPC, Guangzhou 510070)

Abstract：In the new historical stage of development, cultivating and developing new forms of productivity is crucial to China's overall direction, vision, and strategy, exerting immense and far-reaching impacts and strategic guidance on China's future development. Cities across the country should scientifically grasp the concept, connotation, significance, and focal points of new forms of productivity. Based on recent central government documents and guidance related to new forms of productivity, as well as the action strategies of the Shenzhen local government for developing new forms of productivity, this study explores how to accelerate the enhancement of urban governments' capabilities in developing new forms of productivity: first, clarifying the logical starting point: sound institutional supply; second, seeking the core driver: key technological breakthroughs; third, optimizing factor combinations: innovative efficiency improvements.

Key Words: new forms of productivity; government actions; practical observations

城市与区域

中国城市对外贸易风险的多情景评价与区域战略应对研究[*]

苏　宁　胡晓鹏　杨碧舟[**]

（上海社会科学院 世界经济研究所，上海 200020）

摘要：在美国提出所谓"战略竞争"与"去风险化"策略的背景下，叠加地缘政治变化因素影响，中国经济面临外部环境的不确定性显著增强，对于已经全面嵌入全球经贸网络的中国城市来说，风险的识别与判断显得格外重要。本文对我国主要城市对外贸易风险的定义、分类和度量标准进行了研究，并确立了以城市对美直接贸易规模和城市对其他贸易国与美国的连接紧密度为依据的风险调整系数，通过对国内主要城市贸易数据的统计整理，客观评价了城市对外贸易产生的对国家和对城市自身的风险水平。在此基础上，结合双循环新发展格局的要求，明确了城市对外贸易的优化方向和降低风险的区域战略应对思路建议。

关键词：城市；对外贸易；风险评价；区域战略；双循环

一、引论：新发展格局下的经济安全与城市贸易风险

2020 年 10 月，中共十九届五中全会上正式提出了"加快构建国内

---

　*　基金项目：国家社会科学基金项目（18BGJ019）——"'一带一路'新兴战略支点城市发展路径研究"；上海市哲学社会科学基金项目（2021BJB009）——"虹桥国际开放枢纽连接'双循环战略的思路研究'"

　**　作者简介：苏宁（1977—），男，副研究员，研究方向为全球城市理论与国际大都市比较；
　胡晓鹏（1975—），男，研究员，研究方向为产业经济与区域经济；
　杨碧舟（1997—），男，博士研究生，研究方向为区域经济学。

大循环为主体、国内国际双循环相互促进的新发展格局"的论断，2022年10月，党的二十大报告中，进一步明确了"加快构建新发展格局"的重要目标。[1]这是统筹考虑"十四五"规划与2035年远景目标后对我国经济发展战略和路径做出的重大调整完善，是着眼于我国长远发展的重大战略部署。我国作为世界第二大经济体、制造业第一大国、货物贸易第一大国、商品消费第二大国、外资流入第二大国，外汇储备连续多年位居世界第一，长期以来积累起来的国际经济互动经验为我国实现国内国际双循环互促提供了有利条件。在循环的属性问题上，应当认识到，内循环不是"自循环""单循环"。时任国务院副总理刘鹤提出："国内大循环绝不是自我封闭、自给自足，也不是各地区的小循环，更不可能什么都自己做，放弃国际分工与合作。要坚持开放合作的双循环，通过强化开放合作，更加紧密地同世界经济联系互动，提升国内大循环的效率和水平。"[2]这即是说，以内需升级为基础，继续推动更大范围、更宽领域、更深层次的对外开放，并以高水平外部合作促进国内经济体系的高质量发展是双循环互促发展的应有之义。

目前，关于双循环新发展格局的研究已经非常丰富，但在本文看来，我国构建新发展格局过程中采取怎样的战略思路以及具体实施步骤，与国内经济安全问题有着密切的联系。在当前世界进入新的动荡变革期的条件下，如何在发展过程中确保安全，防范风险已成为需要我国必须直面解决的战略性问题，在党的二十大报告中，明确提出"以经济安全为基础"，并91次提及"安全"，16次提及"风险"，反映出对这一问题的高度关注与推进决心。[1]立足这一基点探究双循环互促，经济安全是一个如影相随的问题。两者如同一个硬币的两面。构建新发展格局是否能够成功在很大程度上取决于经济安全是否能够得到保障，从这一视角来看，保证经济安全是实施内外双循环互促发展的必要条件之一，正因如此，我们既要关注国内经济大循环自身固有的安全问题，也要关注国外经济循环输入风险或者放大国内风险的问题。特别在未来一个阶段中国经济发展所处外部环境遭受来自美国及其紧密伙伴国压力日益加大的趋势下，双循环互促必须立足在"以内需促进外需，以外需服务内需"与"安全和效率共同兼顾"两者平衡推进的要求之下。

围绕中国经济安全发展的关注视角较多，本文侧重聚焦城市层面上的贸易安全问题。因为，伴随着经济全球化的波动和全球经济环境不确定性的增强，势必引发中国对外贸易总量规模的非稳定性波动，进而影响中国的产业供求状态以及中国在全球分工网络中的地位。由于调整对外供求关系和改变分工结构并非即时完成，所以当对外贸易剧烈波动以后势必引发区域产业链的连锁反应，进而演化成为国家经济风险。这种非稳定性波动与风险，将首先传导至我国开放度与发展水平较高、已嵌入全球价值链体系的枢纽型城市，并具有对周边区域的连带影响。基于此，在本文中，我们将着力从学理层面上科学度量中国国内城市对外经贸联系中存在的风险水平，尤其是来自美国及其贸易伙伴国的风险概率，通过按照国家经济安全和城市经济安全两个维度的观察，将城市按照风险管理的重要性进行划分，这些结论将成为我们针对性调整对外经济以及产业网络依存关系的战略依据，以达到将中国对外贸易的国别格局扭转到以我国为主、可控的安全目标。

二、文 献 综 述

从学界的研究成果看，对双循环下城市对外贸易风险这一主题的探讨分布在经济学、城市学等多个领域，主要的相关研究视角可大体分为城市开放度与进出口结构问题研究、双循环内涵问题研究以及双循环背景下的城市区域作用研究三个层面。

（一）城市开放度与进出口结构问题

20 世纪 80 年代以来，经济全球化与全球城市化的互促推进，使学界对贸易、开放与城市发展间关系日益关注。保罗·克鲁格曼和劳尔·利瓦斯·埃利松多（Paul Krugman, Raul Livas Elizondo, 1996）认为，发展中国家的大都市快速发展与贸易政策有着重要的相关性。[3]阿尔贝托和爱德华·格莱泽（Alberto F. Ades and Edward L. Glaeser, 1995）以85个国家的数据分析与城市历史比较为基础，阐述了贸易与巨型城市发展的紧密联系，并提出低水平城市集聚度对低水平贸易的影响。[4]城市学界对世界城市（world cities）、全球城市（global cities）、世界城市网络（world city network）的研究中，也注意到世界城市、全球城市在全球商品贸易网络和服务贸易网络之间的作用，诸多研究成果均体现出多层次贸易与开放在跨国城市网络层面的特点（John Friedmann & G. Wolff, 1982; Saskia Sassen, 1991; Peter Taylor, 2004; Ben Derudder & Frank Witlox, 2010）[5-8]。中国加入世贸组织后，国内学界对中国城市对外开放度的研究逐步深化，谢守红（2007）从出口、资本等角度对中国34个中心城市的对外开放度进行了测算，并分析了对外开放度的区域差异。[9]刘昭云、魏后凯、朱晓龙（2009）对中国248个地级以上城市的经济外向度以及分类特征进行了研究。[10]孙楚仁、陈瑾（2017）对中国城市经济发展水平对城市出口多元化与采取的国际分工模式之间的关系进行了研究。[11]孙楚仁、覃卿、王松（2021）以城市中心性指标为核心，进一步研究了城市中心性对城市出口结构的影响以及与城市群发展水平的关系。[12]张震、刘雪梦（2019）则从经济发展动力、新型产业结构、交通信息基础设施、经济发展开放性、经济发展协调性、绿色发展、经济发展共享性等维度对我国副省级城市经济高质量发展进行了指标评价。[13]周春山、黄婉玲、刘扬（2018）对中国城市2004～2013年的经济开放度的时空动态演化趋势进行了分析，并提出了影响城市经济开放度区域差异的因素。[14]我国学者对于外部不确定经济因素对城市发展的制约高度关注，彭刚、张文铖、李光武（2020）基于我国地级市数据，采取 SYS - GMM 估计方法，分析了国际贸易对我国地区经济增长率的影响机制。[15]方行明、鲁玉秀、魏静（2020）对中欧班列对中国城市贸易开发度的影响进行了研究，并发现这种影响在区位与城市规模上的空间异质性。[16]

（二）双循环内涵问题

2020 年，双循环新格局提出后，学界对双循环的主要内涵进行了多角度的深入探讨。江小涓、孟丽君（2021）对我国内外循环的地位变化进行了梳理，并阐释了双循环的内涵以及内外循环互促的主要机理，提出内外双向集成全球资源，继续扩大开放促进更高水平双循环的主要策略。[17]沈国兵（2021）认为，双循环互促格局的形成，需要以多维政策协调推进全面开放，加快形成要素市场化配置，国内国际竞争有序统一的大市场。[18]董志勇、李成明（2020）在对历史溯源的基础上，提出双循环之间前提与保障的内在逻辑，以及推进结构性改革、更高层次开放型经济的政策导向。[19]黄群慧、倪红福（2021）从经济循环角度的测度表明，中国国内循环流量已占据主体地位，但循环的质量与驱动力问题是影响新格局形成的关键。[20]

（三）双循环背景下的城市区域作用

城市、都市圈、城市群等空间主体作为重要的经济社会运行承载平台，其在双循环新格局中的主要作用与发展趋势得到经济学、城市学等领域学者的高度关注。周绍东、陈艺丹（2021）则从空间经济与区域分工角度出发，探讨了双循环的供需对接空间区域以及主要通道，并提出可细化各次级区域、各省市、都市圈、城市群、经济带的双循环区域产业分工策略。[21]戴翔等（2021）、贺灿飞等（2022）、刘波等（2021）等学者对长三角、京津冀、成渝贵等城市群在双循环新格局下的协同发展以及产业链、价值链布局问题进行了研究，学者们普遍注意到，通过扩大开放推动城市区域高质量一体化，并通过区域市场整合促进国内市场畅通，具有促进双循环发展的重要作用。[22]

综合学界的研究成果，经济学、城市学等领域学者基于改革开放以来我国城市的对外合作实践，对城市开放度影响程度与主要机理进行了分析，在双循环新格局下，学者们普遍注意到城市在内外循环体系中的重要作用，并深化分析了我国城市长期积累的重要开放枢纽功能对于链接内外两个市场、配置内外两种资源的基础性作用。在学界研究基础之上，引入城市贸易风险视角，并探讨城市在双循环背景下对各地缘区域板块的经贸互动新策略，是对于既往城市开放度与当前双循环研究的有益补充与视角更新，具有理论与实践的探索价值。

三、定义与识别：城市贸易风险的两种类型与主要表现

风险即为不确定性，产生风险的原因虽然很多，但外部冲击无疑是诱发风险的主要变量。从城市角度来说，如果某一城市遭受严重的外部冲击，那么，城市风险可以表现为以下两种形式：一是对城市自身经济发展造成的损害；二是由该城市所在国的独特地位引发的对国家经济发展造成的损害。与此相对应，本文将第一种形式的风险称为城市个体风险，第二种形式的风险称为国家层面风险。

（一）城市贸易风险的分类

1. 城市贸易的国家风险来源于贸易规模的国家占比

伴随着经济全球化的快速推进，世界各国通过产业链的跨国布局，彼此间形成了紧密的利益共同体。可以确定的是，经济联系的紧密程度越高，全球化红利攀高的同时带来的不确定性越强。值得注意的是，由产业链分工所形成的区域网络节点并非地位等同，因技术能级和产业高度的不同，一些地区成为全球产业链的主导地，另一些地区则成为附属

或者参与者。正是由于地位的悬殊，地区间的经济联系一旦被迫中断，就会产生不对称的破坏力。对于主导地来说，其对外经济联系的迂回性较强，中断所带来的长期破坏取决于对外联系转换能力。对于参与者来说，其被动性较强，中断带来的长期破坏将取决于自我消化能力。具体到本文所讨论的城市引起的国家风险而言，特指一国城市参与全球贸易的规模在本国参与全球贸易的重要程度引起的损害。极端情况下，一国的对外贸易全部由某一城市承担，那么，该城市对国家的贸易安全就具有极端重要的作用。

2. 城市贸易的城市风险来源于城市间贸易规模占比

因国情差异，国内城市参与国际分工的程度和阶段迥异，使得城市对外贸易网络的结构也呈现出多样化和特色化的性质。由于城市是一国产业分工的空间载体，因此，城市将因嵌入对外贸易网络的差异而呈现出不同的风险水平。比如，中国城市对外贸易网络的主要对象国与区域，更多表现为与我国有产业链分工联系的美国、欧盟、日韩、东盟等区域。在中美竞争与贸易摩擦的大背景下，各城市按照和美国直接贸易的紧密程度以及该城市其他贸易国与美国连接的紧密程度，城市风险水平将呈现出显著差异。客观来说，一旦城市与其对外贸易规模较大的国家或区域发生某种不可抗力的风险，这将会首先冲击到城市经济发展的稳定性，甚至对城市经济安全造成难以修复的经济损失。

（二）城市贸易风险的识别

正是基于以上思考，我们可以根据城市进出口贸易数据构建反映城市对外贸易风险的量化指标，进而分析各主要城市对外贸易风险大小及其变化趋势。考虑到数据代表性及可获得性，本文共选取 33 个中国主要城市作为对外贸易风险的测度对象。由于美国、欧盟及 RCEP 成员国是大多数城市的主要贸易伙伴，对城市对外贸易风险的影响最大，因此，将城市的进出口贸易对象划分为美国、欧盟、RCEP 国家、其他经济体四类。

笔者试图从两个维度衡量城市对外贸易风险：一是该城市的对外贸易结构中是否存在对某个贸易对象的严重依赖，这反映了城市本身的对外贸易风险；二是在中国与某个贸易对象的双边贸易额中，该城市在所有城市中所占的比重是否过高，这反映了该城市在国家层面造成的对外贸易风险。

个体层面城市对外贸易风险指标的构建方法如下：

$$risk_i = \beta_1 ratio_{USA} + \beta_2 ratio_{EU} + \beta_3 ratio_{RCEP} \qquad (1)$$

其中，$ratio_{USA}$、$ratio_{EU}$、$ratio_{RCEP}$ 分别为该城市在某一年份对美国、欧盟、RCEP 国家的进出口贸易额占其总贸易额的比重。β_1、β_2、β_3 分别为美国、欧盟、RCEP 国家对该城市对外贸易风险的影响系数。鉴于中美间发生贸易摩擦的高不确定性，基准情景下美国的风险系数 β_1 被设定为 1；美国是欧盟最大的贸易伙伴和盟友，在对华贸易政策的制定上欧盟与美国具有相当程度的同步性，因此，欧盟的风险系数 β_2 设定为 0.8；RCEP 国家在经贸层面对中国具有很强的依赖性，但其贸易政策同样在一定程度上受到美国的影响，因此，其风险系数 β_3 被设定为 0.6。

国家层面城市对外贸易风险指标的构建方法如下：

$$risk_c = \lambda_1 ratio_{USA} + \lambda_2 ratio_{EU} + \lambda_3 ratio_{RCEP} \qquad (2)$$

其中，$ratio_{USA}$、$ratio_{EU}$、$ratio_{RCEP}$ 分别为该城市对美国、欧盟、RCEP 国家的进出口贸易额占全部城市群体贸易额的比重。与个体风险相似，在基准情景下，美国、欧盟、RCEP 国家的风险影响系数 λ_1、λ_2、λ_3 分别设定为 1、0.8、0.6。

基于个体层面及国家层面的城市对外贸易风险计算结果，样本中的所有城市可以按照个体和国家风险的高低划分为四种组合，如表 1 所示。通过调整风险影响系数，城市的对外贸易风险水平和城市组合也将发生变化，本文将对不同情景下城市对外贸易风险的变化情况进行探讨。

表1   对外贸易风险衡量指标城市组合

城市组合	城市层面	
国家层面	高，高	高，低
	低，高	低，低

（三）中国城市贸易网络特点及其风险的表现

从当前状态上看，我国城市的贸易网络，仍在相当大程度上服务于发达国家主导的价值链、产业链、供应链体系，对欧美国家的产业全球布局具有一定的依赖性。城市的贸易对象更倾向于"北方"经济体（global north）及其经济联系网络。在当前中美经贸合作不明朗以及外部环境巨大不确定性背景下，城市的贸易风险差异将成为国家经济安全需要关注的重要领域。

1. 城市贸易网络的特点

中国城市对外贸易网络的发展，体现出以下几个方面的特点。

（1）区域差异性较大，贸易水平不平衡。由于开放阶段的不同及要素禀赋的差异，中国城市的对外贸易发展水平差异较大，东部沿海城市特别是发挥开放门户作用的超大型、特大型城市的贸易体量大，贸易对象更为多元化。内陆及边疆口岸城市的贸易规模相对有限，贸易对象与贸易品类型均较为单一。

（2）对国际产业链依赖度较高。中国开放型城市在大量吸引、利用外资的情况下，自身产业发展逐渐被嵌入国际产业链中，这种与国际产业链的对接与融合，同时也引致贸易增长与外部产业链发展状况形成联动。国际产业链的内部结构变化，对中国城市的贸易联系具有重要的影响作用。

（3）易受外部经贸环境波动影响。中国城市的贸易规模的扩大以及复杂度的提升，使城市与国际经济主体互动的深度和广度不断提升。在这一趋势下，外部经贸环境的变化，就对中国城市的贸易发展产生重要影响。贸易对象国的对外政策、国际贸易规则、外部要素市场的变动，都直接影响中国城市的贸易发展状况。

（4）受国内经济、开放政策影响。中国城市贸易网络的建构能力，与国内经济政策、区域发展政策，以及开放政策的实施关系紧密。同时，城市间的竞争性政策，特别是对于外资以及外向型企业的金融、税收、土地、开发区政策、贸易和投资便利化政策，影响了城市国际分工参与模式的选择，进而对城市贸易水平和方式也有重要影响。

（5）动态变化特性。中国城市的对外贸易网络发展始终处于变化过程中，随着产业在国内城市间的梯度转移，各城市间的对外贸易量对比不断发生变化，同时，城市个体的贸易结构及贸易方式也处于发展变化过程中，服务贸易、数字贸易等贸易形态，在开放型城市对外贸易结构中的地位不断提升。

2. 城市贸易偏好对产业链安全的影响

我国不同城市间的对外贸易偏好，不仅反映出地区对外贸易伙伴以及关联程度的差异，而且对我国产业链发展安全也产生一定程度的潜在影响。对外贸易对地区经济增长产生的规模提升、技术溢出、人力资本和结构升级等效应，是本土产业链发展的重要影响和促进因素。我国城市对外贸易网络结构更多偏向于欧美国家，使本土产业链发展的外部市场，以及知识、技术、人力、资本、关键零部件等重要发展环节也部分依赖于欧美，在面临产业链"低端锁定"的风险之外，近一时期美国"断供""脱钩"政策，以及欧美市场受地缘政治冲突等不确定因素的冲击，产业链发展的稳定性和安全性受到进一步影响的风险。另外，我国城市与欧美间的贸易偏好，使相关城市内部集聚的相关先进生产者服务业机构更多趋向于服务欧美国家，进而影响城市对外经济交往功能的合作方向。在外部环境变化的条件下，我国国际化程度较高的"全球城市""世界城市"类型城市群体集聚的服务业对产业链发展的支撑作用将受到抑制。

3. 贸易流量剧烈变化对国民经济稳定性的影响

尽管随着我国经济规模与质量的提升，我国总体贸易依存度已逐渐降低，但贸易流量在短期之内的剧烈变化，对国民经济健康运行和稳健增长仍有重要影响。前述西方国家的贸易摩擦以及随后"脱钩""断供"政策，乃至"小院高墙"式的对产业链重点领域的精准遏制，在使我国贸易流量产生波动的同时，也将引致一系列连锁反应。一方面，对外贸易的进口量将受到影响，特别是中间品的进口的紧缩，将连带对出口产生影响；另一方面，出口流量的下降，最终将通过传导对贸易相关领域的国民经济需求产生抑制作用，使与对外贸易相关的就业、收入均出现下降，最终将影响相关贸易活动集聚区域及周边经济区的国民经济发展速度。

四、对比分析：风险评价与安全分级

（一）样本描述与统计特征

在构建城市对外贸易风险量化指标的过程中，我们选择的数据来源于各城市海关贸易统计数据，包括33个主要城市在2003年、2008年、2014年、2018年与美国、欧盟、RCEP国家、其他经济体之间的进出口贸易数据。本书选取的对外贸易风险测度城市包括北京、合肥、上海、长沙、武汉、南昌、成都、郑州、深圳、重庆、广州、兰州、大连、南京、石家庄、太原、杭州、银川、福州、宁波、天津、呼和浩特、南宁、乌鲁木齐、贵阳、青岛、西安、沈阳、海口、昆明、哈尔滨、厦门、长春。

根据城市对外贸易数据的统计特征，初步判别各城市在中国城市对外贸易中的地位，这里分别对 2003 年、2008 年、2014 年、2018 年这些城市对美国、欧盟、RCEP 国家的进出口总额进行排序，限于篇幅此处仅给出前五位国家，如表 2 所示，上海对美国、欧盟、RCEP 国家的进出口贸易总额在所有城市中处于领先地位，且这种优势并没有随着时间的推移而减弱。深圳在对美国、欧盟、RCEP 国家的进出口总额排名中居于第二位，但与上海仍存在较大的差距。此外，南京、天津、宁波、青岛的进出口贸易额均经历了快速增长，在进出口总额排名中居于前列。总体来看，对美国、欧盟、RCEP 国家的进出口贸易总额较高的城市比较稳定，一方面，体现了这些城市在我国进出口贸易方面具有重要影响；另一方面，也意味着这些城市具有较大的对外贸易潜在风险。

表 2　　　　　　对美国、欧盟、RCEP 国家进出口总额城市排名　　　单位：万美元

美国								
排序	2003 年		2008 年		2014 年		2018 年	
	城市	贸易额	城市	贸易额	城市	贸易额	城市	贸易额
1	上海	3443638.91	上海	10513986.83	上海	14880389.54	上海	16790746.9
2	深圳	2029982.58	深圳	4819948.92	深圳	7633428.87	深圳	9063022.1
3	南京	937013.31	南京	2925742.24	南京	4509502.49	南京	5309170.41
4	天津	757205.05	青岛	2437188.68	天津	3566758.84	宁波	3931098.34
5	青岛	697219.92	天津	2260902.74	青岛	3495093.22	青岛	3701678.53

欧盟								
排序	2003 年		2008 年		2014 年		2018 年	
	城市	贸易额	城市	贸易额	城市	贸易额	城市	贸易额
1	上海	4261275.86	上海	14180766.89	上海	18640130.92	上海	19913417.29
2	深圳	1490091.04	深圳	4434379.62	深圳	6873867.98	深圳	7892098.71
3	南京	1106804.98	南京	4027429.06	天津	4492580.66	南京	5101003.6
4	天津	856380.76	天津	3120887.95	南京	4353401.13	宁波	4856766.23
5	宁波	696396.22	宁波	3009065.6	宁波	4185097.26	天津	4553806.52

续表

	RCEP						
排序	2003 年		2008 年		2014 年		2018 年	
	城市	贸易额	城市	贸易额	城市	贸易额	城市	贸易额
1	上海	7532446.6	上海	20286203.23	上海	28209683.84	上海	32850772.52
2	深圳	5209705.22	深圳	12794831.33	深圳	22679103.74	深圳	25069916.87
3	南京	2927717.82	南京	9468976.87	南京	12966705.71	南京	15585563.29
4	青岛	2427848.68	青岛	7730220.3	青岛	11819076.03	青岛	11994524.32
5	天津	1974302.67	天津	5667752.47	天津	7601674.25	天津	6530214.76

资料来源：IHS Markit Global Trade Atlas，全球贸易数据库，2003~2018 年。

（二）基准情景

在基准情景假设下，图 1 给出了城市出口对外贸易风险变化情况。纵轴表示城市个体层面的对外贸易风险，横轴表示城市在国家层面的对外贸易风险，为使城市的分布情况显示更加清楚，横轴采用对数刻度。坐标系的原点设定为个体风险和国家风险平均值的交点，在国家风险平均值右侧的城市被认为具有较高的国家风险，在个体风险平均值上方的城市具有较高的个体风险。图 1 中大多数城市分布在第一、第二、第三象限，这说明国家风险与个体风险存在一定的正相关，通常来说，国家风险较高的城市其个体风险也较高，只有广州、深圳两座城市在若干年份是例外，但其个体风险和平均值的差距也很小。此外，个体风险较高的城市大约占全部城市的 2/3，这说明大多数城市的对外贸易来源国较为集中。

综合来看，国家和个体风险都比较高的城市是大连、南京、宁波、青岛、上海、天津、厦门、广州等；国家和个体风险均较低的城市是长春、长沙、贵阳、哈尔滨、呼和浩特、兰州、石家庄、太原、乌鲁木齐等；其余城市个体风险较高但国家风险较低。

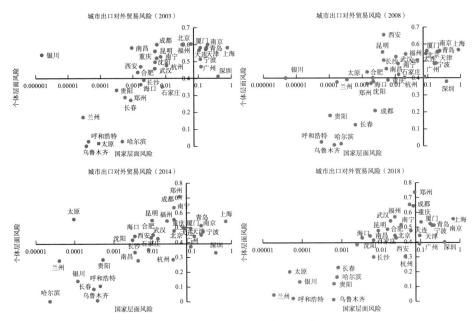

图1 城市出口对外贸易风险

图2给出了城市进口对外贸易风险的变化情况。与出口风险类似，大多数城市分布在第一、第二、第三象限，第四象限的城市在2003年有大连、广州、青岛、深圳、南京五座城市，到2018年仅有青岛一座城市停留在第四象限，其余四座城市都进入了第一象限。这说明一些原本具有高国家风险、低个体风险的城市风险水平上升了。北京、天津、上海的国家风险和个体风险一直维持在较高水平，成都是唯一的由低国家风险转变为高国家风险的城市。在低国家风险的城市中，呼和浩特、哈尔滨、乌鲁木齐、南宁、杭州、宁波、厦门、石家庄的个体风险一直处于较低水平，银川、太原、西安、合肥、兰州、昆明由高个体风险转变为低个体风险，福州、南昌、沈阳由低个体风险转变为高个体风险。

总体来看，各主要城市出口及进口对外贸易风险的分布状况基本一致，这说明各城市的出口贸易结构和进口贸易结构较为相似，具有相同的风险来源。

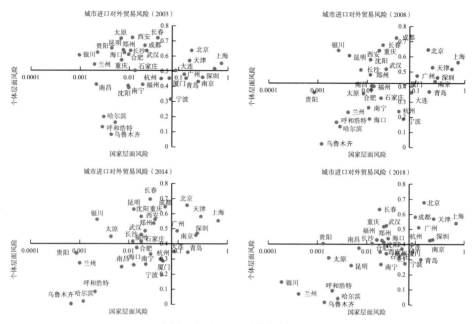

图2　城市进口对外贸易风险

（三）变化情景

以2018年的城市对外贸易风险评估情况为基准，通过调整风险影响系数，可探讨分析不同情景下城市贸易风险的变化。由于美国对中国的全面遏制战略不会在短时间内改变，因此，美国的贸易风险影响系数应维持在1的水平，而欧盟及RCEP国家对中国城市贸易风险的影响程度可能会由于外部环境的变化而发生改变。因此，本文将讨论欧盟和RCEP国家风险影响系数同增、欧盟和RCEP国家风险影响系数同减、欧盟风险系数提升RCEP国家风险系数降低、欧盟风险系数降低RCEP国家风险系数提升四种情景。

1. 出口对外贸易风险

图3展示了风险影响系数调整时城市出口对外贸易风险的变化。

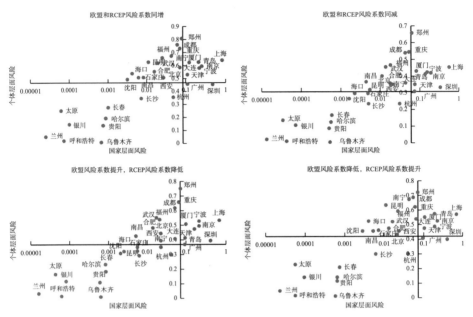

图3　风险系数变化后的出口对外贸易风险

假设欧盟风险系数由 0.8 提升至 1，RCEP 风险系数由 0.6 提升至 0.8，可以看到散点图的形态没有发生明显改变，沈阳由低个体风险变为高个体风险，深圳由高个体风险变为低个体风险，但与风险平均值差距不大。由于本文定义的高风险及低风险并非取决于风险绝对值，而是其与平均值的大小关系，因此，尽管欧盟和 RCEP 风险影响系数的增加造成所有城市的个体风险和国家风险绝对值都有所提升，但不同城市风险的相对大小发生了变化。

假设欧盟风险系数由 0.8 降低为 0.6，RCEP 风险系数由 0.6 降低为 0.4，所有城市的个体层面风险和国家层面风险绝对值均有所下降。郑州由低国家风险变为高国家风险，海口、石家庄由高个体风险变为低个体风险，其余城市没有发生显著变化。

假设欧盟风险系数由 0.8 变为 1，RCEP 风险系数由 0.6 变为 0.4，此时各国国家风险和个体风险的绝对值变化不确定。郑州由低国家风险变为高国家风险，广州由低个体风险变为高个体风险，海口、石家庄、南宁、昆明由高个体风险变为低个体风险，其余城市变化不显著。

假设欧盟风险系数由 0.8 变为 0.6，RCEP 风险系数由 0.4 变为

0.6，此时各国国家风险和个体风险的绝对值变化也不确定。沈阳由低个体风险变为高个体风险，深圳由高个体风险变化为低个体风险，其余城市变化不显著。

2. 进口对外贸易风险

图 4 给出了风险影响系数调整时城市进口对外贸易风险的变化。

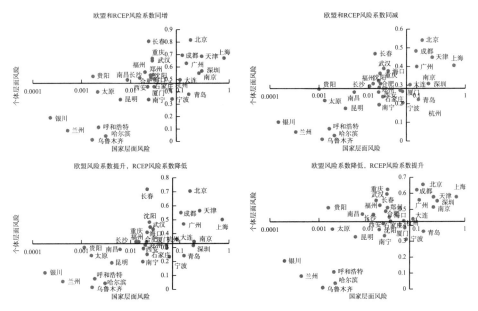

图 4　风险系数变化后的进口对外贸易风险

假设欧盟风险系数由 0.8 提升至 1，RCEP 风险系数由 0.6 提升至 0.8，所有城市的个体及国家层面风险水平绝对值都有所上升，但散点图的形态没有发生明显改变，除杭州由低个体风险变为高个体风险外，其余城市并无显著变化。

假设欧盟风险系数由 0.8 降低为 0.6，RCEP 风险系数由 0.6 降低为 0.4，所有城市的个体层面风险和国家层面风险绝对值均有所下降。南昌由高个体风险变为低个体风险，其余城市没有发生显著变化。

假设欧盟风险系数由 0.8 变为 1，RCEP 风险系数由 0.6 变为 0.4，此时各国国家风险和个体风险的绝对值变化不确定。贵阳、南昌、深圳、郑州由高个体风险变为低个体风险，其余城市变化不显著。

假设欧盟风险系数由 0.8 变为 0.6，RCEP 风险系数由 0.4 变为 0.6，此时各国国家风险和个体风险的绝对值变化也不确定。杭州、石家庄由低个体风险变为高个体风险，沈阳由高个体风险变为低个体风险，其余城市变化不显著。

五、结论与启示

（一）中国城市对外贸易风险的"动态互济"特点

本文对中国城市贸易风险的衡量，是以城市与美国贸易规模以及其他贸易国或区域与美国的紧密程度为测算依据。我们发现，城市对外贸易产生的国家风险与城市风险存在一定的正相关关系，这即是说国家风险较高的城市，其城市层面风险也较高。我们还注意到，国家风险水平较高的城市均为沿海港口型城市，这些城市的对外贸易总额较高，且其主要贸易对象集中于美国、欧盟、RCEP 国家。更为重要的是，假定中美之间贸易摩擦引发的经济不确定性影响水平保持不变，那么随着中国和欧盟或者与 RCEP 国家经贸关系的改善，中国城市对外贸易的两类风险水平均呈现下降趋势。这就反映出，城市在推进与对外合作对象的经贸往来时，若利用我国与欧盟、RCEP 等区域多国经贸合作新机制，主动拓展新的贸易合作重点领域，将能够形成有效对冲贸易风险的"动态互济"态势。

具体如表 3 所示，当中国与欧盟关系缓和时，城市贸易引起的国家风险和城市风险分别降低 8.33% 和 6.70%；当中国与 RCEP 国家关系缓和时，国家风险和城市风险分别降低 8.33% 和 13.03%。从具体城市来看，如表 4 所示，与欧盟关系趋缓时，国家风险降低最大的城市是上海、深圳和宁波，与 RCEP 关系趋缓时，国家风险降低最大的前三城市中宁波被青岛替换。这种情况城市风险变化更为显著,与欧盟关系趋缓时,重庆、宁波和武汉的下降贡献幅度最大,而与 RCEP 关系趋缓时,贡献最大的主要是南方城市。2022 年 1 月 1 日,《区域全面经济伙伴关系协定》(RCEP)的正式生效,为我国相关城市动态应对外部贸易风险提供了新的机遇,有助于表 4 中的情景 1 与情景 2 态势的出现。

表 3　　　　　　　　　三种情景下风险估值

项目	基准情景		情景 1		情景 2	
	国家	城市	国家	城市	国家	城市
风险估值	2.4	12.8884	2.2001	12.0249	2.1999	11.2087

注:情景 1 假设美国风险系数为 1,欧盟从基准的 0.8 降为 0.6,RCEP 仍为基准的 0.6;情景 2 假设美国风险系数为 1,欧盟仍为基准的 0.8,RCEP 则降至 0.4。

表 4　　　　　　情景切换时两类风险变化及贡献最大的三个城市

分类	情景 1(欧盟缓和)	情景 2(RCEP 缓和)
国家风险变化	− 0.1990	− 0.2001
——贡献最大的前三个城市	上海(− 0.0548,27.54%)	上海(− 0.0532,26.59%)
	深圳(− 0.0347,17.44%)	深圳(− 0.0254,12.69%)
	宁波(− 0.0224,11.26%)	青岛(0.02100,10.49%)
城市风险变化	− 0.8635	− 1.6797
——贡献最大的前三个城市	重庆(− 0.0565,6.54%)	南宁(− 0.1625,9.67%)
	宁波(− 0.0597,6.91%)	昆明(− 0.1546,9.20%)
	武汉(− 0.0490,5.67%)	海口(− 0.1108,6.59%)

这种情景切换下的风险变化态势提示,东部开放型城市下一阶段的经贸发展,需要同步关注我国与欧盟、RCEP 的经济合作趋势,强化与欧盟及 RCEP 国家的合作,以实现对贸易风险的对冲。而西南区域的城市,则更应注重抢抓 RCEP 国家的经贸合作机遇,前置建构有利于自身与上述区域之间的投资、贸易等经济合作的营商环境与政策体系,进而主动形成有利于城市对外合作风险控制的内外部环境,增强城市贸易网络运行的稳定性。

（二）双循环新发展格局带来的"安全互促"机遇

虽然我们对风险判别结果是基于历史数据形成的直观结论，但对我国未来调整和优化城市贸易网络以提升经济安全仍然具有重要的启示意义。2018 年以来，中美围绕贸易问题进行多轮博弈，贸易摩擦成为中美经济分歧的重要表现形式。在美国拜登政府将中国视为主要竞争对手的背景下，中美经贸领域的碰撞乃至冲突，仍将是较长时段的风险表现。特别是在美国对华对抗策略升级的情况下，以国家安全为借口，以"实体清单"等形式对中国企业、机构和个人采取技术制裁手段，打压中国高科技企业的发展，成为美国对华经济压制的重要手段，美方思想界则提出"冗余"部署等概念，着力改变当前供应链侧重在华布局的局面。[25]在这种情况下，我国城市中与高技术产业中间品贸易相关的贸易份额将逐渐受到影响。部分外资高技术企业的撤出，或在全球范围进一步推动多点投资布局，也对我国相关区域的产品进出口产生影响。断供与贸易壁垒等因素相叠加，在相当程度上影响我国企业与外部企业的中间品贸易，进而影响城市的贸易流量。

从这个意义上讲，构建新发展格局已成为降低国内城市贸易风险的必要保障。在"双循环"新发展格局下，我国城市需要逐渐形成服务国内循环与外部循环的多层次经济互动保障能力，进而能够在面对外部风险时，具备有效的经贸合作"腾挪"能力，并达成国家经济安全与城市经贸安全相互促进的"安全互促"态势。中国超大体量的经济规模以及在国际生产体系已经形成的重要地位，决定了中国城市仍然需要同时担负产业间贸易、产业内贸易与全球价值链三类分工体系带来的贸易职能。

因此，在双循环互促的要求下，中国城市一方面需要在外部条件发生剧烈变化的情况下，继续担负吸引外资企业进入、集聚先进技术以及高端人才资源的要素枢纽作用，这就需要努力保持全球价值链贸易与传统贸易的口岸与门户功能。另一方面，相关城市的贸易功能在结构和服务内涵方面需要根据风险水平进行调整和变化。在双循环格局下，服务于我国国内市场需求与自主产业发展的贸易承载能力，将成为传统贸易节点城市需要拓展与优化的重要功能与领域，城市的产业间贸易、产业内贸易服务能力需要更多考虑对内部需求的满足而非单纯依托长期以来形成的传统外部市场。同时，在对外循环方面，东部沿海城市与中部、西部城市的贸易能力与贸易对象的选择应当更加均衡，以适应双循环条件下更为多样与复杂的内外经贸互动联系。

参考文献

［1］新华社．习近平：高举中国特色社会主义伟大旗帜 为全面建设社会主义现代化国家而团结奋斗——在中国共产党第二十次全国代表大会上的报告［EB/OL］．［2022 – 10 – 25］. http：//www. news. cn/politics/cpc20/2022 – 10/25/c_1129079429. htm.

［2］刘鹤．加快构建以国内大循环为主体、国内国际双循环相互促进的新发展格局［N］．人民日报，2020 – 11 – 25.

［3］Paul Krugman，Raul Livas Elizondo. Trade Policy and the Third World Metropolis［J］. Journal of Development Economics，1996，49（1）：137 – 150.

［4］Alberto F. Ades，Edward L. Glaeser. Trade and Circuses：Explaining Urban Giants［J］. The Quarterly Journal of Economics，1995（2）：195 – 227.

［5］John Friedmann，G. Wolff. World city formation：an agenda for research and action［J］. International Journal of Urban and Regional Research，1982（3）：309 – 344.

［6］Saskia Sassen. The global city：New York，London，Tokyo［M］. New Jersey：Princeton University Press，1991.

［7］Peter J. Taylor，World City Network［M］. London：Routledge，2004.

［8］ Ben Derudder, Frank Witlox ed al. Commodity Chains and World Cities ［M］. Wiley – Blackwell, 2010.

［9］谢守红. 中国城市对外开放度比较研究 ［J］. 求索, 2007 (9): 5 – 7, 37.

［10］刘昭云, 魏后凯, 朱晓龙. 中国外向型城市的判别标准及特征分析 ［J］. 河南社会科学, 2009, 17 (1): 44 – 48.

［11］孙楚仁, 陈瑾. 经济发展与中国城市出口多元化 ［J］. 世界经济研究, 2017 (6): 91 – 108.

［12］孙楚仁, 覃卿, 王松. 城市中心性能促进城市出口结构升级吗?: 来自中国城市和城市群的证据 ［J］. 世界经济研究, 2021 (1): 17 – 31.

［13］张震, 刘雪梦. 新时代我国15个副省级城市经济高质量发展评价体系构建与测度 ［J］. 经济问题探索, 2019 (6): 20 – 31, 70.

［14］周春山, 黄婉玲, 刘扬. 中国城市经济开放度时空演化及影响因素 ［J］. 地域研究与开发, 2018, 37 (2): 1 – 8.

［15］彭刚, 张文铖, 李光武. 国际贸易对地区经济增长率的影响——基于我国地级市数据的实证分析 ［J］. 经济问题探索, 2020 (10): 158 – 169.

［16］方行明, 鲁玉秀, 魏静. 中欧班列开通对中国城市贸易开放度的影响——基于 "一带一路" 建设的视角 ［J］. 国际经贸探索, 2020, 36 (2): 39 – 55.

［17］江小涓, 孟丽君. 内循环为主、外循环赋能与更高水平双循环——国际经验与中国实践 ［J］. 管理世界, 2021, 37 (1): 1 – 18.

［18］沈国兵. 疫情全球蔓延下推动国内国际双循环促进经贸发展的困境及纾解举措 ［J］. 重庆大学学报 （社会科学版）, 2021, 27 (1): 1 – 13.

［19］董志勇, 李成明. 国内国际双循环新发展格局: 历史溯源、逻辑阐释与政策导向 ［J］. 中共中央党校学报, 2020, 24 (5): 47 – 55.

［20］黄群慧，倪红福. 中国经济国内国际双循环的测度分析——兼论新发展格局的本质特征［J］. 管理世界，2021，37（12）：40－55.

［21］周绍东，陈艺丹. 新发展格局与需求侧改革：空间政治经济学的解读［J］. 新疆师范大学学报（哲学社会科学版），2021，42（6）：104－112.

［22］戴翔，杨双至. 扩大开放在畅通国内大循环中的作用——基于长三角地区的经验分析［J］. 当代经济研究，2021（4）：75－86.

［23］贺灿飞，任卓然，王文宇.“双循环”新格局与京津冀高质量协同发展——基于价值链分工和要素流动视角［J］. 地理学报，2022，77（6）：1339－1358.

［24］刘波，邓玲. 双循环新格局下成渝贵城市群协同发展影响因素与实现路径研究［J］. 贵州社会科学，2021（5）：135－143.

［25］Shannon K. O'Neil. Redundancy，Not Reshoring，Is the Key to Supply Chain Security［EB/OL］.［2020－04－01］. https：//www. foreignaffairs. com/articles/2020－04－01/how－pandemic－proof－globalization.

The Evaluation Research for Chinese Cities' International Trade Risk and Security Mutual Interaction of Regional Strategy Development in Dual Circulation Background

Su Ning，Hu Xiaopeng，Yang Bizhou

（Institute of World Economics，Shanghai Academy of Social Sciences，Shanghai 200020）

Abstract：Under the influence of United States Strategic Competitive and Decouple policy，with the Covid－19 pandemic impact，Chinese economy faced with uncertainty global environment. The uncertainty will change the international economic connect pattern of Chinese major cities and increase the risk of the international trade for the city group. This paper, based on the analysis of conception, classification and measure standard for Chinese cities' international trade risk, try to trace the feature and influence element of national dependence risk for Chinese major cities. Through the comparative analysis of international trade statistic data, the paper evaluated the trade-dependency risk level for these cities. Considering the Chinese Dual Circulation Strategy, the paper provided the improvement solution choice for city trade development and risk hedging suggestions for Chinese international metropolis.

Key Words：city；international trade；risk evaluation；regional strategy；dual circulation

数字经济对中国区域高质量发展的影响[*]

——来自289个地级市的经验证据

陆九天[1]　邱联鸿[2]　高　娟[3**]

（1. 江苏大学马克思主义学院、江苏大学共同富裕研究院，镇江 212013；

2. 中共广东省委党校 马克思主义学院，广州 510120；

3. 西南民族大学 经济学院，成都 610041）

摘要： 文章基于 2011～2018 年中国 289 个地市级层面数据，探讨了数字经济对中国区域高质量发展的影响机制，明确了数字经济在区域发展中发挥的关键作用。得出了如下主要结论：第一，基准回归发现，数字经济水平能显著地提高区域高质量发展程度。经过内生性处理及稳健性检验后，该结论依旧可靠。第二，机制检验表明，数字经济水平可以通过创新、绿色及共享等三个方面对区域高质量发展产生正向作用。第三，异质性分析结果显示，"宽带中国"战略的实施能显著地提高数字经济的积极作用，空间上呈现出东部地区作用显著于中西部地区；且少数民族人口较多的区域正抢抓数字经济发展新机遇，对其所居住地区的改造和提升作用呈现出边际递增。鉴于此，应当平衡区域数字基础设

---

　　* 基金项目：国家社会科学基金青年项目"习近平总书记关于共同富裕重要论述的内在逻辑与原创性贡献研究"（22CKS001）、全国党校（行政学院）系统重点调研课题"坚持和加强'党管数据'的广东实践与创新路径研究"（2023DXXTZDDYKT067）、广州市哲学社会科学发展"十四五"规划 2023 年度课题"中国共产党驾驭数据要素的逻辑理路与实践路径研究"（2023GZGJ141）和广东省委党校一般项目"'党管数据'的广东实践与创新路径研究"（XYYB202301）的阶段性成果研究。

　　** 作者简介：陆九天（1993—），男，讲师，研究方向为数字经济；
　　邱联鸿（1994—），男，副教授，研究方向为数据要素发展与治理；
　　高娟（1995—），女，科研助理，研究方向为数字竞争情报。

施发展水平，加大数字经济的普及、普惠力度，缩小数字素养及应用能力差距，以全面提升区域数字经济发展竞争力，持续驱动区域经济高质量发展。

关键词：数字经济；高质量发展；新发展理念

一、问题提出

当前，数字经济正在深度重塑世界经济体系与人类社会发展面貌，为加快中国新旧动能接续转换，培育壮大经济增长新动能，实现经济高质量发展提供重要支撑。"十四五"时期是中国数字经济发展的重要战略机遇期，尤其是随着2020年新冠疫情的全球暴发，数字经济更是在保障人民基本生产生活、强化区域可持续发展等方面起到了至关重要的作用，在这一特殊时期，稳步推进中国经济实现跨越式发展[1]。但是，中国地域幅员辽阔，自然条件复杂多变，资源禀赋分布不均，这使得各个地区在布局数字经济发展方向、取得相应成效时也存在着明显的差异[2,3]。鉴于此，本文尝试测算地级市数字经济发展水平及高质量发展水平，采用定量方式研究数字经济对高质量发展的影响，并揭示数字经济作用于高质量发展的机制与区域异质性。这对积极引导数字经济发展，开创高质量发展新局面具有重要意义。

数字经济对发展质量的作用和重要性已引起学术界的重视，现有文献分别考察了数字经济对高质量发展的影响效应、作用机制及异质性效应。首先，关于数字经济对高质量发展的影响效应，多数研究证实了数字经济能够显著促进高质量发展[4-6]。但数字经济也存在数字鸿沟效应[7]，其对东部地区的正向效应远大于中西部地区，且这一效应在经济脆弱地区及乡村地区表现得更明显[8]。其次，关于数字经济对高质量发展的作用机制，已有文献已经析出了一些关键机制。如数字经济能够通过提升创业活跃度[9]、改善资本要素配置[10]以及促进企业数字化转型[11]。最后，已有文献也针对数字经济对高质量发展的异质性进行了分析，包括地区异质性[12]、行业异质性[13]以及环境异质性[14]。

综上所述，已有文献从不同方面集中讨论了数字经济对高质量发展的影响效应。遗憾的是，上述研究仍存在进一步改进的方面。首先，现有文献主要考察了数字经济对经济发展质量某一因素的经济效应，缺乏对高质量发展整体的把握。其次，现有文献也未从高质量发展的内涵入手分析数字经济对高质量发展的作用机制。实际上，数字经济能够推动高质量发展，归根结底在于数字经济助推了创新、协调、绿色、开放及共享。最后，关于异质性的分析也忽视了对少数民族地区的分析，而少数民族地区由于文化等原因，更容易产生数字鸿沟等现象，从而制约高质量发展。因此，相较于已有研究，本文可能存在的边际贡献在于：（1）构建数字经济和高质量发展的指标体系，考察数字经济对高质量发展的整体影响。（2）从高质量发展的内涵着手，分析数字经济对高质量发展的作用机制。（3）进一步考察数字经济对地理区位及少数族群的异质性效应。本文研究将为数字经济作用于高质量发展提供理论分析和实证验证，并为数字经济和高质量发展提供经验支持。

二、数字经济驱动中国区域高质量发展的 理论机制与研究假说

（一）数字经济与高质量发展

数字经济的特点包括技术先进、协同性强、融合度高以及具备强大的成长潜力。它推动了生产要素的数字化渗透和生产关系的数字化重构，成为推动质量、效率和动力变革的新力量[15]。数字经济是一项具

有使能功能的技术，它在以下两个方面产生重要影响：一方面，数字经济作为一个庞大的新兴产业，创造了新的价值并实现了增量效应；另一方面，数字经济与其他行业之间的融合不断加深，提高了经济运行体系中原有要素的价值转化效率[16]。

总的来看，数字经济能够显著促进高质量发展，其作用主要体现在以下两个方面：一是数字经济通过提高经济效率进而推动高质量发展[17]。数字经济不仅能够有效提升企业的创新效率[18]，还能改善企业管理效率[19]，从而提升全要素生产率，助推高质量发展。二是数字经济能够引发新业态从而推动高质量发展。数字经济能够推动消费结构升级[20]、产业升级[21]与商业模式创新[22]。

据此，提出研究假设1：数字经济能够促进高质量发展。

（二）数字经济与创新、协调、绿色、开放和共享

高质量发展的本质是能够很好地满足人民日益增长的美好生活需要的发展，是体现新发展理念的发展，是创新成为第一动力、协调成为内生特点、绿色成为普遍形态、开放成为必由之路、共享成为根本目的的发展[23]。而数字经济具有信息化、开放性和连接性等特征，使得数据和信息能够更加高效地流动和利用，促进了经济活动的创新和效率提升，从而优化要素资源配置，从创新、协调、绿色、开放和共享五个方面助力于高质量发展。鉴于此，本文对数字经济影响高质量发展的理论机制展开分析。

第一，数字经济践行着以创新为第一动力的发展理念。一方面，通过全面深化数字经济运行的体制机制改革，不断激发各类资源要素的生机与活力，有利于形成数字时代下的现代化资源配置方式，为创新提供强大内生动力；另一方面，通过构建具有中国特色的数字经济创新人才培养体系，有利于全面提升国民数字素养，弥合群际数字鸿沟，夯实基础学科人才和高端应用人才根基，为创新提供智力支撑[24]。

第二，数字经济践行着以协调为内生特点的发展理念。一方面，提

升欠发达地区数字基础设施建设水平，有利于发挥新旧基础设施协同作用，完善数字公共服务体系共建共享，有利于推动东中西部间、城乡间协调发展；另一方面，统筹数字经济运行及其在相关产业循环体系中的作用，正确处理好实体经济与虚拟经济的协调联动关系，有利于发挥数字经济发展契机和红利，激活数字孪生空间应用场景，从而有助于增强区域协调性[25]。

第三，数字经济践行着以绿色为普遍形态的发展理念。一方面，充分发挥数字技术在打造生态环境治理体系中的作用，有利于及时解决资源环境约束问题，提升自然资源的经济、社会和生态价值，推动人与自然和谐共生[26]；另一方面，提升数字产业发展速度，大力扶持大数据、云计算、区块链、人工智能等新兴生态产业，有利于打造具有生态经济形态的现代产业结构体系，稳步提升生态集约型产业集群在国民经济体系中的比重。

第四，数字经济践行着以开放为必由之路的发展理念。一方面，积极构建更具活力的数字经济发展新格局，有利于充分发挥国内消费对数字经济的拉动作用，打造国际数字经济合作与竞争新优势，增强数字经济发展成效，提升对外开放质量和加强内外联动性；另一方面，通过完善包容互信的数字生态系统动态平衡机制，维护多元要素主体发展权益，有利于吸引更多要素主体共同参与，不断延伸数字产业链，拓展利益增长空间，促进广泛参与、合作共赢的良性循环。

第五，数字经济践行着以共享为根本目的的发展理念。一方面，通过主动出台确保数字资本规范运行的相关制度，有利于充分认清数字资本运行规律，发挥数字资本在推动经济社会发展中的正面作用，打造和谐数字劳资关系，推动实现以人的自由全面发展为根本目标的数字经济发展；另一方面，通过以实现共同富裕为目标导向共建共治共享自由普惠的数字生活，有利于营造数字化多元发展渠道和公平发展机会，真正做到发展成果由人民共享。

据此，提出研究假设2：数字经济能够正向促进创新、协调、绿色、开放及共享，从而促进高质量发展。

三、数字经济驱动中国区域高质量发展的研究设计

（一）模型设定

为了探讨数字经济对区域高质量发展的影响，明确数字经济在区域发展中发挥的关键作用，本章将建立如下基准模型：

$$hqdevelop_{i,t} = \alpha_0 + \alpha_1 digtech_{i,t} + \alpha_2 L.\, digtech_{i,t} + \alpha_3 X_{i,t} + \varepsilon_{i,t} \qquad (1)$$

其中，$hqdevelop_{i,t}$ 是高质量发展程度，$digtech_{i,t}$ 为数字经济水平，$X_{i,t}$ 代表一系列控制变量，$\varepsilon_{i,t}$ 为残差项。

同时，为了验证数字经济对区域高质量发展的传导机制，本章依次考察其对高质量发展中创新、协调、绿色、开放、共享五个方面的直接影响，构造如下方程：

$$newdevelophy_{i,t} = \beta_0 + \beta_1 diglit_{i,t} + \beta_2 L.\, digtech_{i,t} + \beta_3 X_{i,t} + \varepsilon_{i,t} \qquad (2)$$

其中，$newdevelophy_{i,t}$ 是创新（$ionova_{i,t}$）、协调（$collabor_{i,t}$）、绿色（$green_{i,t}$）、开放（$open_{i,t}$）、共享（$sharing_{i,t}$）等新发展理念中的某一发展程度；$L.\, digtech_{i,t}$ 是数字经济水平的一阶滞后项。同时，为了削弱模型遗漏变量的影响，本章还控制了部分影响高质量发展水平的变量，主要包括经济发展状况（$lnpergrp$）、产业协同能力（$indusyn$）、社会消费需求（$slaestopop$）、金融发展水平（fir）、基础设施条件（$lnpavetopop$）。

（二）变量选取与测算

被解释变量：高质量发展程度（$hqdevelop_{i,t}$）。高质量发展程度是一个衡量经济发展质量水平的综合性指数，需要构建相应的指标体系。本章借鉴师博和张冰瑶（2019）以及宋洋（2020）的做法[27,28]，充分考

虑新发展理念下高质量发展所涵盖的基本内容，同时参照人类发展指数的构建思路，从发展的基本成果、发展的社会成果和发展的生态成果三个维度出发，在对各指标进行等权重赋值的基础上，运用主成分分析方法计算出各区域高质量发展的综合得分，以此作为测度高质量发展的指标。具体如表 1 所示。此外，考虑到地区经济发展量级仍是高质量发展的重要保障和依托，本章还采用地区生产总值的对数值（$\ln grp_{i,t}$）作为高质量发展指标的替代指标，即作为稳健性分析的变量选择。

表 1　　　　　　　　　　　　高质量发展指标体系

被解释变量	一级指标	二级指标	测算方法
高质量发展程度	发展的基本成果	经济增长性	人均地区生产总值
		经济稳定性	经济增长率的移动平均标准差系数
		经济合理性	1 - 泰尔指数
		经济外向性	地区实际使用外资占比
	发展的社会成果	教育水平	每万人在校大学生人数
		医疗水平	每万人医生人数
	发展的生态成果	气体污染	单位气体污染排放产出
		固体污染	单位固体污染排放产出
		液体污染	单位液体污染排放产出

　　核心解释变量：数字经济水平（$digtech_{i,t}$）。数字经济水平是一个衡量数字经济发展程度的综合指标，同样需要构建相应的指标体系。考虑到互联网发展水平是数字经济的重要载体，而数字普惠金融的发展又是数字经济的典型表现[29]，本章将从互联网发展水平和数字普惠金融指数两个维度出发，同时参考黄群慧等（2019）测度互联网发展水平的方法[30]，以及采用郭峰等（2020）编制的城市数字普惠金融指数[31]，在对各指标进行等权重赋值的基础上，运用主成分分析方法计算出各区域数字经济水平的综合得分，以此作为测度数字经济的指标。具体如表 2 所示。此外，考虑到互联网发展水平是数字经济发展的基础，本章还采用互联网发展水平（$interdevelop_{i,t}$）作为数字经济水平的替代指标，即作为稳健性分析的变量选择。

表 2   数字经济水平指标体系

核心解释变量	一级指标	二级指标	测算方法
数字经济水平	互联网发展水平	互联网普及率	百人中互联网宽带用户数
		相关产业从业情况	计算机服务和软件业从业人员占城镇单位从业人员比重
		相关产业产出情况	人均电信业务总量
		移动电话普及率	百人中移动电话用户数
	数字普惠金融水平	数字普惠金融指数	郭峰等（2020）方法

中介变量：创新指标（$ionova_{i,t}$）、协调指标（$collabor_{i,t}$）、绿色指标（$green_{i,t}$）、开放指标（$open_{i,t}$）、共享指标（$sharing_{i,t}$）。为了考察创新、协调、绿色、开放、共享新发展理念的五个方面在数字经济驱动中国经济高质量发展中的间接影响与直接影响，本文依次构建上述五类指标。具体来看，在构建创新指标上，采用"当年人均专利申请数的对数值"来衡量，该指标可以反映区域内的创新活跃程度，其值越大，表明区域创新氛围越浓郁[32]；在构建协调指标上，采用"1 - 泰尔指数"来衡量，该指标可以反映经济增长合理化程度，其值越接近于 1，表明经济增长越合理、越协调[27,33]；在绿色指标方面，采用"单位（气、固、液）污染排放产出对数值的加权平均"来衡量，该指标可以反映绿色发展成效，其值越大，表明绿色发展成果越突出；在开放指标方面，采用"当年实际使用外资金额的对数值"来衡量，该指标可以反映国内国际双循环力度，其值越大，表明对外开放力度越强；在共享指标方面，采用"每万人中在校大学生与医生人数对数值的加权平均"来衡量，该指标可以反映全社会教育医疗资源共享发展程度，其值越大，表明社会公共服务越均衡。

控制变量。考虑到高质量发展还受到区域发展环境、社会福利水平等方面因素的影响，本章还控制了部分关键因素以缓解遗漏变量偏误，具体如下。一是经济发展状况（$lnpergrp$），采用人均地区生产总值的对数值来衡量；二是产业协同能力（$indusyn$），采用第二产业、第三产业总产值与第一产业总产值的比值来衡量；三是社会消费需求（*slae-stopop*），采用人均社会零售消费总额的对数值来衡量；四是金融发展水平（*fir*），采用金融机构存贷款余额占地区生产总值的比重来衡量；五是基础设施条件（ln*pavetopop*），采用人均道路拥有面积的对数值来衡量。

（三）数据来源与变量选择

本文使用的数据主要有两个来源：一是《中国城市统计年鉴》，该数据涵盖与经济社会发展高度相关的地市级层面关键数据；二是《北京大学数字普惠金融指数（2011—2018）》，该数据从覆盖广度、使用深度和数字化程度出发，评估了数字普惠金融的发展程度；三是中国研究数据服务平台（CNRDS）创新专利数据研究库（CIRD），该数据包含城市年度人均专利申请数与授权数。通过将上述三种数据按照年度、城市进行匹配，本文最终得到全国 289 个城市的平衡面板数据，其时间跨度为 2011—2018 年。其中，个别缺失数据使用插值法补齐，并对非比值变量进行对数化处理以保证其平稳性。相关变量的描述性统计如表 3 所示。

表 3   变量的描述性统计

变量	样本数	均值	标准差	最小值	25%分位数	中位数	75%分位数	最大值
高质量发展程度	1981	0	0.670	−10.42	−0.350	−0.150	0.140	6.870
数字经济水平	2258	0	1.060	−1.830	−0.650	−0.130	0.370	8.330
经济发展状况	2308	10.66	0.580	8.770	10.25	10.62	11.04	13.06
产业协同能力	2308	23.41	134.2	0.130	4.970	7.790	15.03	3332
社会消费需求	2292	9.630	0.770	−0.930	9.160	9.590	10.07	11.92
金融发展水平	2309	2.370	1.200	0.590	1.610	2.030	2.720	13.53
基础设施条件	2238	1.180	0.890	−1.710	0.550	1.190	1.770	5.420

四、数字经济驱动中国区域高质量发展的实证结果与检验

（一）基准模型分析

基于上文设定的回归方程式（1），分析数字经济对中国区域高质量发展的影响，结果如表4所示。具体来看，表4中的第（2）列在第（1）列的基础上，控制了经济发展状况、产业协同能力、社会消费需求、金融发展水平、基础设施条件等因素；第（3）列在第（2）列变量的基础上，采用两阶段系统GMM的估计方法，减小回归结果的内生性问题；同时，考虑到数字经济水平对区域高质量发展具有滞后效应，表4中的第（4）列～第（6）列分别在第（1）列～第（3）列的基础上，又引入了数字经济水平的一阶滞后项。

表4　　　　　　　基准模型：数字经济对高质量发展的影响

变量	(1) 高质量发展程度	(2) 高质量发展程度	(3) 高质量发展程度	(4) 高质量发展程度	(5) 高质量发展程度	(6) 高质量发展程度
数字经济水平	0.190 *** (15.29)	0.0607 *** (3.18)	0.137 * (1.71)	0.136 *** (3.81)	0.0983 ** (2.52)	0.178 * (1.92)
数字经济水平的一阶滞后项				0.0667 ** (2.02)	0.0205 (0.55)	0.0545 (1.26)
经济发展状况		0.447 *** (8.89)	0.740 *** (3.93)		0.353 *** (4.41)	0.761 *** (3.77)
产业协同能力		0.000980 *** (8.04)	0.00113 * (1.82)		0.000768 ** (2.21)	0.000675 (1.59)

变量	（1）高质量发展程度	（2）高质量发展程度	（3）高质量发展程度	（4）高质量发展程度	（5）高质量发展程度	（6）高质量发展程度
社会消费需求		- 0.0263 (- 0.62)	- 0.712 *** (- 3.94)		- 0.0459 (- 0.65)	- 0.789 *** (- 3.68)
金融发展水平		0.139 *** (8.80)	0.129 (1.36)		0.0688 *** (2.71)	0.0629 (0.53)
基础设施条件		0.0654 ** (2.43)	0.470 ** (2.24)		- 0.0539 (- 1.15)	0.361 * (1.67)
常数项	0.00231 (0.32)	- 4.936 *** (- 10.76)		0.0140 (1.19)	- 3.443 *** (- 3.89)	
样本量	1958	1926	1573	1686	1656	1320

注：*** 、** 、* 分别表示1%、5%、10%的显著性水平。下表同。

从回归结果来看，数字经济水平能显著地提高区域高质量发展程度，本文假设1得到验证。根据中国信息通信研究院数据显示，数字经济对地区的贡献值自2011年突破20%以来，已经又翻了一番，且仍在不断攀升。此外，不少学者指出，数字基础设施建设不仅在短期内能刺激经济，在长期内更能促进经济转型、释放经济增长潜力，只是需要更多的时间去等待量变到质变的转换过程[34 - 36]。

（二）稳健性检验

在稳健性检验中，本文延续了基准模型的分析思路，采用两阶段系统 GMM 的估计方法，依次替换核心解释变量和被解释变量，以检验回归模型的稳健性，结果如表5所示。具体来看，表5中的第（1）列 ~ 第（3）列将高质量发展程度替换为地区经济发展量级；第（4）列 ~ 第（6）列将数字经济水平替换为互联网发展水平；同时控制了个别相关变量的外生影响。

表5　　　　稳健性检验：替换高质量发展程度和数字经济水平变量

变量	(1) 地区经济发展量级	(2) 地区经济发展量级	(3) 地区经济发展量级	(4) 高质量发展程度	(5) 高质量发展程度	(6) 高质量发展程度
数字经济水平	0.105 *** (9.94)	0.0501 *** (7.27)	0.117 *** (4.00)			
数字经济水平的一阶滞后项	0.129 *** (12.98)	0.0656 *** (10.05)	0.0596 *** (4.08)			
互联网发展水平				0.133 *** (5.79)	0.0698 *** (2.82)	0.0954 (1.29)
互联网发展水平的一阶滞后项				0.0874 *** (3.62)	0.0159 (0.60)	0.0395 (0.97)
经济发展状况		0.614 *** (47.00)	0.361 *** (3.31)		0.414 *** (5.38)	0.721 *** (2.76)
产业协同能力		- 0.000214 *** (- 5.41)	0.0000674 (0.21)		0.000783 ** (2.25)	0.000988 (1.15)
社会消费需求		0.0155 ** (2.35)	0.0593 (0.81)		0.0318 (0.50)	- 0.464 *** (- 2.95)
金融发展水平		- 0.0405 *** (- 9.27)	- 0.152 *** (- 4.48)		0.0876 *** (3.61)	0.0365 (0.35)
基础设施条件		- 0.000649 (- 0.08)	0.136 (1.64)		- 0.0420 (- 0.90)	0.410 * (1.95)
常数项	16.57 *** (4690.48)	9.961 *** (67.57)		0.0242 *** (2.72)	- 4.899 *** (- 7.30)	
样本量	1947	1890	1574	1686	1656	1320

　　从回归结果来看，数字经济水平对地区经济发展水平存在正向的影响；同样地，互联网发展水平对高质量发展也存在正向的影响，两项回归结果与基准回归保持一致。可见，替换核心变量后的回归结果从全新的视角验证了基准模型的稳健性。事实上，党的十九大首次提出"高质量发展"这一全新表述时，就强调其本质内涵在于经济的活力、创新力和竞争力，明确经济的发展不再仅限于经济增长速度，而是能够很好地满足人民日益增长的美好生活需要的方方面面；同时，中国信息通信研

究院所构建的数字经济"四化"框架，即数字产业化、产业数字化、数字化治理、数据价值化，则是展现了数字经济丰富的应用场景，体现了数字经济对未来生活的重要意义。显然，稳健性检验的结果更能表明数字经济将有助于推进高质量发展进程。

五、进一步研究：机制分析与异质性分析

本部分将在上文的基础上，进一步地挖掘数字水平推动区域高质量发展的作用机理，明确创新、协调、绿色、开放、共享五条中介调节路径在其中所发挥的作用。同时，依次考虑了数字政策事件、地理区位划分、少数民族聚居等因素，深入挖掘数字水平，推动区域高质量发展的异质性表现，不仅佐证了数字水平在推动区域高质量发展中的重要性，还给出了数字经济在区域发展中亟待关注的潜在着力方向。

（一）基于创新、协调、绿色、开放、共享的机制分析

根据理论部分的作用机理，数字经济会通过创新、协调、绿色、开放、共享等新发展理念的五个方面对区域发展产生关键的影响。本文试图依次直接检验数字经济水平对创新指标、协调指标、绿色指标、开放指标、共享指标的影响，结果如表6中第（1）列~第（5）列所示。

具体来看，表6中的第（1）~（5）列依次检验了数字经济水平对区域创新、协调、绿色、开放、共享的影响。从回归结果来看，数字经济能够显著促进区域创新、绿色以及共享发展，对开放发展影响效应为负，对协调发展作用不显著。这表明现阶段发展数字经济能够直接且有效地提升区域创新水平、绿色水平和共享水平，以保障社会创新创业活力，着力支撑碳中和碳达峰，全面推进共同富裕[37-39]；同时，发展数字经济还更加有利于国内大循环，减弱对国际资本的高度依赖，促进国

内国际双循环的良性互动[40]；而提高区域协调水平则相对较为复杂[41]，需要多种手段共同作用，仅仅通过发展数字经济难以对其产生较为明显的直接作用。可见，发展数字经济能够对高质量发展内涵所囊括的五个方面产生有效作用，但在发展的过程中仍需要关注并利用好其他经济手段与数字经济的综合效应，以保障高质量发展成果更加充分、更加均衡。

表6 数字经济对高质量发展的机制分析

变量	（1）	（2）	（3）	（4）	（5）
	创新指标	协调指标	绿色指标	开放指标	共享指标
数字经济水平	0.0700 * （1.67）	0.0232 （0.17）	0.363 *** （8.61）	−0.152 * （−1.81）	0.0371 ** （2.06）
数字经济水平的一阶滞后项	0.137 *** （3.48）	−0.0603 （−0.46）	0.218 *** （5.46）	−0.219 *** （−2.78）	0.0109 （0.63）
常数项	−6.134 *** （−7.60）	−0.579 （−0.42）	−4.998 *** （−5.63）	−4.619 *** （−3.16）	1.430 *** （3.58）
控制变量	控制	控制	控制	控制	控制
样本量	1889	1869	1794	1791	1859

（二）基于典型事件、区位划分与族群聚集的异质性分析

本节分别考虑了数字政策事件、地理区位划分、少数民族聚居等因素，主要出于以下考虑：第一，自2013年实施"宽带中国"战略之后，各省份都进一步颁布了一系列相关配套政策，数字基础设施建设得到了较大的改善，数字经济水平也得到了进一步的提升[42]，该战略可能会对区域高质量发展产生影响。第二，目前，数字经济已经形成了以城市为中心的辐射圈[43]，其中，在东部地区形成了以"杭州""广州""北京"为中心的辐射圈、在中部地区形成了以"武汉""长沙"为中心的辐射圈、在西部地区形成了以"贵阳""成都""西安"为中心的辐射圈，东中西部三个地区的数字经济水平对区域高质量发展可能存在差

异。第三，相较于汉族群体，少数民族群体对新事物的接纳能力较弱，运用数字经济手段来发展经济的意识也较为淡薄[44]，少数民族群体聚集区可能影响数字经济水平对区域高质量发展的作用效果。回归结果如表 7 所示。

表 7 　　　　　　　异质性分析：典型事件、区位划分与族群聚集

变量	（1）	（2）	（3）	（4）	（5）	（6）	（7）
	数字政策事件		地理区位划分			少数民族聚居	
	高质量发展程度	高质量发展程度	高质量发展程度	高质量发展程度	高质量发展程度	高质量发展程度	高质量发展程度
数字经济水平	0.0983 ** (2.52)	0.122 ** (2.36)	0.134 *** (2.73)	0.0310 (0.94)	0.0677 (0.65)	0.0488 *** (2.81)	0.350 ** (2.06)
数字经济水平的一阶滞后项	0.0205 (0.55)	0.00647 (0.12)	-0.0304 (-0.68)	0.0104 (0.34)	-0.0613 (-0.60)	0.0394 ** (2.46)	-0.414 ** (-2.50)
经济发展状况	0.353 *** (4.41)	0.416 *** (4.99)	0.582 *** (6.52)	0.262 *** (5.57)	0.337 ** (2.45)	0.453 *** (14.28)	0.419 * (1.85)
产业协同能力	0.000768 ** (2.21)	0.000648 *** (4.14)	0.000806 *** (5.01)	0.00980 *** (7.24)	0.00847 *** (3.73)	0.000921 *** (13.35)	0.00777 ** (2.04)
社会消费需求	-0.0459 (-0.65)	0.0609 (0.84)	-0.137 (-1.43)	0.170 *** (4.40)	0.106 (0.87)	-0.00153 (-0.05)	0.0827 (0.46)
金融发展水平	0.0688 *** (2.71)	0.142 *** (6.60)	0.168 *** (5.87)	0.0519 *** (3.99)	0.125 *** (3.16)	0.109 *** (11.27)	0.193 *** (2.83)
基础设施条件	-0.0539 (-1.15)	0.0570 (1.45)	0.0967 (1.60)	0.0214 (1.08)	-0.0215 (-0.32)	0.0474 *** (2.90)	-0.0104 (-0.08)
常数项	-3.443 *** (-3.89)	-5.498 *** (-7.70)	-5.443 *** (-5.46)	-4.700 *** (-10.86)	-5.068 *** (-4.22)	-5.151 *** (-17.61)	-5.908 *** (-2.82)
样本量	1656	1145	594	624	438	1264	392

具体来看，表 7 中的第（1）列、第（2）列分别检验了"宽带中国"战略实施前后，数字经济水平对区域高质量发展的影响；第（3）列~第（5）列依次检验了东部地区、中部地区、西部地区数字经济水平对区域高质量发展的影响；第（6）列和第（7）列分别检验了少数

民族群体占比较低地区、少数民族群体占比较高地区（以少数民族群体占比数据的3/4百分位为划分依据，即约为6%），数字经济水平对区域高质量发展所产生的影响。

从回归结果来看，首先，"宽带中国"战略的实施能显著地提高数字经济水平对区域高质量发展的积极作用，这表明"宽带战略"已经达到了预期的实践效果，并有望在未来持续发挥作用。

其次，在空间上，数字经济水平对区域高质量发展的驱动作用，只有东部地区有显著作用。一方面，表明"杭州"作为全国数字经济第一城发挥出了巨大的辐射作用，相较于其他后起的城市仍有不可替代的地位；另一方面，还表明现阶段东部地区数字经济发展成效在整体上大于中西部地区，可能会产生数字鸿沟效应。

最后，至于少数民族群体占比越高的地区，其当期数字经济水平对区域高质量发展存在正向影响，但滞后一期的数字经济水平却表现出较强的负面影响，这表明少数民族聚居地虽然正积极地抓住数字经济发展新机遇，有较为强烈的意愿运用数字经济手段来改善区域整体发展水平，但相对落后的数字经济水平在短期内仍将是有效推动区域高质量发展的一大障碍与难题[45]。

六、研究结论及政策建议

（一）研究结论

区域数字经济发展水平是衡量数字社会大背景下某一地区经济发展潜力的重要标志，不仅能营造数字发展氛围、激活数字发展意愿、创造数字发展空间，还能有效推动城乡数智化转型、促进地区经济快速增长、提高人民生活质量，以加快经济社会向更高级的数字化发展形态跃迁，充分保障各区域的协调发展能力以及高质量发展水平。

本文基于 2011～2018 年 289 个地级市的数据，在构建数字经济发展水平和经济高质量发展指数的基础上，运用实证检验了数字经济对区域高质量发展的驱动作用及其内在影响机制。研究发现：（1）数字经济能够显著提高区域高质量发展程度，这一结论在解决内生性及进行一系列稳健性后依然可靠。（2）数字经济能够正向作用于创新、绿色和共享三个方面，促进区域高质量发展。（3）"宽带中国"战略的实施能够有效提高数字经济水平推动区域高质量发展的积极作用；且东部地区具有较大领先优势；少数民族群体占比越高的地区，其当期数字经济水平对区域高质量发展的正向影响尤为突出，而滞后一期的数字经济水平却表现出较强的负面影响，整体上表现为少数民族人口占比较低的地区数字经济水平对区域高质量发展的积极作用更加明显。

（二）政策建议

第一，平衡区域数字基础设施发展水平。在布局全新周期的数字新基建时，不仅要优先推进欠发达地区的数字基础设施水平，使得欠发达地区可以率先享受新一轮数字基础设施带来的革命性变革，为欠发达地区数字经济发展营造创新发展空间，更要充分关注城乡间、经济圈间数字经济发展差异，为农村地区、欠发达地区、边缘城市发展特色数字经济产业集群开发相应的数字基础设施设备，保障数字基础设施能够有效支撑数字经济实现跨越式发展。

第二，加大数字经济的普及、普惠力度。各级政府部门应该带头大力宣传和普及数字经济相关概念与内涵，将数字经济发展理念落实到地方乡镇、行政村，使得各级地方干部形成数字经济发展意识，带动人民群众利用数字手段发展地方特色经济，进而打造具有地方特色的互联网优势品牌。同时，采取小微借贷、减税降费、政策托底等手段支持个体户的数字创新创业活动、地方企业的数字化转型，全面激活本土数字企业家精神，促进高质量就业。

第三，缩小数字素养及应用能力差距。各教育阶段应合理规划和安排数字化思维能力培训，不仅要充分利用现有的网络教育教学资源，借鉴和吸纳发达地区在数字素养培训上的典型经验与做法，在短期内快速提升各年龄段、各服务人群的数字能力与水平，还要适时引进数字经济领域的外来人才、专技人员和专家团队，积极开展电商直播、数字旅游等各具特色的数字人才专项培训，鼓励和支持相关人员参与到数字实践与应用中去。

参考文献

［1］Zhou Guangyou. The impact of COVID – 19 pandemic on the digital economy and policy responses ［M］//Covid – 19's Economic Impact And Countermeasures In China. Beijing：World Scientific Publishing Co. Pte. Ltd. ，2022：175 – 197.

［2］刘传辉. 数字经济背景下城市群空间经济联系及效应研究［D］. 西南财经大学，2019.

［3］Tang L, Lu B, Tian T. Spatial correlation network and regional differences for the development of digital economy in China ［J］. Entropy，2021，23（12）：1575.

［4］曹正勇. 数字经济背景下促进我国工业高质量发展的新制造模式研究［J］. 理论探讨，2018（2）：99 – 104.

［5］荆文君，孙宝文. 数字经济促进经济高质量发展：一个理论分析框架［J］. 经济学家，2019（2）：66 – 73.

［6］葛和平，吴福象. 数字经济赋能经济高质量发展：理论机制与经验证据［J］. 南京社会科学，2021（1）：24 – 33.

［7］马黄龙，屈小娥. 数字普惠金融对经济高质量发展的影响——基于农村人力资本和数字鸿沟视角的分析［J］. 经济问题探索，2021（10）：173 – 190.

[8] 尹志超，张栋浩. 金融普惠、家庭贫困及脆弱性 [J]. 经济学（季刊），2020，20（5）：153 - 172.

[9] 赵涛，张智，梁上坤. 数字经济、创业活跃度与高质量发展——来自中国城市的经验证据 [J]. 管理世界，2020，36（10）：65 - 76.

[10] 孔令英，董依婷，赵贤. 数字经济、资源错配与经济高质量发展——基于 261 个城市数据的实证分析 [J]. 中国科技论坛，2023（5）：123 - 133.

[11] 阳镇. 数字经济如何驱动企业高质量发展？——核心机制、模式选择与推进路径 [J]. 上海财经大学学报，2023，25（3）：92 - 107.

[12] 俞立平，胡甲滨. 数字经济对设自贸区省市经济高质量发展的影响效应 [J]. 现代经济探讨，2023，496（4）：1 - 14.

[13] 黄勃，李海彤，刘俊岐，等. 数字技术创新与中国企业高质量发展——来自企业数字专利的证据 [J]. 经济研究，2023，58（3）：97 - 115.

[14] 吕德胜，王珏，唐青青. 数字经济实现了绿色创新"增量提质"吗——基于异质环境关注视角 [J]. 山西财经大学学报，2023，45（5）：55 - 68.

[15] 朱永明，朱雅杰，沈志锋. 数字经济推动全域高质量发展的机理研究——以中国式现代化为目标 [J]. 郑州大学学报（哲学社会科学版），2023，56（2）：44 - 49.

[16] 任保平. 数字经济引领高质量发展的逻辑、机制与路径 [J]. 西安财经大学学报，2020，33（2）：5 - 9.

[17] 李宗显，杨千帆. 数字经济如何影响中国经济高质量发展？[J]. 现代经济探讨，2021（7）：10 - 19.

[18] 张元庆，刘烁，齐平. 高技术数字制造业创新效率测度、区域差异与空间收敛 [J]. 科技进步与对策，2023，40（13）：40 - 49.

[19] 杜传忠，张远. 数字经济发展对企业生产率增长的影响机制研究 [J]. 证券市场导报，2021，343（2）：41 - 51.

［20］杨文溥. 数字经济促进高质量发展：生产效率提升与消费扩容［J］. 上海财经大学学报，2022，24（1）：48 - 60.

［21］杨慧梅，江璐. 数字经济、空间效应与全要素生产率［J］. 统计研究，2021，38（4）：3 - 15.

［22］易加斌，徐迪，王宇婷，等. 学习导向、大数据能力与商业模式创新：产业类型的调节效应［J］. 管理评论，2021，33（12）：137 - 151.

［23］牢牢把握高质量发展这个根本要求［N］. 人民日报，2017 - 12 - 21（1）.

［24］张昕蔚. 数字经济条件下的创新模式演化研究［J］. 经济学家，2019（7）：32 - 39.

［25］钟文，郑明贵. 数字经济对区域协调发展的影响效应及作用机制［J］. 深圳大学学报（人文社会科学版），2021，38（4）：79 - 87.

［26］伦晓波，刘颜. 数字政府、数字经济与绿色技术创新［J］. 山西财经大学学报，2022，44（4）：1 - 13.

［27］师博，张冰瑶. 全国地级以上城市经济高质量发展测度与分析［J］. 社会科学研究，2019（3）：19 - 27.

［28］宋洋. 数字经济、技术创新与经济高质量发展：基于省级面板数据［J］. 贵州社会科学，2020（12）：105 - 112.

［29］李雪，吴福象，竺李乐. 数字经济与区域创新绩效［J］. 山西财经大学学报，2021，43（5）：17 - 30.

［30］黄群慧，余泳泽，张松林. 互联网发展与制造业生产率提升：内在机制与中国经验［J］. 中国工业经济，2019（8）：5 - 23.

［31］郭峰，王靖一，王芳，等. 测度中国数字普惠金融发展：指数编制与空间特征［J］. 经济学（季刊），2020，19（4）：1401 - 1418.

［32］金环，于立宏. 数字经济、城市创新与区域收敛［J］. 南方经济，2021（12）：21 - 36.

［33］干春晖，郑若谷，余典范. 中国产业结构变迁对经济增长和波动的影响［J］. 经济研究，2011，46（5）：4 - 16，31.

[34] 郭朝先，王嘉琪，刘浩荣．"新基建"赋能中国经济高质量发展的路径研究 [J]．北京工业大学学报（社会科学版），2020，20（6）：13－21．

[35] 何自力．"新基建"助力抗疫情稳增长正当其时 [N]．光明日报，2020－03－13（2）．

[36] Zhou A. Digital infrastructure and economic growth—Evidence for China [J]．Journal of Infrastructure，Policy and Development，2022，6（1）：1397．

[37] 郭吉涛，朱义欣．数字经济、区域创新效率与地区创业活力 [J]．哈尔滨商业大学学报（社会科学版），2022（1）：98－111．

[38] 魏丽莉，侯宇琦．数字经济对中国城市绿色发展的影响作用研究 [J]．数量经济技术经济研究，2022，39（8）：60－79．

[39] 郭爱君，张小勇．数字经济赋能共同富裕：现实基底、逻辑机制与实现进路 [J]．内蒙古社会科学，2022，43（4）：2，115－122．

[40] 祝合良，李晓婉．数字经济驱动强大国内市场形成的机理、动力与对策——基于我国强大国内市场形成基本条件与所面临困境 [J]．中国流通经济，2022，36（6）：25－36．

[41] 刘传明，尹秀，王林杉．中国数字经济发展的区域差异及分布动态演进 [J]．中国科技论坛，2020（3）：97－109．

[42] 郭斌，杜曙光．新基建助力数字经济高质量发展：核心机理与政策创新 [J]．经济体制改革，2021（3）：115－121．

[43] 王彬燕，田俊峰，程利莎，等．中国数字经济空间分异及影响因素 [J]．地理科学，2018，38（6）：859－868．

[44] 朱军．新型城镇化中少数民族流动人口的生计资本与就业状况研究 [J]．湖北民族大学学报（哲学社会科学版），2021，39（4）：57－67．

[45] 陆九天，陈灿平．民族地区数字乡村建设：逻辑起点、潜在路径和政策建议 [J]．西南民族大学学报（人文社会科学版），2021，42（5）：154－159．

The Impact of Digital Economy on High – Quality Development in China: Empirical Evidence from 289 Prefecture – Level Cities

Lu Jiutian[1], Qiu Lianhong[2], Gao Juan[3]

（1. School of Marxism Jiangsu University and Research Institute of Common Prosperity Jiangsu University, Zhenjiang 212013;

2. School of Marxism Guangdong Party School Provincial Committee CPC, Guangzhou 510120;

3. School of Economics, Southwest Minzu University, Chengdu 610041）

Abstract: Based on data from 289 prefecture level cities in China from 2011 to 2018, the article explores the impact mechanism of the digital economy on high-quality regional development in China, and clarifies the key role that the digital economy plays in regional development. The main conclusions are as follows: Firstly, benchmark regression found that the level of digital economy can significantly improve the level of high-quality regional development. After endogeneity treatment and robustness testing, this conclusion remains reliable. Secondly, mechanism testing indicates that the level of digital economy can have a positive impact on regional high-quality development through three aspects: innovation, green, and sharing. Thirdly, the results of heterogeneity analysis show that the implementation of the "Broadband China" strategy can significantly enhance the positive impact of the digital economy, with a spatial pattern showing that the role of the eastern region is significantly greater than that of the central and western regions; Moreover, regions with a large population of ethnic minorities are seizing new opportunities for the development of the digital economy, and their role in the transformation and upgrading of their residential areas is showing a marginal increase. In view of this, it is necessary to balance the development level of regional digital infrastructure, increase the popularization and inclusiveness of the digital economy, narrow the gap in digital literacy and application capabilities, ensure comprehensive improvement of regional digital economy development competitiveness, and continue to drive high-quality development of the regional economy.

Key Words: digital economy; high quality development; new development concept

粤港澳大湾区内地 9 市经济增长动力结构时空演变特征分析[*]

陈 刚[**]

（广州市社会科学院 现代产业研究所，广州 510410）

摘要："十四五"时期是我国"两个一百年"奋斗目标的历史交汇期。在经济恢复的过程中，如何更好地挖潜力、转动力、调结构，将成为推动新阶段地方经济追求高质量发展的关键所在。为进一步完善经济增长动力结构量化分析评价研究，提供差异化动力提升政策依据，本研究基于粤港澳大湾区内地 9 市 2008～2021 年经济数据，从拉动力、推动力、内生动力和阻力 4 个方面探讨经济增长动力结构变化特征，构建区域经济增长动力评价体系。研究发现，粤港澳大湾区内地 9 市经济增长动力结构、水平仍存在较大差异，地域间的差异性随时间不断扩大。对此，各地应创新驱动发展方式，将科技创新要素置于实现新一轮经济增长的重要位置，因地制宜地实施差异化经济增长动力提升策略。

关键词：经济增长；动力结构；评价体系；科技创新

一、引 言

党的十九大报告指出，"我国经济已由高速增长阶段转向高质量发

---

* 基金项目：本文是广州市哲学社会科学发展"十四五"规划 2024 年度市委市政府重大课题"加快推进新型工业化，建设先进制造业强市研究"（课题编号：2024GZZD38）阶段性研究成果。

** 作者简介：陈刚（1987—），男，研究员，研究方向为区域经济发展。

展阶段，正处在转变发展方式、优化经济结构、转换增长动力的攻关期"。党的二十大报告对"加快构建新发展格局，着力推动高质量发展"作出部署，要求把实施扩大内需战略同深化供给侧结构性改革有机结合起来，增强国内大循环内生动力和可靠性。面对动能迭代更替的经济规律，正确认识当前阶段动能结构发展现状，是加速新旧动能转换推动经济持续增长跃上新台阶的必要前提。作为我国开放程度最高、经济活力最强的区域之一，粤港澳大湾区在改革开放和现代化建设中一直走在全国最前列，在国家发展大局中具有重要战略地位。当前经济发展过程中出现的结构性矛盾、动能转换瓶颈以及发展不均衡等难题已经成为影响大湾区经济高质量发展的重要因素。习近平总书记曾多次就广东发展作出重要批示，着重强调创新发展理念，加快新旧动能转换，适应经济发展新阶段，为全国提供新经验、新模式。本文基于经济发展新阶段和新格局背景，以新发展理念为理论基础，贯彻落实习近平总书记重要批示精神以及国家推动粤港澳大湾区建设的大背景下，围绕粤港澳大湾区内地 9 市增长动能转换问题进行的理论、实证和对策研究。

二、动力结构评价指标体系建设

基于本人已有研究成果[1-2]，考虑到数据可获取性和评价体系层次性，构建包含拉动力、推动力、内生动力和阻力四个子系统 26 个基础指标在内的经济增长动力结构评估体系，如表 1 所示。

表 1   城市群经济增长动力结构评估体系

系统	基础指标	基础指标测算方式	单位	属性
拉动力	投资规模	全社会固定资产投资	亿元	+
	消费规模	全社会消费品总额	亿元	+
	净出口规模	出口总额减进口总额	亿元	+

续表

系统	基础指标	基础指标测算方式	单位	属性
拉动力	投资质量	非房地产开发投资/全社会固定资产投资	%	+
	消费质量	恩格尔系数	%	−
	外贸依存度	进出口总额/GDP	%	+
推动力	就业规模	年末就业总人数	万人	+
	资本存量	资本存量[3]	亿元	+
	技术投入	有效发明专利数量	亿元	+
	土地资源	建成区面积	平方公里	+
	能源消费	电力消费量	万千瓦时	+
	制度质量	非国有规上工业企业总资产/规上工业企业总资产[4]	%	+
	全要素生产率	全要素生产率[5]	−	+
内生动力	人力资本	科学技术和教育财政支出/常住人口数量	元/人	+
	R&D 人员规模	R&D 人员全时当量	万人	+
	R&D 经费规模	R&D 经费内部支出	亿元	+
	市场活力	非国有固定资产投资/全社会固定资产投资总额	%	+
	产业结构合理化	产业结构合理化指数[6]	−	+
	产业结构高级化	产业结构高级化指数[7]	−	+
	城镇化率	城镇人口/常住人口总量	%	+
阻力	CPI	居民消费价格指数（CPI，以 2008 年为基期）	%	
	RPI	商品零售价格指数（RPI，以 2008 年为基期）	%	
	PPI	工业出厂价格指数（PPI，以 2008 年为基期）	%	
	就业人口失业率	城镇登记失业率	%	
	税负	税收收入/GDP	%	
	房价收入比	年均商品房销售价格/城镇居民人均可支配收入		

三、数据整理及说明

（一）数据整理

考虑到数据的一致性、可比性和获得性，采用 2008～2021 年粤港澳大湾区内地9市相关数据，数据来源以广东省统计年鉴为主，缺失部分由各市统计年鉴、中国城市统计年鉴以及其他数据库补充，针对无法获取部分，以年份均值作补充①。表2所示为动力系统各指标描述性统计结果。

表2 **大湾区内地9市经济增长动力结构指标统计性检验结果**

系统	基础指标	样本量	均值	标准差	极小值	极大值
拉动力	投资规模	126	1888.31	1398.88	326.31	6338.11
	消费规模	126	2237.25	2226.48	238.49	8653.98
	净出口规模	126	202.08	207.42	−70.05	856.25
	投资质量	126	64.09	9.60	30.03	89.43
	消费质量	126	34.82	3.40	21.19	45.16
	外贸依存度	126	97.91	62.66	15.30	323.11
推动力	就业规模	126	466.60	323.51	98.13	1245.42
	资本存量	126	8252.91	6424.22	1243.64	32659.51
	技术投入	126	29835.70	43851.56	269	279177
	土地资源	126	430.20	411.67	38	1366
	能源消费	126	437.77	283.96	78.08	1119.73
	制度质量	126	72.64	17.58	29.60	94.51
	全要素生产率	126	5.15	1.67	1.72	8.48
内生动力	人力资本	126	2558.32	1843.63	198.88	9412.82
	R&D人员规模	126	61667.7	71153.3	2319	420021
	R&D经费规模	126	132.65	180.30	3.15	932.91
	市场活力	126	78.29	9.97	52.16	92.93
	产业结构合理化	126	0.08	0.09	0.00	0.66
	产业结构高级化	126	6.87	0.33	5.83	7.45
	城镇化率	126	79.70	16.99	42.39	100.00

---

① 缺损年份值为前后年份值的算术平均值，此类数据量非常少，不影响计算结果。

续表

系统	基础指标	样本量	均值	标准差	极小值	极大值
阻力	CPI（上一年=100）	126	102.35	1.77	96.90	105.90
	RPI（上一年=100）	126	101.71	2.13	95.30	107.90
	PPI（上一年=100）	126	100.37	2.67	92.50	107.10
	就业人口失业率	126	0.63	0.18	0.28	1.05
	税负	126	6.24	2.35	0.00	16.75
	房价收入比	126	0.31	0.17	0.16	0.94

由表2可知，大湾区内地9市经济增长在阻力系统方面变化幅度相对较小，但在拉动力、推动力和内生动力系统方面则表现出波动范围广、强度大以及差异性明显等特征。从对比指标差异化程度看①，净出口规模、技术投入、R&D人员规模、R&D经费规模以及产业结构合理化5个基础指标的差异化系数均大于1，表明样本城市在这些方面差异化较大；而在居民消费价格指数（CPI）、商品零售价格指数（RPI）、工业出厂价格指数（PPI）等方面的差异性相对较小，同时也表明粤港澳大湾区内地9市资源要素市场流动性相对较强。

（二）指标体系合理化分析：信度分析

1. 信度检验

借鉴陈刚和李潇（2022）[2]、蒋正峰（2021）[8]等的研究方法，选取克朗巴哈 α 系数法检验经济增长动力结构评价体系基础指标的一致性，进而检验指标体系是否合理。克朗巴哈 α 系数测算公式为 $\alpha = n\bar{r}/[1+(n+1)\bar{r}]$，其中 n 为经济增长动力指标体系基础指标数量，$\bar{r}$ 个基础指标之间相关系数均值，α 值满足 $\alpha \in [0, 1]$。可将检验结果划分为以下四类：若 $\alpha \in [0.9, 1]$，表示指标体系非常合理；若 $\alpha \in [0.8, 0.9)$，

---

① 差异化程度等于标准差与均值之比。

表示指标体系相对合理；$\alpha \in [0.7, 0.8)$，表示指标体系设计存在一定问题，但测算结果仍有一定参考价值；$\alpha \in [0, 0.7)$，表示误差太大，应考虑重新设计指标体系。

2. 信度检验结果分析

对大湾区内地9市2008～2021年经济增长动力结构评价体系进行检验：首先，使用规范化方法对基础指标进行标准化处理，保证数据在0～1之间变动，排除指标单位因素影响；其次，利用Stata 17.0统计分析软件对标准化处理后的基础指标进行信度分析，测算结果如表3所示。

表3 　　　　　　　　　　　　　信度系数

Cranach's Alpha	基于标准化项的 Cranach's Alpha	指标项目数量
0.9353	0.9371	26

表3显示，本文构建的经济增长动力结构评价指标体系信度系数和基于标准化项的克朗巴哈 α 系数分别为0.9353和0.9371，均在0.9以上，可以认定基础指标一致性较强，指标体系非常合理，基于此指标体系测算出的结果能够对大湾区内地9市经济增长动力情况进行很好的解释。

（三）经济增长动力结构指标评估方法

首先，对数据进行无量纲处理；其次，采用熵值法对无量纲处理后的指标进行赋值操作。熵值法主要是利用信息论中的信息熵原理，指标变异程度越大，对应的信息熵值就越小，指标提供的信息量就越大，因此，该指标的权重也应该越大，反之亦然，该方法能有效规避主观因素。运用熵值法测算基础指标权重，可参照蒋正峰等（2021）[8]文献，篇幅所限，本文不再赘述。

考虑到拉动力、推动力、内生动力和阻力系统中的基础指标之间存在一定的相关性，若对整个系统进行熵值法测算，测算结果可能会存在一定误差，故需分别对四个子系统进行熵值法测算，基础指标权重测算如表4所示。

表4　　　　　　　　　　经济增长动力结构指标及权重

系统	基础指标	权重
拉动力	投资规模	23.05
	消费规模	34.43
	净出口规模	17.14
	投资质量	2.84
	消费质量	4.15
	外贸依存度	18.39
推动力	就业规模	14.61
	资本存量	14.55
	技术投入	27.79
	土地资源	20.56
	能源消费	12.87
	制度质量	4.30
	全要素生产率	5.32
内生动力	人力资本	11.88
	R&D人员规模	23.63
	R&D经费规模	29.12
	市场活力	3.97
	产业结构合理化	22.48
	产业结构高级化	2.70
	城镇化率	6.23
阻力	CPI（上一年=1）	28.55
	RPI（上一年=1）	13.91
	PPI（上一年=1）	18.61
	就业人口失业率	21.46
	税负	6.50
	房价收入比	10.97

假设 t 时期各城市经济增长综合动力指数为 U_t，则满足：$U_t = \sum_i^n w_i y_{it}$，其中，$n$ 为拉动力、推动力、内生动力和阻力四个子系统中基础指标的数量。按照指标所属系统分类，可依次求出各城市经济增长的拉动力指数得分 U_{1t}、推动力指数得分 U_{2t}、内生动力指数得分 U_{3t} 和阻力指数得分 U_{4t}。经济增长综合动力指数为四大子系统得分之和，如表5所示。

表5　　　　　　　　城市群经济增长动力综合水平测评结果

年份	广州	深圳	珠海	佛山	惠州	东莞	中山	江门	肇庆
2008	111.93	143.51	81.02	80.51	78.03	101.48	80.82	64.34	52.56
2009	163.01	184.85	115.19	120.01	109.44	146.70	121.82	102.32	97.01
2010	131.77	165.00	84.52	101.74	77.71	131.77	92.62	73.86	61.06
2011	131.33	163.57	77.93	96.83	73.30	128.85	83.55	69.01	52.72
2012	155.35	188.44	93.16	117.34	93.69	145.73	99.79	85.29	75.94
2013	168.86	198.34	100.97	121.68	101.66	154.19	108.27	91.09	80.94
2014	176.18	203.45	100.21	125.11	100.53	148.74	104.25	88.20	82.75
2015	195.32	217.07	110.20	137.30	111.08	160.91	114.06	97.61	99.32
2016	193.40	221.19	107.59	135.73	106.33	153.10	109.09	96.49	91.49
2017	198.34	232.98	108.48	136.62	103.26	180.02	106.42	95.23	80.85
2018	206.66	242.13	107.95	145.01	105.80	164.81	105.92	97.39	86.10
2019	216.20	256.68	111.59	147.98	103.81	170.96	99.57	96.40	85.90
2020	225.30	268.93	109.37	153.07	108.03	176.08	108.59	93.21	77.24
2021	240.64	288.00	103.55	159.51	110.72	191.40	113.19	94.53	79.36

四、城市群经济增长动力结构演变趋势和特点

（一）时序特征

整体上看，大湾区内地9市经济增长动力综合发展水平表现出明显

的三阶段特征：第一阶段（2008～2010 年）：发展环境变化造成经济增长动力产生较大波动，经济增长动力呈倒"V"型特征。作为中国开放程度最高的城市群之一，大湾区内地 9 市具有典型外向型经济和市场经济发展特征，受国际市场和国内政策影响较大（见图 1）。2008 年由美国次贷危机引起的全球性金融危机对城市群外贸需求产生了较大影响，2009 年，大湾区内地 9 市对外出口总规模同比下滑了 454.31 亿美元[①]，转向更加重视国内市场需求的开发。为刺激内需，国家层面在 2008 年底制定了"四万亿计划"，该政策对经济增长影响具有一定滞后性，因此，并不能及时有效地提升国内市场需求，造成 2019 年国内市场出现了短暂的产品供给过剩现象，使得城市群 CPI 指数、RPI 指数和 PPI 指数大幅下降，使得 2009 年阻力系统得分有所提升。而作为中国市场化程度最高的城市群，产能过剩促使着城市群企业改变生产模式，供需失衡问题在短期内得到有效缓解，使得通货膨胀在 2010 年就恢复到正常水平，具体表现为 2010 年城市群阻力系统得分与 2008 年相当。但从长期看，国家层面的"四万亿计划"政策属于瞬时冲击特征，对城市群影响时效性要低于国际金融危机，并不能完全抵消金融危机对城市群经济增长的阻碍作用。因此，这一时期城市群的阻力系统得分呈现出下滑趋势，虽然其他三个系统动力处于缓慢增长阶段，但阻力系统对经济增长动力的影响作用远大于其他三个系统，造成整体经济增长动力有所下滑。

第二阶段（2011～2015 年）：经济增长动力综合指数整体呈上涨趋势，但增幅变动较大。2012 年以后，随着金融危机的影响逐渐减弱，国内外经济增长环境逐渐稳定，尤其随着中国经济进入"新常态"，城市群通过调整经济发展模式逐渐适应新的经济发展环境，经济发展开始进入新的轨道，经济阻力虽然比金融危机前有所增强，但对经济增长的限制性作用在不断减弱，而这一时期经济增长拉动力、推动力和内生动力

---

① 根据广东省统计局官网公布数据整理。

不断增强，对经济增长的影响已经超过阻力的抑制作用，使得这一时期城市群经济增长综合实力不断提升。

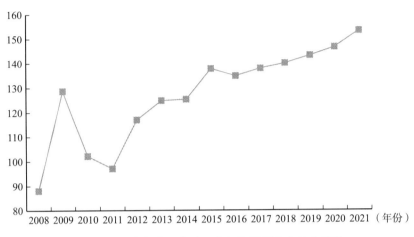

图1 粤港澳大湾区内地9市经济增长动力综合指数

第三阶段（2016～2021年）：经济增长动力综合指数稳中有升。2016年，城市群经济增长动力综合水平略有下滑的直接原因在于通货膨胀率的异常增加。2016年，城市群CPI指数、RPI指数和PPI指数分别比上一年提升了0.64个、1.09个和2.39个百分点①，经济增长阻力增强，阻力系统得分下滑。主要原因有三点：一是美国大选、英国脱欧等国际环境变化增加了对国际市场通货膨胀的预期，并传导至国内，在一定程度上影响了通货膨胀率；二是为解决新常态背景下中国经济产业功能过剩，优化市场资源配置效率，提升全要素生产率和社会生产水平问题，国家层面于2016年初提出了供给侧结构性改革，在一定程度上造成了部分市场供需的短暂失衡，市场出现结构性失衡，短期内造成了一定程度的通货膨胀；三是为进一步加速淘汰落后产能，降低经济发展生态成本，国家层面于2015年底启动了第一轮环保督察工作，该行动虽然大幅降低了地方经济发展的生态成本，但也在一定程度上造成了原

---

① 根据广东省统计局官网公布数据整理。

材料价格的大幅提升，而大湾区城市群企业大多处于产业链下游，受原材料价格波动的影响更大。党的十九大报告提出，"坚持质量第一、效益优先，以供给侧结构性改革为主线，推动经济发展质量变革、效率变革、动力变革，提高全要素生产率……"为地方经济转变发展模式、增强经济增长推动力和内生动力指明了方向。

从子系统发展特征来看：2008～2010年，阻力系统得分值最高，其次是拉动力系统和推动力系统，内生动力系统得分值最低。拉动力、推动力和内生动力系统得分呈缓慢增长态势，阻力系统得分值波动较大，且波动幅度大于其他三个子系统增幅之和，是造成该时期城市群经济增长动力综合指数波动的主要原因；2011～2015年，拉动力、推动力和内生动力持续增强，阻力因素对经济增长的影响有所放缓，推动力系统得分与拉动力系统得分不断接近，共同成为经济增长主动力，内生动力不断增强，共同推动经济增长综合动力不断提升；2016～2021年，拉动力平稳增加，阻力有所增强，内生动力持续增强，推动力系统得分已经超过拉动力系统，成为拉动城市群经济增长主动力，如图2所示。

从分析大湾区城市群经济增长动力系统变化原因可以发现：2008～2010年，由国内外发展环境导致阻力因素变化是造成该阶段城市群经济增长动力产生波动的主要原因，但这也为城市群转变经济发展方式、优化经济增长动力结构提供了契机，推动由拉动力为主的经济增长模式向以拉动力和推动力双轮驱动为主，同时注重内生动力培育的综合动力增长模式转变；2011～2015年，城市群经济发展模式向"新常态"过渡阶段，国际金融危机对城市群经济增长的影响不断减弱，阻力因素对经济增长影响有所缓解，为拉动力、推动力和内生动力系统进一步发展提供了稳定的发展环境，使得该时期经济增长动力指数整体上呈现出平稳增长态势；2016～2021年，为加快经济转型升级，推动经济增长新旧动能转换，城市群在保障需求市场健康发展的前提下，推动供给侧结构性改革，大力推进以自主创新为主的科技创新能力，持续优化经济增长动力结构。这一时期，大湾区城市群经济发展向高质量发展转变，虽然在短期内带来了一定的结构性失衡，造成经济增长动力出现短期波动，但从长期看，城市群经济增长动力结构更加合理，经济增长的动力系统得分更加均衡，经济增长的韧性持续增强。

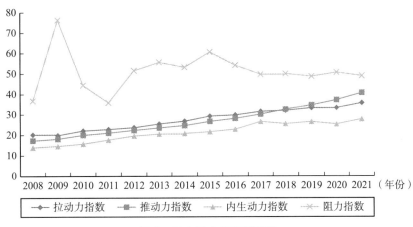

图 2　四大动力子系统指数

（二）空间特征

从空间维度来看，2008～2021 年，城市群经济增长动力综合指数变化较为明显，初期以广州和深圳为第一层级，其他城市为第二层级的双层空间发展格局被打破，转而逐步形成以广州和深圳为第一层级，佛山和东莞为第二层级，剩余城市为第三层级的多层级空间格局。2008 年，广州和深圳的综合发展水平处于领先地位，而其他 7 个城市得分较为相近，整体差距相对不明显。2021 年，广州和深圳城市经济增长动力综合水平仍保持较大优势，东莞和佛山的经济增长动力综合水平亦有较大幅度的提升，与其他城市之间的差距逐渐扩大，珠海、惠州、中山、江门和肇庆 5 市经济增长动力的提升幅度相近。可见，城市群在经济增长动力发展方面出现了一定的失衡，主要表现为各市子系统得分的差异化不断扩大，如图 3 所示。

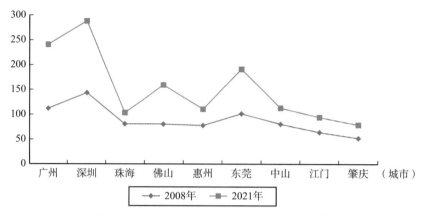

图3 城市群经济增长动力结构综合动力指数

从各城市变化情况来看，城市间经济增长动力结构差异化程度不断增强。在拉动力方面，城市群得分普遍有所提升，但城市间的差异化现象明显。广佛深莞4市拉动力系统得分提升幅度较大，惠州、中山、江门和肇庆4市拉动力指数提升幅度并不明显，珠海的拉动力指数则有所降低。深圳、广州、东莞和佛山4市拉动力指数大幅提升的原因在于投资规模和消费规模增长较快。2008～2021年，广佛深莞4市的全社会固定资产投资规模平均增长了3.16倍，全社会零售品消费总额平均增长了2.78倍，其他5个城市在投资和消费规模上与它们之间的差距在增加，而在其他指标方面，城市群得分值变化较为接近，造成广佛深莞4市拉动力指数增长幅度较为明显。在推动力方面，城市群各城市推动力指数均有所提升，但差异化现象在增强。深圳和广州提升幅度最大，东莞和佛山也有较大幅度的提升，其他5个城市得分均有一定幅度提升，但提升幅度相对较小。其中，技术、劳动和资本要素得分大幅提升是广州和深圳推动力得分增加的原因所在，而资本、技术和能源要素方面得分大幅提升是造成佛山和东莞推动力得分增加的原因所在。在内生动力方面，城市群各城市均有所提升，但城市间的差异化程度在增强。深圳的提升幅度最大，其次是广州、东莞、佛山和珠海4市，其他4个城市相对偏低，深圳得分大幅提升的主要原因在于人力资本质量以及科技创新投入水平投入大幅领先其他城市。在阻力方面，各城市得分呈现出不同程度的提升，对经济增长的影响有所减弱。如图4～图7所示。

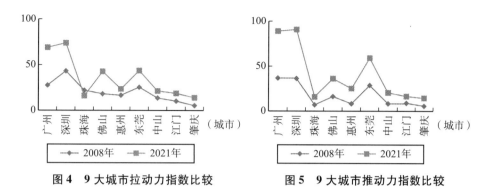

图4　9 大城市拉动力指数比较　　　　图5　9 大城市推动力指数比较

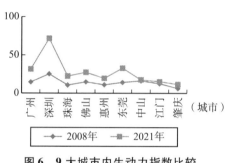
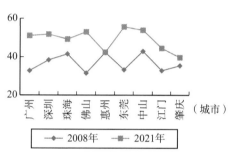

图6　9 大城市内生动力指数比较　　　　图7　9 大城市阻力指数比较

对比 2000 年和 2021 年城市群经济增长动力综合发展情况可以发现，各城市经济增长动力有较大幅度提升，城市综合动力指数排名也发生了一定变化。聚类分析结果显示，2008 年，9 个城市可以分成四个梯队：广州和深圳两市处于第一梯队，东莞处于第二梯队，佛山、惠州、中山和珠海处于第三梯队，肇庆和江门处于第四梯队（见表 6）。城市群经济增长动力呈现以广州和深圳两地为中心，从中心到外围依次降低的特征。

表6　　　　　　　　　　2008 年和 2021 年动力结构聚类空间特征

分组		2008 年	2021 年
第一梯队：高水平	城市	广州、深圳	广州、深圳
	均值	127.72	264.32
第二梯队：较高水平	城市	东莞	东莞、佛山
	均值	101.48	175.45

续表

分组		2008 年	2021 年
第三梯队：较低水平	城市	佛山、惠州、中山、珠海	惠州、中山、珠海
	均值	80.09	109.15
第四梯队：低水平	城市	肇庆、江门	肇庆、江门
	均值	58.45	86.95

2021 年，各城市经济增长动力综合指数得分均有所提升，但与 2008 年相比，各梯队城市分布并没有明显变化，深圳和广州依旧处于第一梯队，佛山迈入第二梯队，与东莞不断接近，惠州、中山和珠海处于第三梯队，肇庆和江门处于第四梯队（见表6）。2008~2021 年，深圳在经济增长动力综合指数得分中稳居第一位，其次是广州。佛山从第三梯队上升到第二梯队，其他城市排序并未发生显著变动。从各城市经济增长动力综合指数得分上看，2021 年广州和深圳综合指数得分均大于 200，处于高水平发展阶段；东莞和佛山得分提升幅度明显，虽然略低于广深，但明显高于其他地区，处于较高水平发展阶段（见表6）。从总体空间发展来看，城市群经济增长动力在 2008~2021 年整体提升幅度明显，并逐步形成了以广深为轴心，佛山和东莞为两翼的经济增长带。

五、结论与启示

归纳总结已有经济增长模型，从拉动力、推动力、内生动力和阻力四个方面构建城市经济增长动力结构，以粤港澳大湾区内地 9 个城市 2008~2021 年统计数据为基础，采用熵值法测算了区域经济增长动力综合指数。研究发现，大湾区内地 9 市经济增长动力水平存在较大的差异性，且这种差异近年来在不断扩大，主要原因在于在各城市经济增长过程中，科技创新领域创新人力和创新资本要素的投入存在较大的失衡，造成样本经济增长在推动力和内生动力方面存在较大差异。鉴于此，在经济发展过程中，城市群各地政府应认清区域经济增长动力水平存在较大失衡性的事实，将科技创新要素置于地方经济增长的重要位置，充分考虑经济增长动力的空间差异性和时间变化趋势特征，因地制宜地实施差异化经济增长动力提升策略，优化经济增长动力结构，推动经济增长动力结构实现进一步优化和提升。此外，还要考虑本地经济增长动力结构的实际情况，在强调保持当前优势的前提下，加快补短板，早日实现经济高质量增长。

参考文献

[1] 陈刚，佟宇竞，邹小华. 区域经济增长动力结构评价体系构建及评估——以广州市为例 [J]. 生产力研究，2019（3）：6 - 13.

[2] 陈刚，李潇. 中国省际经济增长动力评价研究 [J]. 地域研究与开发，2022（10）：7 - 12.

[3] 张军，吴桂英，张吉鹏. 中国省际物质资本存量估算：1952—2000 [J]. 经济研究，2004（10）：35 - 44.

[4] 陈冲，吴炜聪. 消费结构升级与经济高质量发展：驱动机理与实证检验 [J]. 上海经济研究，2019（6）：59 - 71.

[5] 熊俊. 经济增长因素分析模型：对索洛模型的一个扩展 [J]. 数量经济技术经济研究，2000（8）：25 - 34.

[6] 干春晖，郑若谷，余典范. 中国产业结构变迁对经济增长和波动的影响 [J]. 经济研究，2011，46（5）：4 - 16，31.

[7] 付凌晖. 我国产业结构高度化与经济增长关系的实证研究 [J]. 统计研究，2010（8）：79 - 81.

[8] 蒋正峰，陈刚，尹涛. 我国主要城市文化产业创新发展比较分析 [J]. 科技管理研究，2021（9）：105 - 112.

Analysis of the Spatiotemporal Evolution Characteristics of the Economic Growth Dynamic Structure in the Nine Mainland Cities of the Guangdong – Hong Kong – Macao Greater Bay Area

Chen Gang

（Institute of Modern Industries, Guangzhou Academy of Social Sciences, Guangzhou 510410）

Abstract: The "14th Five – Year Plan" period marks the historical convergence of China's "Two Centenary Goals. " During the economic recovery process, how to better tap potential, shift dynamics, and adjust structures will be crucial for promoting high-quality local economic development in this new stage. To further improve the quantitative analysis and evaluation research on the dynamic structure of economic growth and provide a basis for differentiated policies to enhance growth drivers, this study explores the changing characteristics of the economic growth dynamic structure from four aspects: pulling force, driving force, endogenous force, and resistance, based on economic data from 2008 to 2021 for the nine mainland cities in the Guangdong – Hong Kong – Macao Greater Bay Area（GBA）. It constructs an evaluation system for regional economic growth dynamics. The study finds that significant differences still exist in the structure and level of economic growth dynamics among the nine mainland cities in the GBA, and these regional disparities have been widening over time. In response, each city should adopt innovation-driven development strategies, placing technological innovation elements in a pivotal position for achieving a new round of economic growth, and implementing differentiated strategies to enhance economic growth dynamics according to local conditions.

Key Words: economic growth; dynamic structure; evaluation system; technological innovation

粤港澳大湾区零售业多样性测度、时空变化及影响因素研究[*]

——基于 POI 大数据的区县视角[**]

巫细波[1,2] 张小英[3] 李晓琪[2]

（1. 广州市社会科学院 区域发展研究所，广州 510410；

2. 广州市社会科学院 广州城市战略研究院，广州 510410；

3. 广州市社会科学院 国际商贸研究所，广州 510410）

摘要：基于 2015 年和 2021 年两期 POI 大数据，本文采用 AHP – Entropy – CRITIC 综合权重测算，尝试提出基于 POI 大数据的零售业多样性测度方法，并采用空间核密度、多尺度地理加权回归模型等方法，分析了粤港澳大湾区区县层面零售业的空间分布、业态多样性及影响因素。研究发现：2015 ~ 2021 年，粤港澳大湾区零售业网点规模增长较为明显，各城市零售业的 POI 数量增速均值超过 25%。零售业 POI 网点空间布局在广州、深圳、香港等城市商业中心区集聚程度提升并不断向外围拓展，空间分布格局呈现集中与均衡化并行的发展态势，6 类零售业 POI 的时空格局差异明显。零售业多样性指数较高区县多分布于珠江东岸都市圈，而珠江西岸都市圈区县的零售业多样性指数明显偏低。MG-

---

* 基金项目：广东省社科规划课题《COVID – 19 疫情影响下广东省商业业态时空变化及优化策略研究》（GD22CYJ05）。

** 作者简介：巫细波（1983—），男，研究员，研究方向为区域经济、空间计量与 GIS 应用、POI 大数据挖掘；

张小英（1985—），女，研究员，研究方向为商业经济、商业地理；

李晓琪（1994—），女，研究助理，研究方向为区域经济。

WR 模型估计结果显示，快递服务是影响零售业多样性的最主要因素，其次是商务住宅、休闲娱乐和人口规模，其中 GDP、人口规模、快递服务等影响因素存在空间尺度差异性。

关键词：POI 大数据；零售业多样性指数；粤港澳大湾区；AHP – Entropy – CRITIC 权重；MGWR 模型

一、引　言

具有丰富业态的零售业是城市商业的重要组成部分，对促进城市经济发展、保障居民多样化消费需求有重要作用。随着电商、即时零售等业态的繁荣发展，零售业经营形式及空间分布随之发生深刻改变[1]。因此，分析零售业总体及细分业态变化、测度城市零售业多样性及区域差异变化特征，对合理配置城市商业资源和优化城市商业布局具有重要意义。粤港澳大湾区在国家区域发展大局中具有重要战略地位[2]，为推进全国统一大市场建设，国务院于 2022 年 3 月印发的《关于加快建设全国统一大市场的意见》已明确提出，鼓励包括京津冀、长三角、粤港澳大湾区等在内的国家级城市群优先推进区域市场一体化建设工作。在此背景下，研究粤港澳大湾区零售业空间格局及多样性的变化特征，有助于在电商繁荣时代洞察粤港澳大湾区商业发展新态势和谋划新一轮城市群商业发展规划，对加快推进粤港澳大湾区协同发展具有重要现实意义。相对于基于常规统计数据的零售业空间结构研究[3]，POI（Point of Interest）大数据[4] 已被越来越多用于城市及城市群零售业空间结构及演变趋势的研究[5]。由于 POI 数据具有精确的地理坐标，可以更准确真实地反映商业空间结构现状及变化[6]、深入研究零售业空间布局规律[7] 等。借助 POI 数据量大、业态多样、更新周期短等优势，可为城市及城市群的商业时空格局研究提供新视角和新思路，目前已有研究大部分还是以单个城市、单期、单一业态的研究为主，基于城市群区域的多期和多业态的零售业空间结构演变研究相对较少。为此，本文以粤港澳大湾区为研究区域，基于 2015 年和 2021 年两期零售业 POI 大数据，采用空间核密度[6]、MGWR 模型[8]等对零售业总体及细分业态的规模、空间分布及影响因素展开研究，有助于及时把握数字经济时代城市群零售业业态及空间布局变化新动态，可为粤港澳大湾区的商业网点的优化布局提供参考。

二、研究区域、数据来源与测度方法

（一）研究区域

为了能够从都市圈和城市两种不同空间尺度研究粤港澳大湾区零售业网点的区域差异变化特点，将大湾区辖区范围分为广佛肇（广州、佛山、肇庆）、珠江东岸（香港、深圳、东莞、惠州）、珠江西岸（珠海、澳门、中山、江门）三大都市圈。同时为突破基于城市空间尺度研究粤港澳大湾区的主流范式，尝试从区县空间尺度展开研究。由于大湾区各城市次级行政区划差异较大，考虑到统计口径、地域面积及城市规划等因素，参考巫细波等（2024）[9]的研究将 11 个城市进一步分解为 65 个区县，如表 1 所示。

表 1 　　　　　　　　　　粤港澳大湾区区县级分组

城市	都市圈	区县
广州	广佛肇	越秀区、荔湾区、海珠区、天河区、白云区、黄埔区、番禺区、花都区、南沙区、增城区、从化区
佛山		禅城区、南海区、顺德区、高明区、三水区
肇庆		端州区、鼎湖区、高要区、广宁县、德庆县、封开县、怀集县、四会市
深圳	珠江东岸	福田区、罗湖区、南山区、盐田区、宝安区、龙岗区、龙华区、坪山区、光明区、大鹏新区
香港		香港岛、九龙、新界

城市	都市圈	区县
东莞	珠江东岸	东莞城区（高埗、石碣、万江、莞城、东城、南城）、东莞松山湖区（石龙、石排、茶山、寮步、大岭山、大朗、松山湖）、东莞临深片区（樟木头、塘厦、清溪、凤岗）、东莞西片区（中堂、麻涌、望牛墩、洪梅、道滘）、东莞滨海区（沙田、厚街、虎门、长安）、东莞东部区（东坑、横沥、企石、常平、桥头、黄江、谢岗）
惠州		惠城区、惠阳区、博罗县、惠东县、龙门县
中山	珠江西岸	岐江新区（石岐区、东区、南区、西区、港口、五桂山）、火炬开发区（中山港、民众）、翠亨新区（南朗）、中山南区（板芙、三乡、神湾、坦洲）、中山北区（黄圃、三角、南头、阜沙、东凤）、中山西区（小榄、古镇、横栏、沙溪、大涌）
珠海		香洲区、斗门区、金湾区
江门		蓬江区、江海区、新会区、台山市、开平市、鹤山市、恩平市
澳门		澳门

（二）研究数据

本文零售业业态数据来源于高德地图搜集的 2015 年、2021 年粤港澳大湾区范围内零售业网点 POI 数据。结合国家《零售业态分类》（GB/T 18106—2004）的零售业态分类标准[10]、高德地图 POI 数据的自分类体系及已有研究[4]，将零售业 POI 数据分为购物中心、大型商厦、超市、专业店、专卖店、便利店等 6 类，如表 2 所示。

表 2   2015 年和 2021 年粤港澳大湾区购物网点变化情况

网点分类	POI 数量（个）		变化（%）
	2015 年	2021 年	
购物中心	1963	1696	− 13. 60
大型商厦	7978	11178	40. 11
超市	15334	39434	157. 17
专业店	405530	597228	47. 27
专卖店	17970	30348	68. 88
便利店	154735	242079	56. 45

（三）研究方法

1. 基于 POI 数据的零售业多样性测度方法

本文提出的零售业多样性指数 RDI（Retail Diversity Index）是指在香农多样性指数的基础上考虑到 6 类零售业业态的权重差异，提出加权香农多样性指数，进而得到本文的零售业多样性指数，计算公式如下：

$$RDI_i = -m \sum_{j=1}^{m} \omega_j p_{ij} \ln(p_{ij}) \tag{1}$$

其中，RDI_i 表示第 i 个城市的零售业多样性指数，m 表示零售业业态数量，本文 $m=6$；p_{ij} 表示第 i 个城市的 j 类零售业 POI 数量占整个大湾区 j 类零售业 POI 总数的比重，$p_{ij}=n_{ij}/N_j$，ω_j 表示 j 类零售业 POI 的权重。由于高德地图的商业 POI 数据没有营业收入、从业人员规模等属性数据，直接以零售业 POI 数量计算业多样性不合理，因为购物中心、大型商厦等类型零售业 POI 的数量少，但其重要性明显高于其他零售业业态。本文尝试采用主观和客观评价方法对每类零售业赋予不同权重。为了得到更合理的基于 POI 数据的零售业业态权重，在参考 AHP 层次分析法[11]、熵权法、CRITIC[11]等评价方法的基础上，提出改进的 AHP – Entropy – CRITIC 综合权重方法，其中 AHP 方法用以确定 6 类零售业业态的主观权重，Entropy – CRITIC 方法则综合考虑 6 类零售业 POI 指标之间的对比强度、冲突性及离散性。

设 n 个城市 m 类零售业 POI 的数量构成的原始数据矩阵 X：

$$X = \begin{bmatrix} x_{11} & x_{12} & \cdots & x_{1m} \\ x_{21} & x_{22} & \cdots & x_{2m} \\ \vdots & \vdots & \ddots & \vdots \\ x_{n1} & x_{n2} & \cdots & x_{nm} \end{bmatrix} \tag{2}$$

为了测算数据的波动性，CRITIC 权重法一般对原始数据矩阵按列进行正向化或逆向化处理而不使用标准化处理；而熵值权重方法为了测算数据的离散程度则对原始数据矩阵按列进行归一化处理。具体步骤如下：

（1）计算 X 中各列的标准差 σ_j 表示数据的波动性，标准差越大，说明波动越大，权重会越高；

$$\sigma_j = \sqrt{\frac{1}{m-1} \sum_{i=1}^{m} (x_{ij} - \bar{x}_j)^2} \qquad (3)$$

（2）计算 X 中各列之间的冲突性。首先计算 X 中各列之间的相关系数 r_{ij}，如果指标之间的相关系数值越大，说明冲突性越小，那么其权重也就越低。由于相关系数有正有负，对于绝对值相同的相关系数其反映指标间的相关性程度大小应是一样的，因此，在反映指标之间的对比强度时用 $(1 - |r_{ij}|)$ 表示。

$$r_{ij} = \frac{\sum_{i=1}^{m} (x_i - \bar{x}_i)(x_j - \bar{x}_j)}{\sqrt{\sum_{i=1}^{m} (x_i - \bar{x}_i)^2 \sum_{i=1}^{m} (x_j - \bar{x}_j)^2}} \quad C_j = \sigma_j \sum_{i=1}^{m} (1 - |r_{ij}|) \qquad (4)$$

（3）计算 X 中各列的熵值权重，即测度各列的离散程度，值越大则对应熵值越大，则该列的权重也应越大。熵权系数计算步骤包括对原始数据矩阵按列进行归一化处理，原始数据 x_{ij} 换算为 p_{ij}，然后计算各指标的熵值 e_j，最后得到各指标的熵权系数 ew_j，具体计算公式如下：

$$p_{ij} = \frac{x_{ij}}{\sum_{i=1}^{n} x_{ij}} \quad e_j = -k \sum_{i=1}^{n} p_{ij} \ln p_{ij} \quad ew_j = \frac{1 - e_j}{\sum_{k=1}^{m} (1 - e_k)} \qquad (5)$$

（4）综合 CRITIC 权重和熵权计算 X 中各列的 Entropy – CRITIC 权重 C_j：

$$C_j = (\sigma_j + ew_j) \sum_{i=1}^{m} (1 - |r_{ij}|) \qquad (6)$$

（5）基于 AHP 方法计算零售业细分业态的主观权重。先请 5 位商业经济领域研究人员大致按照"购物中心 > 大型商厦 > 超市 > 专业店 > 专卖店 > 便利店"重要性进行主观权重赋值得到判断矩阵，基于 AHP 方法得到各类零售业的主观权重 $ahpw_j$。

（6）得到 X 中各列的最终 AHP – Entropy – CRITIC 综合权重 ω_j：

$$\bar{\omega}_j = \frac{C_j}{\sum_{j=1}^{m} C_j} \times ahpw_j \qquad \omega_j = \frac{\bar{\omega}_j}{\sum_{k=1}^{m} \bar{\omega}_k} \qquad (7)$$

基于以上方法计算得到 6 类零售业业态的三种权重，从各类零售业业态的最终 AHP – Entropy – CRITIC 权重来看，购物中心的权重最大，其次为大型商厦、超市、专业店等，如表 3 所示。

表3　　　　　　　　粤港澳大湾区零售业业态的 POI 权重

业态	AHP 权重	Entropy – CRITIC 权重	最终权重	
			2015 年	2021 年
购物中心	0.4408	0.1194	0.3800	0.3172
大型商厦	0.2199	0.2940	0.2396	0.3898
超市	0.1451	0.1211	0.1156	0.1059
专业店	0.0938	0.1888	0.1604	0.1067
专卖店	0.0603	0.1097	0.0544	0.0399
便利店	0.0402	0.1671	0.0501	0.0405

2. MGWR 多尺度地理加权回归模型

粤港澳大湾区的零售业多样性指数可能存在空间集聚效应，同时受经济、人口、物流、交通、产业等各种因素的影响，在不同空间位置，各因素的作用方式及强度可能存在空间尺度差异性。为此，本文采用多尺度地理加权回归（Multi-scale Geographically Weighted Regression，MGWR）模型[13]探索影响粤港澳大湾区区县层面零售业多样性的影响因素。MGWR 模型在 GWR 模型的基础上增加了空间平稳变量，设部分参数为常数，所对因变量为全局变量，其余参数随着空间位置变化而变化，被设为变参数，其模型的一般形式为：

$$y_i = \sum_{j=1}^{k} \beta_{bwj}(\mu_i, \nu_i) x_{ij} + \varepsilon_i \qquad (8)$$

其中，bwj 代表了第 j 个变量回归系数使用的带宽。MGWR 的每个

回归系数 β_{bwj} 都是基于局部回归得到的且带宽具有空间异质性，而这也是与经典 GWR 的最大差异，在经典 GWR 中 β_{bwj} 的所有变量带宽相同。本文使用最为常用的领域类型方案为相邻要素数量，领域选择方法采用黄金搜索并采用 AICc 准则筛选各变量的最佳带宽。

三、粤港澳大湾区零售业网点空间格局及变化

（一）总体空间格局

总体上看，2015～2021 年粤港澳大湾区零售业网点规模增长较为明显，各城市零售业的 POI 数量规模增速均值超过 25%。空间核密度方法分析结果显示，粤港澳大湾区零售业 POI 网点空间布局不但在广州、深圳、香港等中心城市商业中心区集聚程度提升，而且在佛山、东莞、惠州、中山等城市集聚程度提升明显，并不断向外围拓展，空间分布格局呈现集中与均衡化并行的发展态势，如图 1 所示。

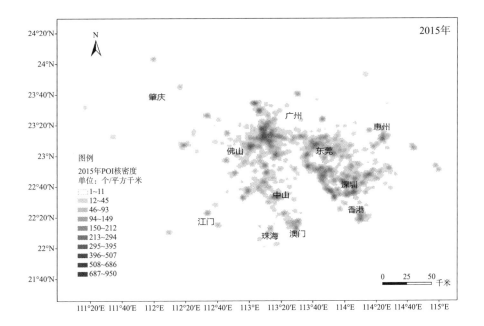

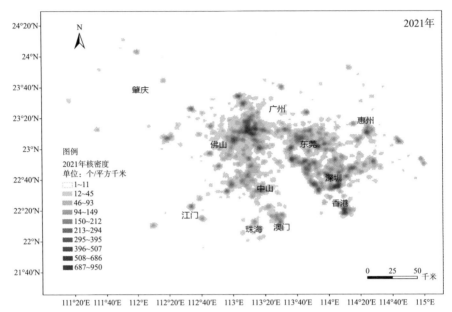

图1　2015～2021年粤港澳大湾区零售业POI空间核密度

（二）细分业态空间格局

1. 购物中心空间收缩特征明显

2015～2021年，整个大湾区的购物中心网点规模呈下降趋势，网点规模下降13.60%，除了香港、澳门、深圳外，其他城市购物中心数量均呈下降趋势（见表4）。从购物中心POI的空间核密度分析结果来看，粤港澳大湾区购物中心空间分布呈现多中心圈层结构，形成了广佛、深莞、香港三大核心圈层，高密度区主要集中在广州天河、深圳福田、香港九龙半岛，与都市级商业中心区相吻合；中高密度区主要分布在佛山禅城、珠海拱北、东莞城区；中低密度区主要分布在广州番禺区、深圳南山区、东莞滨海区、惠州惠城区、中山城区、江门江海区等地区。

2. 大型商厦空间集聚特征显著

2015～2021年，大型商厦网点数量增长40.11%，低于零售业总体的平均增速，其中香港、澳门增速超过2倍，肇庆、江门、珠海、惠州等城市增长15%以上，其他城市大型商厦数量增长不多，如表4所示。

表4　2015～2021年各城市6类零售业网点规模变化

单位：家

零售业		香港	澳门	广州	深圳	珠海	佛山	惠州	东莞	中山	江门	肇庆
购物中心	2015年	167	14	354	360	71	233	154	327	126	120	37
	2021年	253	16	317	364	47	194	120	213	80	62	30
	变化（%）	51.5	14.29	-10.45	1.11	-33.8	-16.74	-22.08	-34.86	-36.51	-48.33	-18.92
大型商厦	2015年	742	53	1526	1332	301	903	530	1451	657	292	191
	2021年	3446	182	1750	1429	365	927	619	1189	670	351	250
	变化（%）	364.42	243.4	14.68	7.28	21.26	2.66	16.79	-18.06	1.98	20.21	30.89
超市	2015年	1642	147	3360	3077	592	1690	977	2040	927	602	280
	2021年	2383	236	8843	7245	1347	4711	3307	6058	2501	1825	978
	变化（%）	45.13	60.54	163.18	135.46	127.53	178.76	238.49	196.96	169.8	203.16	249.29
专卖店	2015年	702	92	4678	6082	385	1441	677	2382	673	417	441
	2021年	1892	260	7846	9472	593	3406	1164	4049	774	551	341
	变化（%）	169.52	182.61	67.72	55.74	54.03	136.36	71.94	69.98	15.01	32.13	-22.68
专业店	2015年	13516	2198	100853	79431	11706	47236	25452	68937	28211	16396	11594
	2021年	25777	2790	144316	100811	14310	72778	45553	102084	39594	28216	20999
	变化（%）	90.71	26.93	43.1	26.92	22.25	54.07	78.98	48.08	40.35	72.09	81.12
便利店	2015年	1714	232	35984	35958	4316	13206	10018	34374	9669	5223	4041
	2021年	3637	260	49015	44800	6223	26866	22009	52120	17098	11400	8651
	变化（%）	112.19	12.07	36.21	24.59	44.18	103.44	119.69	51.63	76.83	118.27	114.08

从大型商厦 POI 的空间和密度分析结果来看，粤港澳大湾区大型商厦布局呈现多中心圈层结构，形成了香港、广州—佛山、深圳—东莞、澳门—珠海四个圈层连绵区，高密度区分布在香港的九龙半岛，密度明显高于其他地区；中高密度区分布在广州越秀、深圳福田及盐田—东莞临深片区、澳门—珠海香洲等区域，中低密度区分布在中高密度区外围及佛山、东莞、惠州、中山、江门、珠海、肇庆等中心城区。

3. 超市空间均衡化及郊区化布局特征明显

总体上看，2015～2021 年，粤港澳大湾区超市 POI 数量增长较快，从 2015 年的 15334 个增长到 2021 年的 39434 个，增长 1.57 倍（见表 4），超市空间集聚区最高密度等级从 6.6～7.5 个/平方千米增长到 9.2～13.7 个/平方千米。除了香港、澳门等超市密度较高地区数量增长相对缓慢，其他几个城市超市数量增长均达到 1 倍以上，惠州、肇庆、江门等大湾区城市超市数量增长更是 2 倍以上。

超市 POI 的空间核密度图显示，粤港澳大湾区超市布局呈现连绵网络结构，其热点空间布局较为分散。超市的高密度区域主要分布在广州—佛山、深圳—东莞、香港、澳门—珠海的中心城区，中高密度在中山—江门、深圳—惠州等中心城区及外围区域。由于大湾区城市化进程的持续推进，交通方式更加多样及网络日趋完善，人口向近郊区迁移、大型住宅社区选址中心城区外围区域等因素带动下，超市加速向城市外围拓展，满足城市居民日常购物需求。

4. 专卖店呈现点状集聚并向外拓展趋势

在 2015～2021 年，粤港澳大湾区专卖店 POI 的数量增长了 68.88%，其中香港、澳门、佛山等城市专卖店数量增速在 1.5 倍以上，广州、深圳、珠海、东莞、惠州等地专卖店增速也在 50% 以上，外围的中山、江门、肇庆等地增速相对较缓慢，甚至是负增长（见表4）。可见，专卖店空间集聚效应明显，其最高密度等级从16～23个/平方千米增长到34～45个/平方千米，专卖店在大湾区中心城市沿着街道、商业步行街、专业街及大型商业综合体进一步集聚发展。根据专卖店POI的空间核密度分析显示，粤港澳大湾区专卖店空间布局以点状为主，专卖店高密度区也主要集中在广州、深圳、香港等商业中心区，中高密度区主要集中在佛山南海、东莞城区、惠州惠城区等城市商业中心区范围，中低密度区也主要分布在城市各级商业中心区，这也体现了专卖店的选址特征。

5. 专业店空间布局呈现点状集聚向外拓展发展趋势

2015～2021年，粤港澳大湾区专业店总体规模增长较快，增长47.47%，其中香港专业店数量增长90%以上，深圳、广州、珠海、澳门等城市增长20%左右，东莞、佛山、中山等城市增长40%以上，江门、肇庆、惠州等外围城市增长超过70%（见表4）。从专业店POI的空间核密度分析来看，粤港澳大湾区专业店的空间布局呈多中心连绵发展模式，大湾区东西岸整体密度较为均衡，其高密度集聚区主要分布在广州—佛山—中山、香港—深圳—东莞等区域连绵布局，惠州、江门、珠海、肇庆等城市则呈现点状分布。专业店空间布局演变特征表现为一些商业中心区专业店空间集聚度进一步提升，其高密度区的密度也从211～320个/平方千米增长到493～748个/平方千米。

6. 便利店空间布局呈现网络化向外拓展的发展趋势

随着生活节奏的加快、90后消费群体的崛起、人口老龄化等趋势催生了快捷消费的需求，促使便利店的市场需求进一步扩大。2015～2021年，粤港澳大湾区便利店业态呈现良好发展态势。广州、深圳等便利店网点规模较大的城市增速相对较低，而香港、佛山、惠州、江门、肇庆等增速超过 1 倍，东莞、珠海、中山等城市增速介于 40% ～ 80%（见表 4），可见各品牌连锁商网点布局不断向大湾区外围拓展，进一步满足人们对即时消费的需求。通过便利店 POI 的空间核密度分析显示，2015 ～ 2021 年，粤港澳大湾区广州、香港、深圳、澳门等中心城市便利店密度进一步加密，同时便利店空间选址也进一步向佛山、东莞、中山、珠海以及惠州、江门、肇庆等外围拓展，便利店网点布局呈现网络化发展趋势。

四、粤港澳大湾区零售业
多样性变化特征

分别在城市和区县两个层面测度粤港澳大湾区零售业多样性指数，同时分析两种空间尺度下零售业的区域差异及变化特点。总体上看，基于 AHP – Entropy – CRITIC 主客观综合权重的零售业多样性指数不仅可以有效反映粤港澳大湾区城市零售业的规模效应，也可以反映零售商业的多元化特征，例如，香港的零售业多样性指数较高反映了高层次的零售商业活动较为发达，广州和深圳的 RDI 指数更高，则进一步揭示了其零售商业的业态多元化特征非常显著。

从城市层面来看，广州、深圳、东莞的零售业多样性指数明显高于粤港澳大湾区其他城市，这些城市的零售业业态类型齐全且数量规模较为庞大。2015 ～ 2021 年，香港和澳门由于购物中心、大型商厦的数量增长明显，导致零售业多样性指数增长明显，而其他城市则因为这两类业态 POI 数量下降或者增长幅度小，零售业多样性指数呈现下降态势，如图 2 所示。

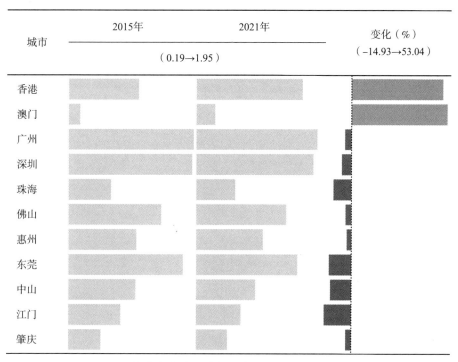

图2　粤港澳大湾区城市零售业多样性对比及变化

从区县层面来看，零售业多样性指数较高区域多分布于珠江东岸都市圈，而珠江西岸都市圈区县的零售业多样性指数明显偏低。香港九龙半岛和新界、广州白云、佛山南海、深圳宝安、深圳龙岗、东莞滨海区、佛山顺德、东莞松山湖区、东莞滨海区、广州天河、惠州惠城、中山西区、东莞城区、深圳龙华等区县，肇庆、江门等城市各区县的零售业多样性则明显较低。从变化幅度看，2015～2021年，肇庆封开由于新增了1家购物中心和4家大型商厦且2015年基数低，导致零售业多样性指数呈现明显增长态势，香港三大区、澳门、深圳福田、佛山禅城等区域的零售业多样性指数增长幅度也同样较为显著，大湾区其他大部分区县的零售业多样性指数呈现明显下降态势，主要是受购物中心、大型商厦等综合权重较大的业态网点数量下降影响，如图3所示。

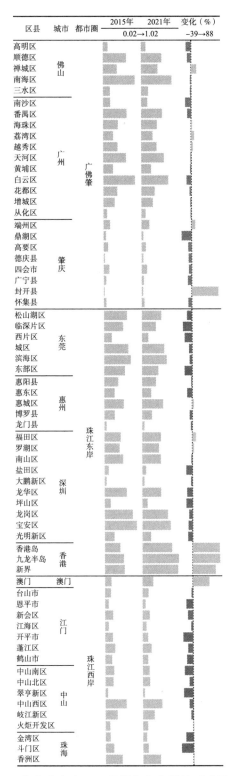

图 3　粤港澳大湾区区县零售业多样性对比及变化

五、粤港澳大湾区零售业多样性影响因素分析

(一) 模型设计及变量选择

一般而言，城市零售业多样性跟经济发展水平、人口规模等因素明确相关[14]，然而由于粤港澳大湾区各城市的区县行政区划差异较大，特别是统计体系的差异导致香港和澳门的大部分常规统计数据难以获取，故参照已有研究[15]，除了从各城市统计年鉴获取2021年各区县的 GDP、人口规模和人口密度常规统计数据，同时采用空间分析方法获得商务住宅、快递服务、休闲服务、交通设施等 POI 数据为自变量（见表5），采用 MGWR 模型估计粤港澳大湾区零售业多样性的影响因素及空间异质性。在模型估计过程中，为了降低变量间的绝对差异、共线性和异方差，对所有变量取对数进行估计。

表5 变量统计描述

变量	单位	样本数	均值	标准差	最小值	最大值
RDI	—	63	0.47	0.34	0.064	1.462
GDP	亿元	63	1808.74	3123.14	127.52	23368.14
人口规模	万人	63	136.04	125.90	15.6236	748
人口密度	万人/平方千米	63	4653.95	6227.56	138	30751
商务住宅	个	63	1632.40	2058.84	68	14819
快递服务	个	63	1497.11	1651.32	74	8472
休闲服务	个	63	1909.18	1818.48	174	10980
交通设施	个	63	4229.42	3775.52	223	14944

为检验各区县 RDI 是否有空间自相关性，计算变量 *RDI* 的 Moran 指数为 0.260 且通过 1% 的显著性检验，*RDI* 取对数后的 Moran 指数为 0.339 也通过 1% 的显著性检验，因此，一般的多元线性回归模型不适合。

（二）模型估计及结果分析

1. 模型估计

为证明 MGWR 模型更适合本文，基于 2021 年截面数据采用 ArcGIS Pro 软件分别用 GWR 和 MGWR 模型进行估计，结果如表 6 所示。根据表 6 中的 AICc、R^2 等指标可知，MGWR 的拟合优度 R^2 高于 GWR 且 AICc 值低于 GWR，可见 MGWR 模型更适合估计本文计量模型。

表 6　　　　　　　　　MGWR 和 GWR 模型指标对比

统计指标	空间计量模型	
	GWR	MGWR
R^2	0.9810	0.9816
校正 R^2	0.9756	0.9880
AICc	−39.1041	−44.6771
σ^2	0.0243	0.0219
Sigma − Squared MLE	0.019	0.0184
有效自由度	48.5174	52.0924

2. 结果分析

MGWR 模型的估计结果如表 7 所示，各自变量的估计系数均值都为正向，但不同变量的作用尺度有明显差异。

表 7   MGWR 模型估计结果

解释变量	平均值	标准差	最小值	中值	最大值	带宽
lnGDP	0.0834	0.0273	0.0228	0.0849	0.1502	30
ln 人口规模	0.1667	0.0054	0.158	0.1668	0.1772	54
ln 人口密度	0.0302	0.0079	0.0195	0.0284	0.0492	63
ln 商务住宅	0.2629	0.0046	0.2559	0.2634	0.2729	63
ln 快递服务	0.3185	0.0173	0.2953	0.3117	0.3542	57
ln 休闲娱乐	0.1973	0.0043	0.1897	0.1975	0.2061	63
ln 交通设施	0.0477	0.0057	0.0387	0.0482	0.0609	63
截距	0.0072	0.0039	− 0.0003	0.0067	0.015	30

总体上看，所有变量估计系数的均值均为正，说明这些变量对促进零售业多样性有积极的促进作用，其中快递服务是影响零售业多样性的最主要因素，说明在电商高度发达时代，快速配送服务因素是零售业多样性的重要保障，其次是商务住宅、休闲娱乐和人口规模三个变量的估计系数均值都大于 0.16，GDP、人口密度、交通设施等因素的影响较小。此外，MGWR 模型能够反映变量的差异化空间影响效应，而普通 GWR 模型只能反映出变量作用尺度的平均影响效应。表 7 显示，GDP、人口规模、快递服务等因素对粤港澳大湾区零售业多样性的影响存在空间尺度差异性，其中 GDP 的影响尺度在所有变量中最小，最佳带宽仅为 30，表明经济水平对零售业多样性影响的空间尺度效应最为明显，表现为估计系数的最大值和最小值相差 6 倍，具体而言，大湾区各区县由内而外 GDP 对 RDI 的影响呈现逐渐降低特征，说明在经济欠发达区县可通过提高经济发展水平能更有效地促进零售业多样性的提升；其次为人口规模和快递服务，最佳带宽分别为 54 和 57。而人口密度、商务住宅、休闲娱乐、交通设施等因素为全局尺度的变量，在空间上的影响较为平稳。

六、结论与讨论

基于 2015 年和 2021 年粤港澳大湾区 6 类零售业网点 POI 大数据，采用 AHP – Entropy – CRITIC 综合权重方法尝试提出了基于 POI 大数据的零售业多样性测度方法，同时通过空间核密度、多尺度地理加强回归模型等方法系统分析了粤港澳大湾区零售业网点空间分布特征、多样性测度及影响因素。研究发现：2015～2021 年粤港澳大湾区零售业网点规模增长较为明显，各城市零售业的 POI 数量规模增速均值超过 25%；空间核密度分析结果显示，粤港澳大湾区零售业 POI 网点空间布局不但在广州、深圳、香港等中心城市商业中心区集聚程度提升，而且在佛山、东莞、惠州、中山等城市集聚程度提升明显并不断向外围拓展，空间分布格局呈现集中与均衡化并行的发展态势，购物中心、大型商厦、超市等不同业态 POI 的时空格局差异明显；相对于普通单一权重，AHP – Entropy – CRITIC 综合权重更能合理反映粤港澳大湾区 6 类零售业 POI 的复杂关系，不仅可以有效反映粤港澳大湾区城市零售业的规模效应，也可以反映零售商业的多元化特征，香港的零售业多样性指数较高反映了高层次的零售商业活动较为发达，广州和深圳的 RDI 指数更高，则进一步揭示了其零售商业的业态多元化特征非常显著；零售业多样性指数较高区县多分布于珠江东岸都市圈，而珠江西岸都市圈区县的零售业多样性指数明显偏低；MGWR 模型估计结果显示，快递服务是影响粤港澳大湾区零售业多样性的最主要因素，其次是商务住宅、休闲娱乐和人口规模，其中 GDP、人口规模、快递服务等影响因素存在空间尺度差异性，人口密度、商务住宅、休闲娱乐、交通设施等因素为全局尺度变量，其中 GDP 的影响尺度在所有变量中最小且对零售业多样性的影响在大湾区由内而外呈现逐渐降低特点。

尽管 POI 大数据在研究城市群零售业空间布局及变化趋势方面有数据量大、空间位置精准、业态可细分、更新方便、数据库支持完善等优势，但 POI 数据属性数据不足是其主要缺点，难以对零售业营收、从业人员、占地规模等进行系统分析，还需其他统计数据的支撑，这也是下一步要加强和改进的方向。

参考文献

[1] 叶强，胡赞英，赵垚. 电子商业影响下的城市零售商业空间结构演变研究 [J]. 现代城市研究，2022（1）：83 - 92.

[2] 蔡赤萌. 粤港澳大湾区城市群建设的战略意义和现实挑战 [J]. 广东社会科学，2017（4）：5 - 14，254.

[3] 林耿，阎小培. 广州市商业功能区空间结构研究 [J]. 人文地理，2003（3）：37 - 41.

[4] 巫细波，赖长强. 基于 POI 大数据的城市群功能空间结构特征研究——以粤港澳大湾区为例 [J]. 城市观察，2019（3）：44 - 55.

[5] 张蕾，汤昇，陈艳红，等. 街道尺度下的零售商业中心热点识别与业态差异——以武汉市为例 [J]. 地域研究与开发，2022，41（1）：67 - 72，78.

[6] 张小英，巫细波. 电商时代大城市商业布局的时空演变特征与趋势——基于多期 POI 数据 [J]. 资源开发与市场，2022，38（4）：468 - 475.

[7] 周丽娜，李立勋. 基于 POI 数据的大型零售商业设施空间布局与业态差异——以广州市为例 [J]. 热带地理，2020，40（1）：88 - 100.

[8] 沈体雁，于瀚辰，周麟，等. 北京市二手住宅价格影响机制——基于多尺度地理加权回归模型（MGWR）的研究 [J]. 经济地理，2020，40（3）：75 - 83.

[9] 巫细波，张小英，李晓琪. POI 大数据视角下粤港澳大湾区商业发展水平测度、区域差异及影响因素 [J]. 产业创新研究，2024（13）：6 - 10.

[10] 国家标准化管理委员会.《零售业态分类》[OL/ED]. http：//

www. mofcom. gov. cn/aarticle/b/d/20040820040800269666. html，2004 - 08 - 09.

［11］常建娥，蒋太立. 层次分析法确定权重的研究 ［J］. 武汉理工大学学报（信息与管理工程版），2007（1）：153 - 156.

［12］张玉，魏华波. 基于 CRITIC 的多属性决策组合赋权方法 ［J］. 统计与决策，2012（16）：75 - 77.

［13］卢宾宾，葛咏，秦昆，等. 地理加权回归分析技术综述 ［J］. 武汉大学学报（信息科学版），2020，45（9）：1356 - 1366.

［14］杨小林. 分工理论视角下商业集聚与零售业态多样性研究 ［J］. 商业时代，2012（4）：16 - 17.

［15］吴雪琴，胡伟平，巫细波. 空间关联视角下广州市餐饮业空间分布特征及影响因素研究 ［J］. 地球信息科学学报，2023，25（11）：2232 - 2248.

Study on Measurement，Spatial-temporal Change and Influencing Factors of Retail Diversity in Guangdong – Hong Kong – Macao Greater Bay Area：From perspective of county-level regions based on POI big data

Wu Xibo[1,2]，**Zhang Xiaoying**[3]，**Li Xiaoqi**[2]

（1. Regional Development Institute，Guangzhou Academy of Social Sciences，Guangzhou 510410；

2. Guangzhou Urban Strategy Institute，Guangzhou Academy of Social Sciences，Guangzhou 510410；

3. International Commerce and Trading Institute，Guangzhou Academy of Social Sciences，Guangzhou 510410）

Abstract：Based on two periods of POI big data in 2015 and 2021，this paper uses comprehensive weighting called AHP – Entropy – CRITIC to propose a measurement method for retail diversity based on POI big data, and analyzes the spatial distribution, business diversity, and influencing factors of retail industry at the county level in Guangdong – Hong Kong – Macao Greater Bay Area using methods such as spatial kernel density and multi-scale geographic weighted regression model. The results show that: From 2015 to 2021, the scale of retail outlets in Guangdong – Hong Kong – Macao Greater Bay Area grows more obviously, and the average growth rate of number of retail POIs in each city exceeds 25%. The spatial layout of retail's POI in the central business districts of Guangzhou, Shenzhen, Hong Kong and other cities has increased the degree of agglomeration and continued to expand to the periphery, the spatial distribution pattern shows the development of concentration and equalization in parallel, and the spatial-temporal patterns of six categories of retail POIs differ significantly. Most of the counties with higher retail diversity index are located in the metropolitan area on the east bank of the Pearl River, while the retail diversity indexes of the counties in the metropolitan area on the west bank of the Pearl River are significantly lower. The estimation results of the MGWR model show that express delivery service is the most important factor influencing the diversity of the retail industry, followed by business and residential, recreation, and population size, where there is a spatial scale variability in the influencing factors, such as GDP, population and express delivery service.

Key Words: POI big data; retail diversity index; Guangdong – Hong Kong – Macao Greater Bay Area; AHP – Entropy – CRITIC weight; MGWR model

他 山 之 石

世界城市创新性的郊区经济

——过程类型解析与重要性思辨

尼古拉斯·菲尔普斯[1,2]*

王翔宇[3]　吴康敏[4]　译

（1. 墨尔本大学建筑与规划学院，墨尔本 3010；

2. 伦敦大学学院，伦敦 WC1H 0NN；

3. 广州市社会科学院区域发展研究所，广州 510410；

4. 广东省科学院广州地理研究所，广州 510070）

【译者按】《广州面向 2049 的城市发展战略》擘画了广州建设"中心型世界城市"的空间发展方针与战略举措。在老广州即主城区之外，"新广州"（主要涵盖了黄埔区中南部和知识城、增城区新塘和荔城）与"未来广州"（主要指南沙区）被赋予了世界城市核心服务功能、粤港澳大湾区协同发展核心引擎、国际科技创新中心等高战略定位。在坚定"东进""南拓"重点方向的基础上，作为广州郊区的黄埔和增城所承载的"东部现代活力核"与"国家知识中心城"极点，在功能上将肩负打造国际科技创新中心与世界级产业集群等使命，在区域协同上将深化与东莞、惠州的跨界联动；作为"未来发展核"的南沙，

---

* 作者简介：尼古拉斯·菲尔普斯（Nicholas A. Phelps），澳大利亚墨尔本大学建筑与规划学院副院长、城市规划首席教授，中国东南大学建筑国际化示范学院兼职教授；曾任伦敦大学学院副教务长、城市与区域发展首席教授。研究领域主要包括大都市郊区化机制、城市经济学、非正规经济、跨国企业和外国直接投资等。至今在国际期刊发表论文 80 余篇，在麻省理工出版社、牛津大学出版社等出版著作 5 部。现担任 *Economic Geography*，*Journal of Economic Geography*，*Progress in Planning*，*Journal of Planning Literature* 等国际著名期刊编委。

译者简介：王翔宇（1992—），男，副研究员，研究方向为产业创新转型、城市区域发展战略；吴康敏（1991—），男，副研究员，研究方向为经济地理、创新地理。

将是广州融湾入海的桥头堡，即纵向引领"黄金内湾"发展、提升南中莞深联动走廊能级，以及推动环伶仃洋地区高水平对外开放等战略目标的重要引擎。由此可见，主城区之外的广州"郊区"被寄予厚望，是未来建设中心型世界城市的重要战略支撑。

放眼全球，北美、欧洲、大洋洲等地的世界城市发展历程无一不显示出郊区（suburb）的重要作用：其富有创造性和创新性的郊区在实现科技创新、协调区域发展、开放联通世界、提升城市能级等方面发挥了举足轻重的支撑作用。而依托"新广州"与"未来广州"激发衍生新活力、以活力创新轴释放高质量发展新动能的战略谋划与上述世界领先的中心城市发展经验正相契合。本文翻译自尼古拉斯·菲尔普斯（Nicholas A. Phelps）教授的重要论文"对城市郊区次创造性经济的质疑"（*The sub-creative economy of the suburbs in question*），该文通过梳理伦敦、华盛顿、悉尼、巴黎等城市发展过程中郊区所发挥出的高创造性和创新性，强调了世界城市发展过程中富有创造性的郊区对功能复杂大都市的经济增长、开放联通、区域协调发展、中心能级提升等方面的重要作用。这些来自西方发达国家世界城市的"郊区化"发展经验，对于广州激发高质量发展新动能、"二次创业"再出发、建成出新出彩的中心型世界城市具有较大启发意义。

摘要： 相较于主城区，过往学者们常常给城市郊区贴上"次一级创造性"的标签。通过案例分析和理论总结，本文质疑这一观点。在许多国家（不仅仅是发达国家）功能越发复杂的城市区域当中，关于主城区和郊区经济简单的二元性观点越发站不住脚。通过例证分析，本文强调郊区经济的创造性和创新性在城市发展历史上与当下的重要作用。例证表明，存在多种多样具有创造性的郊区经济，以至于每一种案例都可能是世界城市领域的一个单独研究议题。通过案例分析，本文指出如果要更好地理解并支持世界城市的经济福祉，"郊区的创造性"将是学术界和政策制定者们无法规避、需要着重关注的议题。

关键词：创造性；外部经济；创新；郊区；世界城市

一、引　言

哈里斯和拉克霍尔（Harris & Larkham，1999）曾对作为定居地的郊区给出过一个复合定义：（1）相对于城市的主要中心而言位于边缘位置；（2）部分或完全具有居住属性；（3）低开发密度；（4）具有独特的文化或生活方式；（5）常常由地方政府体现出单独的社区身份特性。然而，城市区域的向外扩张使得市区和郊区之间的区别变得相当随意，这本应该提醒学者们可能过度概括城市市区和郊区的特征（包括其各自人口和企业的创新性或创造性）。相较于城市文化研究明确对于上述定义中特征（4）的关注，经济学和地理学学者在承认郊区的经济创造性方面相对较晚，他们更关注特征（1）、特征（2）和特征（3）；而政府和政策分析师们则更关注于特征（5）。

在许多发达经济体中，对于范围日渐扩大的、显示出复杂专业化模式的城市区域内不同定居点的特征和经济体制，我们应当谨慎地做出任何一般性的假定。博加特（Bogart，2006）提到了城市"蔓延"的专业交易场所，这是现在许多北美大都市区的特征，其中主要城市、郊区、边缘城市（edge cities，Garreau，1991）和后郊区①（post-suburbia，Teaford，1997）构成了一个经济系统。这导致一些学者质疑诸如这种城市或郊区的学术标签是否已经僵化，因为它们在当代经济社会中越来越无法充分地表达清晰的意思（Lang & Knox，2009）。由此，远郊区脆弱的行政地位意味着它们往往在关于经济动力的研究论述中被无视，因为它们不被承认是经济活动的目的地、场所或"容器"。

当我们承认具有创新性或创造性的产业与职业工作会随时间而改

---

①　在西方发达国家城市发展背景下，"后郊区"是一种介于中心城区和低密度郊区之间城市发展形态，其密度比一般意义上的郊区要高，但是尚未发展为城市副中心。

变，且当考虑到诸多产业创新并不来自基础研究而是来自大量位于郊区的工厂或写字楼时，我们给大城市区域内的不同定居点赋予某种属性这一问题就会变得很尖锐。自 19 世纪后期以来，公司研发提供了许多关键创新，这已在学术和政策论述中得到承认。尽管这些创新来源没有减少，但创意和文化产业——艺术、媒体、设计等——已开始被誉为创造力和发明的直接来源（Florida，2005）。鉴于促进城市聚集经济的大量制造业与服务业出现了失业增加，这些创新性的产业在就业方面的重要性就显现出来。它们的重要性恰符合人们对于象征社会劳动分工制高点的大城市的认可（Scott，2001）。这些产业与职业已被赋予政策和学术意义，以至于它们可能被视为一种对应于想象地理空间的"想象的经济"：与想象的郊区经济形成鲜明对比，可能与现实有关，也可能与现实无关（Collis et al.，2010）。似乎有理由认为，具有不同空间特征的创造性来源在广阔的大都市系统内的各类定居地都可以共存。

在本文中，将质疑经常附加在郊区经济上的"次创造性"标签。首先阐述一个观点，即城区和郊区经济之间的简单区分在许多国家现存的日渐扩张且功能复杂的城市区域中变得越来越不可行。接下来的两个部分提供例证，一方面，阐明郊区经济历史上创新性或创造性特征如何被忽视；另一方面，郊区经济的创造性如何持续地被发现。

二、不断演进的城市体系中郊区的区位

英国经济学家阿尔弗雷德·马歇尔（Alfred Marshall）在 19 世纪末和 20 世纪初观察到英国工业城市的成功，并将其归因于外部经济的存在——当一群企业在地理上集中在一起时，它们共享利益。马歇尔的外部经济是三重的，包括企业间和行业间的投入产出联系、劳动力市场池以及创新的"产业氛围"。其中某些方面是基于交易关系的利益，其对企业效率和生产力的影响可以量化，但有些方面则包括"不可交易的相

互依赖关系"，后者对行业创造性和创新性的贡献无法被轻易衡量。在当时，尽管商业组织、运输和通信技术的进步已经导致了外部经济对某些行业的影响减弱（尤其是与制造业相关联的交易性外部经济），英国的紧凑型城市（compact cities）实际上是这些交易和非交易性外部经济的物理容器（Phelps and Ozawa，2003）。贝罗赫（Bairoch，1988）则认为，在马歇尔的时代之前市区对于创新的具体贡献就已经在逐渐下降。

到 20 世纪 60 年代，简·雅各布斯（Jane Jacobs，1969）已经认识到城市经济中的一些变化。尽管大城市仍然承载着非交易性的相互依赖（也即持续鼓励创新和创造的"多样性"），但其空间集聚并不必然实现效率提升。这就是她论点的强大影响力，经济学与地理学者时常在马歇尔的产业专业化外部经济（与交易性外部经济相关的效率）和雅各布斯的创造性外部经济（城市化经济非交易性的利益）之间作出区分。作为推论，大城市中发挥作用的创造力与郊区、小城市、城镇的经济贫瘠也被区分开来。这种区别在所谓创意阶层（creative class）的解释中不断再现（Florida，2005），但在文化与历史学研究领域却不太被接受（e. g. Dowling，1998；Harris & Larkham，1999；Powell，1993）。由于创造性和效率的力量是截然相反的，城市被认为似乎不可能同时具有创造性和效率（Jacobs，1969），尽管其他学者认为最成功的大城市经济恰是由于这两者间存在明显互惠关系（也即产业专业化外部性与城市化外部性之间的互惠）（Parr，2002；Phelps，2004）。雅各布斯的著作中也没有涉及郊区和小城镇的经济创造性。在这里，正如她所讨论的日本小村庄篠畑被不断扩张的东京大都市吞没那样，乡村或远郊是城市经济力量作用之下的地区（Jacobs，1984）。

最近，学者们已经开始掌握外部经济效应多重且重叠的地理特征。艾伦·斯科特（Allen Scott，1982）指出，由于个人流动性意味着到 20 世纪初美国在大都市层面上可以实现马歇尔式的劳动力池效应，企业开始不再受限于城市的中心区位。这一历史上的优势也使得沃克和刘易斯捕捉到了城市化进程的欺骗性本质：

如果这些地区曾经足够接近市中心，以至于被误认为是一个单一的制造业中心，那么到世纪之交，城市化就已经达到了大都市的规模。自1850年以来，北美城市主要通过在城市边缘增加新的行政区而发展，在这个过程中变得多中心化（Walker & Lewis，2001：8-9）。

与马歇尔甚至于雅各布斯的时代相比，当代城市集聚的顺序和地理尺度皆已不再相同。美国的硅谷（Silicon Valley）和128号公路（Route 128）以及英国的赛车运动谷（Motor Sport Valley）涵盖了大型高度城市化区域内独立城镇和郊区的扩张。这导致了一种观点，即总体而言外部经济存在于大城市区域这一尺度。在其他地方曾提出，其中一些陈述，即使对不同产业敏感，有时也往往不能充分区分不同类型的外部效应（Phelps，2004，2010；Phelps and Ozawa，2003）。上述观点可能还存在一种倾向，即低估了与郊区创造性和创新性相关的非交易性外部经济的潜在重要性。

三、被忽视的富有创造力的郊区：世界城市形成与相互竞争过程中，郊区对城市经济创造性的贡献

在这一部分，通过分析一些实例，揭示出学界与政策制定者在关注世界城市的形成、竞争及其创造性的过程中，郊区在历史上和当代对经济创新与创造的贡献如何被遗忘或忽视。

（一）伦敦郊区的角色

正如哈里斯与拉克霍尔（Harris & Larkham，1999）所提醒的，多数大城市的郊区很少像人们通常认为的那样是居住功能单一的，因此，郊区化过程常常不是由就业分散导致，而是由居住分散导致。与之相反，我们可以有效地识别出一类产业郊区以及与之关联的郊区产业创新

过程。

伦敦的远郊是一些郊区被遗忘的经济状况的一个例子。它们催生了在当时来说具有创新性的制造业——20 世纪 30~70 年代，福特式公司资本主义推动了西方混合型经济前所未有的增长。英国一系列新的福特主义制造业坐落于伦敦远郊区，与首都中部和近郊的维多利亚产业带形成鲜明对比。20 世纪最重要的大都市增长地带位于伦敦的西北部，英国的许多仪器、电气、电子和机械工程业都起源于此，后来分散到可享受补贴的地区以及规划的新城镇，以寻求成本更低的区位和更高的生产效率（Keeble，1969）。温布利—威尔斯登—皇家公园—格林福德三角（Wembley‐Willesden‐Park Royal‐Greenford triangle）是英格兰南部制造业最集中的地方（Hall，1962）。在这个三角地带的部分地区，例如，阿克顿（Acton），小型企业与居民住宅混在一起，在其他地区，诸如索思豪尔‐海斯（Southall‐Hayes），则是更大的工厂所带来的郊区经济；而沿着大西部路（Great Western Road），从奇斯威克（Chiswick）到斯坦恩斯（Staines），一些产业在当时的调查研究中则被认为"不够成熟"（Hall，1962）。诸如此类，郊区的重要性还体现在伦敦南部，在 20 世纪初，与克罗伊登（Croydon）等地迅速开发的宿舍①住房同时出现的还有当时的新制造业经济。因此，"郊区"从来都不是一个准确的标签（Cotton，1991；Phelps et al.，2006）。

伦敦新产业的增长，尤其是位于其郊区的产业，是多样且自发形成的。尽管新产业毫无疑问可以从郊区集群和新工业园区某些有限的外部经济效应中获益，但这些新产业的选址是否遵循与老工业不同的逻辑尚不清楚。事实上，早前曾离开伦敦前往其他省份的一些新兴产业部门，后来又重返伦敦成为其郊区产业集聚的一部分。

除了这些明显可识别的产业型郊区，住宅型郊区也具有重要的产业元素，而其他以便利设施著称的郊区尽管规模较小，也是创造性产业的

———————————
① 在英国城市发展的语境下，宿舍（dormitory）是指城市工作的人在郊区的居住楼。

基地。需要记住的是，郊区生活方式中具体的政治与意识形态价值观与某些创造性活动与产业的价值观并不相互对立。不仅逃离城市的承诺伴随着寻求城市生活所要求的一定程度的个人独立，而且这种住宅形式的实现事实上为艺术和工艺提供了早期的地方需求或市场。在维多利亚时代的后期，郊区的这些创造性产业之间具有例行交易，相互助益（Crowther，2010）。伦敦高便利性的远近郊区不仅为工艺品生产提供了肥沃的土壤，像坎伯威尔（Camberwell）、普特尼（Putney）和汉默史密斯（Hammersmith）这样的郊区也是新的艺术和工艺教育培训机构的重要场所（Crowther，2010）。

（二）美英两国城市郊区的商务办公与研发园区

大卫·哈维（David Harvey，1985）质疑简·雅各布斯（Jane Jacobs）关于20世纪后期城市创造性论点的持续相关性，认为创新本身已经成为"大生意"，这种生意存在的前提条件不再是像过去那样需要聚集在城市中心。按照这一论点，郊区创造性潜力的其中一个要素是以办公和研发园区的形态出现，这些园区在许多国家大城市的远郊区悄然发展。在美国，这些低密度、高便利设施的办公和研发园区在第二次世界大战前的几年里开始出现。由于大公司到郊区寻求具有吸引力的新总部综合体、研发实验室以及营销活动办公空间，这些商务办公与研发园区的发展在战后初期加快了步伐（Daniels，1974）。麦基弗（McKeever，1970）指出，这种发展也"引发了专业、研究、编辑、设计以及相关领域大量小企业一连串的类似行动"，这表明此类郊区并非"经济贫瘠的"。

哈维（Harvey）并未评论企业研发设施对其所在地产生的影响。这里一个关键词是"创造性潜力"，因为企业总部办公、研发和营销功能的存在与郊区经济绩效之间的关联并不简单。至少在理论上，与这些功能相关的职业（与常规制造业设施不同）可能以上下游联系和示范效应的方式通过新企业成立以及流程和产品创新对当地经济产生溢出效应。

在穆勒（Muller，1982）对新兴外城（outer city）的早期描述就指出了上述职能角色，他认为，整个产业综合体的郊区化导致了这些新设施成为新企业的主要孵化器。在英国，这些企业设施与办公部门的研究机构坐落于同一区位，也即英格兰东南部富裕小镇和郊区的高科技产业宽阔弧带（Hall et al.，1987）。

也很难解读郊区的研发园区对于更广泛的郊区文化与社会的影响。这些园区遭遇了批评，"他们单一、重复的建筑让人联想到穿着灰色法兰绒西装的男人形象，他们被剥夺了个性和创造力"（Rankin，2010）。在美国，训练有素的物理学家数量迅速增加，是最早在郊区居住并形成相应生活方式的人群，他们使用"郊区化和大规模消费这些用语来表达根深蒂固的愿望和担忧"（Kaiser，2004）。而研发与办公园区是提供就业的一种模式，是能够满足富裕的住宅型郊区情感的合适住所（O'Mara，2005）。然而，应该记住"即使是垄断资本主义也依赖于相对自主的主体来产生创新性，并且这些主体的创造性与知识自由是明确的管理目标"（Rankin，2010）。地方政府之所以积极争夺这部分劳动力，是因为他们对经济的贡献（O'Mara，2005）。

四、对郊区经济当代创造性和创新性的再发现

如果郊区创造性的某些方面已经被遗忘，那么有迹象表明，郊区经济的当代创造性和创新性正在被重新发现。

（一）高创造力城市区域的世界性郊区

当前由于城市化进程去中心化的本质而出现的"后郊区化"社区，与传统郊区相比，其世界性的民族构成也颇值得注意（Kling et al.，1995）。这本身就应该提醒我们这类"后郊区"有可能再现简·雅各布

斯提出的多样性城市化经济。当然，这种"强"版本富裕的世界性郊区及其对城市区域创造性贡献的例子可能不多。在美国，它们也是冷战科学（Cold War science）的产物，即彼时由于缺乏科学家，此类郊区吸纳了大量移民劳动力（O'Mara，2005）。

一个很好的例子就是美国华盛顿特区费尔法克斯县（Fairfax County）的远郊区。理查德·佛罗里达（Richard Florida，2005）有充分理由用这一例子来证明自己关于城市创造性的观点，因为该地区是美国教育水平最高的地区之一，也是人口最多元化的地区之一。其呈现出有趣的混合特征：部分是为华盛顿特区提供的宿舍；部分是低密度的高科技企业经济；与一个虽然人口众多但属于乡村的、发挥着一部分居住与工作双重功能的腹地相连。费尔法克斯县郊区的泰森斯角（Tysons Corner）是美国第 11 大就业集中地。然而，不能简单地将其当成毫无生气的郊区办公和零售就业。因为位于"互联网走廊"（从泰森斯角、雷斯顿和赫恩登到华盛顿杜勒斯机场的线性郊区地带）的低密度办公园区和研发机构自 20 世纪 60 年代以来就是连续几轮技术革命的前沿阵地（Ceruzzi，2008）。此外，这种企业经济在国家和国防合同资助的大量高科技企业的衍生和扩张方面具有连锁效应。尽管是冷战科学造就了郊区的"知识城"，但其对大都市和国家经济都作出了重大贡献（O'Mara，2005）。

此外，创造性不仅是上述那些富裕和世界性郊区的专属。创造性可以在被贬低的郊区化的飞地蓬勃发展，尽管这种发展可能是暂时的且在整体上显得不那么重要，这类郊区往往集聚了在经济和社会上被排斥的移民人群。弗朗索瓦·马斯佩罗（François Maspero，1994）在提到巴黎郊区生活的真实性时暗示了这一点：

他们都去了哪里？去了郊区。巴黎变成了一个商业大卖场和文化迪士尼乐园。如果巴黎已经空了，如果它只是一个鬼城，那不就意味着真正的中心现在"无处不在"了吗？

罗宾逊（Robinson，2006）此后详细阐述了这种情绪对经济创造性问题的一些影响，认为"由经济剥削和社会排斥塑造的贫民窟和乡镇的生活艰辛有时为音乐、舞蹈和时装提供了密集的创造性环境"。此外，地中海和拉丁美洲城市边缘化的郊区社区以城市的名义为当代民间社会提供了最有力的动员。这些动员聚焦于集体消费政治（Castells，1983）和城市权利（Holston，2001）。

（二）新时代中等收入人群的理想居住地

在许多国家，郊区代表了一种流行的大众生活方式选择，在某些情况下，郊区代表了城市区域最便利的住宅区，结合了安全、一定程度的开发密度、开放空间、优质教育资源等。这是郊区作为中等收入群体理想居住地常见的吸引力，凭借居民的职业工作，郊区可以在当地经济中产生重要的溢出效应。伦敦郊区的情况体现了这种效应。20 年来，伦敦市中心经济出现了某种程度的复兴，这与金融部门放松管制密切相关。自 21 世纪初以来，伦敦的郊区越发成为人们关注的焦点。伦敦的郊区是由原有村庄、机构、大房屋、庄园及其周边拼凑起来的，造成了与美国和澳大利亚郊区截然不同的村庄特征和身份，而伦敦的这种特征是其持续吸引力的核心（GLA，2002）。

因此，伦敦郊区从未像巴黎郊区那样拥有负面声誉，也没有像美国一些内郊区那样因选择性外迁和就业分散而遭受损失。相反，伦敦郊区保留了大部分吸引力，因此，城市复兴和郊区发展并不一定相互冲突（GLA，2002）。因此，根据最近的一份报告，伦敦及整个英格兰东南部的郊区不再是宿舍，在很多情况下，它们本身就是城市区域经济的驱动者，拥有高技能劳动力人口和知识驱动型经济的许多特征（Local Futures n. d.）。时任市长鲍里斯·约翰逊（Boris Johnson）的外伦敦委员会（Outer London Commission）也指出，生活质量和便利设施（包括花园、公园、运动场等半公共领域）对于塑造和保护郊区经济至关重要，并提出为支持居家工作的小型企业在郊区建立文化区和基础设施的可能性（Outer London Commission，2010）。

随着就业和生产组织的性质和逻辑向更小的企业规模转变，大城市的高便利性郊区成为新工作模式的场所，这些工作模式或是居家或是流动，只偶尔在固定的单一工作场所，如办公室或工厂。从某种意义上说，便利设施驱动了增长，由于这些高便利性的郊区在政治上对新的住房和就业用地增长是封闭的，因此，对于当地的经济增长体现高价值或新产品服务至少存在一些压力。在这些郊区，我们看到了包括市区郊区间通勤在内的中等收入群体核心家庭生活的理想居住地，开始被重构为一种基于地理扩展以及复杂人际与职业网络的形态（Mace，2010）。正如诺斯提瓦（Gornostaeva，2008）所指出的："由于住宅邻近学校、健康手术、商店和公园等高质量的服务，在伦敦远近郊区舒适的家中经营企业已成为当代城市商业文化的一个突出特征。"

随着电影、电视和视频制作等创意产业的发展，行业本身变得更加复杂，行业内部的专业化程度愈加加深，导致了更为复杂的区位模式。正如诺斯提瓦（2008）对伦敦的跟踪研究所发现的，这一过程包含了郊区积极的和负面的去中心化。其包括向伦敦外郊的去中心化——微型企业迁移到不那么城市化和可达性较低的伦敦外郊，这种现象从聚集理论的角度来看是反直觉的。在这种情况下，作为跨地域、有时是国际性的个人和商业网络节点的家庭住所就变得重要了。

（三）被延伸的郊区经济：高可达性的城市乡村地区

在上面的讨论中，我已经提示了一些可以被视为低密度郊区的广阔区域。这些包括可通达主要城市及其郊区的乡村地区——由小镇和村庄组成的远郊区。在许多国家的大城市周围，都可以找到这样的职住结合的广阔地区。这些地区的就业增长通常优于正在经历"逆城市化"的国家（如英国和美国）的中心城市或整个大都市区（Keeble & Tyler，1995；Renski，2009）。此外，有证据表明，位于高可达性乡村定居地的新企业成立率和创新率会更高（Keeble & Tyler，1995）。同样，在对美国新企业进入模式的研究中，伦斯基（Renski，2009）发现，在制造业和先进服务（包括高科技的部分）领域，大都市的郊区才是新企业的主要诞生地。

尽管人们常从地方本身来寻找这些地区成功的原因，但以此方式崛起的高可达性乡村经济，大概率代表了企业家选择性迁移的某种复杂组合。与之相伴的发展方式还可以是该类地区从大城市中心的外部经济"借用规模"或是从其中获益（Phelps et al.，2001）。远郊区扩张的腹地在某种程度上是前文对伦敦郊区讨论中所述情况的延伸，这是一个复杂的领域。毫无疑问，其人口中的一部分是由那些在大都市区有工作但无法负担在那里生活的人。另一部分想必包括那些在大都市和远郊区之间通勤的社会富裕阶层。与市区一样，郊区的贫富差距可能很大，但对于从一个低经济基础水平发展而来的远郊区经济而言，贫困群体其财富的增加作用是确定无疑的。

杜兰顿（Duranton，1999）认为，行业协会构成了工业化以前城市集聚区的关键组织机构，而土地市场则在工业时代支配着经济活动的空间集聚和组织，个人和企业网络塑造了当代的集聚实例。尽管现如今城市中的集聚区变得如此分散，以至于"集聚"一词的使用也令人怀疑了。可以说，我们从郊区向这些可达的农村地区扩张过程中看到的某种方式是，个人和企业网络在很大程度上塑造了这些扩张的城市区域，而这些城市区域由其中居民点复杂的功能性专业化模式组成。

五、郊区化的国家经济：对经济民生
至关重要的澳大利亚大都市郊区

澳大利亚有时被描述为第一个郊区化的国家，这体现出郊区在其人口和就业数量方面的重要性。然而，即使是这个第一个郊区化国家的郊区也被"理解得不够透彻，其活力常常未被重视"（Gleeson，2002）。

确实，科利斯等（Collis et al.，2010）认为，未能正确考虑郊区的经济潜力将导致"忽视澳大利亚创造性产业的一个完整组成部分，并误解这些产业的性质"。因此，毫不奇怪，一些关于郊区创造性的最佳证据都来自澳大利亚。

在对悉尼大都市区创造性产业就业变化模式的综合分析中，吉布森和布伦南－霍利（Gibson & Brennan－Horley，2006）描绘了悉尼创造性的不规则地理特征：作为创造性产业就业地的某些远郊或乡村地区，其就业增长率较高。他们继而指出了郊区创造性产业增长的多重原因，包括远郊区更快的人口增长以及经济规模扩张、由大都市区住宅价格通胀导致的产业工人成本压力，以及就业岗位在郊区内的位置变化。

关于澳大利亚郊区创造性经济的研究强调了杜兰顿（Duranton，1999）所提出的观点，即集聚过程中的组织机构是个人和职业网络。因此，科利斯等（Collis et al.，2010）的研究表明，远郊区创造性产业的职业网络模式是多尺度的，不仅包括地方，还涵盖国家和国际。布伦南－霍利（Brennan－Horley，2010）对澳大利亚北领地的首府达尔文市进行了分析，该地创造性职业的多地点特性显示出一种复杂的拓扑结构，包括郊区与中央商务区（CBD）及郊区之间的显著互动。同样重要的是，来自悉尼远郊地区的一些证据表明，这种个人和职业网络以及知识密集型服务投入可以在远郊环境中高度的本地化（Martinez－Fernandez & Potts，2006）。

六、结　　论

仅仅专注于寻找和推广具有鲜明城市特色的创造性阶层或产业似乎并无帮助，而且可能潜在扭曲了学术界和政策制定者对当代社会各种创新形式更多研究议程的应有关注。创造性和创新性主要是由精英阶层通过理论主张来定义的，这些主张反映了他们对自身社会价值的想象。学术与政策讨论中的城市优先可能只是"抨击郊区"的最新表现形式；尽管精英阶层定义了由郊区和创造性产业这两个类别组成的强大混合体，然而这可能造成双重误导。

在这里，试图通过一系列例子概括出郊区经济质量不断演变的复杂性。并不想简单地反转城郊二元性，而是希望将郊区经济的多样性（无论是创新的还是不那么有创新的）置于一个更大、更复杂且持续演变和扩展的都市经济背景当中。例如，许多美国的郊区显然经历过并仍在经历显著而多样的经济衰退。在郊区经济表现得更为积极的地方，政策干预仍然需要根据各地不同的创新过程量身定制（Martinez – Fernandez & Potts，2006）。

如果许多国家现在包含由专业交易场所构成的大都市区域经济，那么我们也可以想象各种创造性的郊区经济。后者可以是以居家为中心的高便利性郊区小微企业经济，也可以是郊区大企业研发园区经济。在其他地方，我们看到大都市内的市场型城镇和村庄经济，甚至是由社会住房和贫民窟组成的边缘化郊区蓬勃发展的创造性经济。每一个例子本身都可能成为关于郊区过去与未来创造性的研究议程。然而，对于上述的每种例子，仍缺乏深入的调查研究。如果我们希望更好地理解和支持世界城市的经济福祉，那么郊区创造性与创新性这一研究话题将是学术界和政策制定者无法规避的。

参考文献

［1］ Bairoch P. Cities and Economic Development：From the Dawn of History to the Present ［M］. London：Mansell，1988.

［2］ Bogart WT. Don't Call it Sprawl：Metropolitan Structure in the Twenty-first Century ［M］. Cambridge：Cambridge University Press，2006.

［3］ Brennan – Horley C. Multiple work sites and city-wide networks：a topological approach to understanding creative work ［J］. Australian Geographer，2010（41）：39 – 56.

［4］ Castells M. The City and the Grass Roots ［M］. London： Edward Arnold， 1983. Ceruzzi P. Internet Alley： High Technology in Tysons Corner， 1945 – 2005 ［M］. Cambridge， MA： MIT Press， 2008.

［5］ Collis C， Felton E and Graham P. Beyond the inner city： real and imagined places in creative place policy and practice ［J］. The Informational Society， 2010 （26）： 104 – 112.

［6］ Cotton I. In defence of Croydon man ［J］. London Evening Standard， 1991， 22 May， p. 19.

［7］ Crowther L. Et in suburbia ego： a cultural geography of craft in the London suburbs ［J］. Journal of Modern Craft， 2010 （3）： 143 – 160.

［8］ Daniels P. New offices in the suburbs. In： Johnson JH （ed.） Suburban Growth： Geographical Processes at the Edge of the Western City ［M］. London： John Wiley， 1974： 177 – 200.

［9］ Dowling R. Suburban stories， gendered lives： thinking through difference. In： Fincher R and Jacobs JM （eds） Cities of Difference ［M］. New York： Guilford， 1998： 105 – 122.

［10］ Duranton G. Distance， land and proximity： economic analysis and the evolution of cities ［J］. Environment and Planning， 1999 （31）： 2169 – 2188.

［11］ Florida R. Cities and the Creative Class ［M］. London： Routledge， 2005.

［12］ Garreau J. Edge City： Life on the New Frontier ［M］. New York： Doubleday， 1991.

［13］ Gibson C and Brennan – Horley C. Goodbye Pram City： beyond inner/outer zone binaries in creative city research ［J］. Urban Policy and Research， 2006 （24）： 455 – 471.

［14］ GLA. A City of Villages： Promoting a Sustainable Future for London's Suburbs ［M］. London： Greater London Authority， 2002.

［15］ Gleeson B. Australia's suburbs： aspiration and exclusion ［J］.

Urban Policy and Research, 2002, 20 (3): 229 - 232.

[16] Gornostaeva G. The film and television industry in London's sub-urbs: lifestyle of the rich or 'losers' retreat [J]. Creative Industries Journal, 2008 (1): 47 - 71.

[17] Hall PG. The Industries of London Since 1861 [M]. London: Hutchinson, 1962.

[18] Hall P, Breheny M, McQuaid R and Hart D. Western Sunrise: The Genesis and Growth of Britain's Major High-tech Corridor [M]. London: Allen and Unwin, 1987.

[19] Harris R and Larkham P. Suburban foundation, form and func-tion. In: Harris R and Larkham P (eds) Changing Suburbs: Foundation, Form and Function [M]. London: Routledge, 1999: 1 - 31.

[20] Harvey D. The Urbanisation of Capital [M]. Oxford: Blackwell, 1985. Holston J. Urban citizenship and globalization. In: Scott AJ (ed.) Global City-regions: Trends, Theory, Policy [M]. Oxford: Oxford Univer-sity Press, 2001: 325 - 348.

[21] Jacobs J. The Economy of Cities [M]. London: Jonathan Cape. Jacobs J. Cities and Wealth of Nations [M]. New York: Random House, 1984.

[22] Kaiser D. The postwar suburbanisation of American physics [J]. American Quarterly, 2004 (56): 851 - 888.

[23] Keeble DE. Local industrial linkage and manufacturing growth in outer London [J]. Town Planning Review, 1969 (40): 163 - 188.

[24] Keeble DE and Tyler P. Enterprising behaviour and the urban-rural shift [J]. Urban Studies, 1995 (32): 975 - 997.

[25] Kling R, Olin S and Poster M. The emergence of postsuburbia: an introduction. In: Kling R, Olin S and Poster M (eds) Postsuburban Califor-nia: The Transformation of Orange County Since World War Two [M]. Berkeley, CA: University of California Press, 1995: 1 - 30.

［26］ Lang R and Knox P. The new metropolis: rethinking megalopolis ［J］. Regional Studies, 2009 (43): 789 - 802. Local Futures (n. d.) State of the Suburbs: An Economic, Social and Environmental Analysis of the English Suburbs ［M］. London: Local Futures.

［27］ McKeever R. Business parks, office parks, plazas and centers: a study of development practices and procedures ［J］. Urban Land Institute Technical Bulletin, 1970: 65.

［28］ Mace A. London's inter-war suburbs: belonging in a mega-city region ［J］. Unpublished PhD, Department of Geography, King's College London, 2010.

［29］ Martinez - Fernandez C and Potts T. Innovation at the edges of the metropolis: an analysis of innovation drivers in Sydney's peripheral suburbs ［J］. Housing Policy Debate, 2006 (19): 553 - 572.

［30］ Maspero F. Roissy Express: Journey through the Paris Suburbs ［M］. London: Verso, 1994.

［31］ Muller PO. The Outer City ［M］. Englewood Cliffs, NJ: Prentice Hall, 1982.

［32］ O'Mara MP. Cities of Knowledge: Cold War Science and the Search for the Next Silicon Valley ［M］. Princeton, N. J. : Princeton University Press, 2005.

［33］ Outer London Commission. The Mayor's Outer London Commission: Report ［M］. London: Greater London Authority, 2010.

［34］ Parr J B. Missing elements in the analysis of agglomeration economies ［J］. International Regional Science Review, 2002 (5): 151 - 168.

［35］ Phelps NA. Clusters, dispersion and the spaces in between: for an economic geography of the banal ［J］. Urban Studies, 2004, 41 (5/6): 971 - 989.

［36］ Phelps NA. Suburbs for nations? Some interdisciplinary connections on the suburban economy [J]. Cities, 2010, 27 (2): 68 – 76.

[37] Phelps NA, Fallon R and Williams C. Small firms, borrowed size and the urban rural shift [J]. Regional Studies, 2001, 35 (7): 613 – 624.

[38] Phelps NA and Ozawa T. Contrasts in agglomeration: proto-industrial, industrial and post-industrial forms compared [J]. Progress in Human Geography, 2003, 27 (5): 583 – 604.

[39] Phelps NA, Parsons N, Ballas D and Dowling A. Post-suburban Europe: Planning and Politics at the Margins of Europe's Capital Cities [M]. Basingstoke: Palgrave Macmillan, 2006.

[40] Powell D. Out West: Perceptions of Sydney's Western Suburbs [M]. London: Allen and Unwin, 1993. Rankin WJ. The epistemology of the suburbs: knowledge, production and corporate laboratory design [J]. Critical Inquiry, 2010 (36): 771 – 806.

[41] Renski H. New firm entry, survival and growth in the United States: a comparison of urban, suburban and rural areas [J]. Journal of the American Planning Association, 2009 (75): 60 – 77.

[42] Robinson J. Ordinary Cities: Between Modernity and Development [M]. London: Routledge, 2006.

[43] Scott AJ. Locational patterns and dynamics of industrial activity in the modern metropolis [J]. Urban Studies, 1982 (19): 111 – 141.

[44] Scott AJ. Capitalism, cities and the production of symbolic forms [J]. Transactions of the Institute of British Geographers, 2001 (26): 11 – 23.

[45] Teaford J. Post-suburbia: Government and Politics in the Edge Cities [M]. Baltimore. MD: Johns Hopkins University Press, 1997.

[46] Walker R and Lewis J. Beyond the crabgrass frontier: industry and the spread of North American cities, 1850 – 1950 [J]. Journal of Historical Geography, 2001 (27): 3 – 19.

The Sub-creative Economy of the Suburbs in Question

Author：**Nicholas A. Phelps**[1,2]

Translators：**Wang Xiangyu**[3]，**Wu Kangmin**[4]

（1. Faculty of Architecture, Building and Planning, University of Melbourne,
Parkville, Melbourne 3010, Australia;

2. University College London, London WC1H 0NN, United Kingdom;

3. Regional Development Institute, Guangzhou Academy of Social Sciences,
Guangzhou 510410, China;

4. Guangzhou Institute of Geography, Guangdong Academy of Sciences,
Guangzhou, 510070, China）

Abstract：This article questions the sub-creative label all too frequently attached to suburbs. Simple distinctions between the economy of cities and suburbs are increasingly untenable in the enlarged and functionally complex urban regions that now exist in many, not just developed nations. By way of illustrative examples the article highlights evidence of the inventive or creative character of suburban economies both historically and today. These illustrations are suggestive of a variety of creative suburban economies that might each be a research agenda in itself. Future academic and policy interest will have to address the topic of suburban creativity if our economic well-being is to be better understood and supported.

Key Words：creativity; external economies; innovation; suburbs; world city

国外城市交通发展模式
对中国城市的启示[*]

——以广州为例

谢泽斌[1,2]　张海霞[1,2][**]

（1. 广州市交通规划研究院有限公司，广州 510030；

2. 广东省可持续交通工程技术研究中心，广州 510030）

摘要： 分析伦敦、新加坡、纽约三个世界城市现状及未来交通发展模式和发展策略，总结得到绿色交通、差异化发展、通勤效率提升、安全低碳发展等是当前世界城市交通发展普遍的关注方向。通过分析广州的城市交通出行特点，充分结合国外城市的先进理念，建议广州市明确以绿色交通为发展目标、分圈层差别化发展、通过空间配置引导出行方式、明确以轨道交通为主体的公交优先发展策略等四个方面完善交通发展模式，指导城市交通基础设施的改造和提升。

关键词： 国外城市；广州；交通模式；绿色出行；经验借鉴

一、前　　言

交通模式是指城市客运交通系统中不同出行方式所承担交通量的

　＊ 基金项目：广州市交通规划研究院有限公司科技基金项目（KYHT－2025－02）。

＊＊ 作者简介：谢泽斌（1983—），男，工程师，研究方向为城市交通规划；

　张海霞（1978—），女，正高级工程师，研究方向为综合交通、停车规划。

比例关系，在国际上通常由出行方式结构来度量，它反映了各种出行方式在一个城市交通系统中的功能与地位，是判断城市交通发展状态的重要概念。城市交通模式是综合性和系统化问题，明确城市交通发展模式就是明确城市交通中各类交通工具的功能定位、协同关系、交通资源配置原则等，为交通政策的制定和各类交通基础设施的建设和改造提供基础。

经历了快速城镇化发展，广州市人口规模和空间快速扩张，交通需求不断增长。2023年全市小客车拥有量为320.3万辆，与上一年相比增加29.5万辆，千人小客车拥有量为170辆，在新能源车的政策刺激下回归到迅速上涨态势，小汽车出行比例持续增长，2023年占全方式比重的26.8%。核心区晚高峰干道车速22.8千米/小时，同比下降1.4千米/小时，交通拥堵重新成为公众关注焦点[1]。尽管公共交通运力的不断增加，常规公交竞争力持续下降，2023年市域公共交通（包括轨道交通、常规公交）占全方式的出行比例从2019年的最高值（24.1%）下降至16.8%。步行占全方式出行比例为28.3%，是第一大出行方式。小汽车出行占比27%，略低于步行，近三年来稳中有升，在全方式出行结构中稳居第二位。非机动车出现私人自行车、互联网租赁自行车、电动自行车等多种形式，出行占比达到19.9%，全市电动自行车出行量为685万人次/日，相比2019年增长72%，成为全市第三大交通出行方式，但是电动自行车带来的交通安全问题严重影响了其他交通方式的出行体验。

总体来看，广州市交通出行结构面临着非机动车灵活性与安全性的矛盾、公共交通设施增加投入与客流量减少的矛盾、小汽车保有量增加与道路承载力有限的矛盾，究其原因，从顶层设计角度没有明确的交通模式发展目标，各种交通工具的政策导向缺乏系统性考虑，各交通方式有待进一步协调。本文借鉴伦敦、新加坡、纽约三个城市交通模式，提出广州市交通发展模式的优化方向。

二、国外先进城市经验

（一）伦敦：倡导健康出行，引导小汽车向步行、自行车转移

1. 交通模式发展目标

伦敦位于英格兰东南部，是英国首都，政治、经济和文化中心，也是世界第一大国际金融中心、全球领先的世界级城市。2023 年，伦敦市人口约 895 万人，面积达 1577 平方千米，由中央活动区、内伦敦和外伦敦组成。2019 年，伦敦公共交通方式（包括轨道交通、常规公交）在全方式出行中占比为 35.8%，小汽车出行比重为 36.8%，步行和自行车比重为 27.4%，呈现以公共交通为主导的模式[2]。根据《2018 年伦敦市长交通战略》（Mayor's Transport Strategy 2018）[3]，2041 年伦敦市人口将增长到 1080 万人，出行量达到日均 3300 万人次。面对持续增长的交通压力，伦敦以"健康街道战略"为核心理念，倡导市民积极出行，减少对小汽车依赖，引导交通出行向更健康、更高效的绿色出行方式转变。到 2041 年，引导 80% 的出行以积极、高效和可持续的方式（公共交通、步行和自行车）为主，公共交通的分担率将从目前的 35% 增加到 40%~50%。

为实现交通战略目标，伦敦将依据各圈层城市交通特征采用不同的交通模式与交通措施，具体如下：

中央活动区：为步行、自行车提供更佳的出行环境。中央活动区面积为 33 平方千米，公共交通基础最优。伦敦市计划将中央活动区的绿色出行比例提升至 95%，为行人、自行车提供更多、更适宜的出行空间。同时，通过拥堵收费及 20 英里/小时的限速等规定稳步减少小汽车

的使用，将其出行比例控制在 5%。

内伦敦：倡导公交出行。内伦敦的面积为 303 平方千米，具有典型的小街区、窄马路、密路网特征，路网密度达 9.8 千米/平方千米，轨道线网密度为 0.75 千米/平方千米，轨道站点对居住区 500 米覆盖半径达到 95%，同时存在严重的交通拥堵、空气污染等问题，用地空间比较有限。内伦敦的绿色出行比例计划提升至 90%。大力倡导公交车出行，提升公交服务的质量，提高公交行车速度，保障公交优先权，增加公交对出行者的吸引力，进一步减少小汽车使用，并控制小汽车的出行比例至 10%。

外伦敦：鼓励非机动化交通与公共交通出行。外伦敦的面积为 1236 平方千米，小汽车产生的噪声与环境污染严重影响居民的生活质量。外伦敦的绿色出行比例将提升至 75%。鼓励短距离出行者采用步行与骑行的出行方式，鼓励中距离出行乘坐（定制）公交，长距离出行鼓励使用轨道交通，并降低对小汽车的依赖，将其出行比例控制在 25%。

2. 交通发展策略

根据《2018 年伦敦市长交通战略》（Mayor's Transport Strategy 2018），伦敦市的交通发展策略主要集中在改善慢行环境、优化公共交通服务、强化交通引导城市发展等方面。

（1）改善慢行环境。倡导对市民健康有益的步行、骑行与公共交通这类积极出行，改善慢行交通环境，打造"宜居街区"、规划"健康路线"。建设覆盖伦敦的自行车网络和更安全便捷的自行车停放点，实现市民每天 20 分钟的"活力出行"，培养居民对步行与非机动车的依赖。

（2）优化公共交通服务。实施优质公交策略，通过推广无接触式支付，提高公交站点可达性与包容性，优化公交线网提高公交路权。新建贯穿城市的城铁 Cross rail1、Crossrail 2 线路，改善轨道线网，以提供良好的公共交通体验。如 Crossrail 1 建成后外伦敦进入中央活动区的运力提高 10%，全市轨道网络运力提高 10%，实现外伦敦—中央活动区 45 分钟通勤，同时实现希斯罗机场进入市中心的时间由 1 小时缩短至半小时。

（3）强化交通引导城市发展。将交通发展与城市用地结合，在公交便利的轨道站点周边建设高密度的混合用地社区，释放城市欠发达地区的岗位与住房潜力。

（4）促进低碳出行。引导低碳出行，创建"宜居街区"，进行安全街道改造，加大自行车网络覆盖，鼓励步行和骑行，促进车辆电气化，征收低排放区费，支持超低和零排放技术，争取在 2050 年实现伦敦交通网络零排放。

（二）新加坡：建设少车城市，引导小汽车向步行、自行车和公共交通转移

1. 交通模式发展目标

新加坡位于马来半岛南端，是国际贸易中心和航运中心，世界重要的金融中心，全球领先的世界级城市。2023 年新加坡人口为 592 万人，面积为 733 平方千米，由多组团构成，整体呈现沿交通走廊分布的指状城市空间结构。2016 年新加坡全方式出行结构中，公共交通方式（包括轨道交通、常规公交）出行比重为 53%，小汽车出行比重为 33%，步行与非机动车出行比重为 14%。

根据《新加坡 2040 陆路交通发展规划》（Land Transport Master Plan 2040)[4]，新加坡受国土面积较小的制约，道路交通发展的潜力较小。为满足中老年人口出行服务需求与年轻人的多样化出行服务需求，新加坡以"少车城市"为核心理念，提出"打造 20 分钟市镇、45 分钟城市""具有包容性的交通系统""健康生活、安全出行"的三大核心愿景。其中，"20 分钟市镇"是指采用绿色交通到邻里中心的生活出行时间控制在 20 分钟之内，"45 分钟城市"是指采用绿色交通的高峰通勤时间控制在 45 分钟以内。提出了 2040 年高峰时段的步行、骑行与公共交通的出行比重达到 90% 的发展目标。

2. 交通发展策略

为达成以上目标，新加坡制定了一系列引导政策。

（1）引导"走、骑、搭"的交通出行方式。促进职住临近，到2040年将有更多就业中心在CBD区域之外。拓展骑行网，到2040年建成1000千米的骑行道。拓展轨道线网，延长既有线服务新区域，新建地铁线，北部地区通勤人员去往市中心的时耗将缩短至40分钟，提升公交运行速度，推行公交优先道，继续推进南北走廊的公交优先道建设，为公交通勤者带来10~15分钟的出行时间节约。将更多街道用于公共运输、积极出行及社区使用。到2040年增设150千米有盖步道，建设更多地下连接空间。

（2）具有包容性的交通系统。打造能够满足所有国民需求的交通系统，提供优雅包容的乘车体验。改造无障碍设施，建设公共交通的优先候车处、优先车厢、天桥电梯等。采用科技赋能，在公交车上安装乘客信息展示系统，提供实时到站信息；推出辅助视障和特需者的手机应用程序MAVIS，通过语音播报协助视障和特需者上下车。

（3）建设绿色、安全交通。使用更环保的交通工具，到2040年，公交车、计程车、私召车全部转为电力和混合动力车清洁能源车辆。降低陆路交通死亡率，创建更安全的出行环境。加强民众对于安全出行的意识教育，划定自行车专用道、完善路面标识、加装减速带。利用科技力量，在公交车上安装撞击预警系统，提高出行安全。

（三）纽约：坚持可持续出行，引导小汽车出行向自行车、公共交通转移

1. 交通模式发展目标

纽约是全球经济、金融、商业、贸易、文化和传媒中心。2023年纽

约市人口数量为 826 万人，面积为 1214 平方千米。2015 年纽约全方式交通出行中，公共交通方式（包括轨道交通、常规公交）出行比重为 28%，小汽车出行比重为 33%，骑行为 1%，步行为 38%，公共交通与小汽车基本相当，呈现公共交通与小汽车并重的模式[5]。

由于城市出行量、道路交通量的不断增长，纽约市的交通污染和交通拥堵问题逐年严重，已持续多年。在 One NYC 2050[5] 交通专题中，以"可持续出行"为核心理念，提出将纽约打造为出行更加安全、可靠、可持续的先进城市，提出至 2050 年，市域全方式绿色出行占比将达到 80%，其中步行为 38%，骑行为 10%，公共交通为 32%，小汽车大幅压缩至 20%，形成"可持续出行"方式占主导地位的交通出行模式。

2. 交通发展策略

纽约市提出迫切需要投资和更好地管理长期以来被忽视的可持续交通方式，如步行、自行车和公共交通，保障纽约市街道安全和可达，打造现代化的公共交通网络，减少拥堵和排放，并鼓励全市交通能源向可持续燃料过渡。

（1）打造现代化的公共交通网络。对地铁系统进行全面现代化与无障碍设施的升级改造以提高地铁的可负担性与可达性。优化城市道路，重组公交网络，提高地面公交运行效率，平均每年增加 10~15 英里公交专用道。在郊区增设连接曼哈顿的轮渡线，以减少公交系统拥堵并缩短通勤时间，强化曼哈顿的对外联系能力。新增横穿中城通勤铁路，增加区域交通连通性与容量，新增宾州火车站东部通道，增加联系东部通勤运量 15 万人次/天。

（2）保障街道安全和高可达性。实施道路事故"零愿景"计划以保障街道安全。到 2050 年，将交通意外死亡降至 0。在高伤亡的街区采用稳静化交通策略，设计受保护的自行车道，减少交通事故发生。安全化改造危险干道，增设自行车道、安全岛等安全要素。改善步行与骑行环境。添加独立的行人过街信号，划设步行街和无车街区以鼓励步行，拓展安全骑行网络，扩建绿道，引导市民采用步行与骑行出行。

（3）减少拥堵和排放。减少小汽车使用。实施拥堵收费，减少高峰时段路内停车泊位供应。暂停发放网约车许可证，遏制网约车发展，减少对小汽车的依赖。到 2050 年，减少 70% 的碳排放。完善全市充电基础设施网络，鼓励使用电动车；减少货车碳排放，试点绿色装载区，为零排放车辆提供装卸货物的空间；划设并分阶段扩张低排放区域，在此区域内零排放车辆将具有专用的车道。

（四）小结

城市交通模式的形成，是城市与市民共同选择的结果。根据城市经济、人口、空间、产业等因素的差异，伦敦、新加坡、纽约目前都发展出了与自身特点相适应的城市交通发展模式。尽管存在差异，但在城市愈加拥挤、全球气候问题愈加严峻、市民出行品质得到重视的共同背景下，各城市的交通发展模式存在一些共性。从对伦敦、新加坡、纽约三座城市的交通发展模式分析中，得到以下经验。

（1）均提出了"绿色出行"的发展目标。伦敦、新加坡、纽约均明确提出了"降低对小汽车出行依赖，倡导积极、绿色、可持续的出行方式"的理念。其中，伦敦、纽约的市域积极、绿色、可持续出行比例将提升至 80%，新加坡将提升至 90%，均高于我国《城市综合交通体系规划标准》中绿色出行占比达到 75% 的要求[6]。

（2）提出分区差异化的发展策略。伦敦采用了分区发展的策略。中央活动区提倡步行、骑行，内伦敦提倡公交出行；外伦敦提倡非机动化交通和公共交通出行。在中央活动区内严格将小汽车出行比例控制在 5%，并提出拥堵收费等配套措施。

（3）以提高通勤效率为目的、完善公共交通网络。伦敦、新加坡均重视居民通勤出行的时效性。其中，伦敦通过新建 Crossrail 1 实现外伦敦—中央活力区 45 分钟通勤，新加坡提出采用绿色交通的高峰通勤时间控制在 45 分钟以内。

（4）安全、低碳的发展策略。从安全、低碳的角度，将小汽车通行空间向步行、自行车通行空间转移。小汽车的使用增加限速、限燃料、限区域通行等诸多"不便利"条件，降低小汽车出行比例。

三、对广州的启示

（一）明确绿色、低碳、健康的交通发展目标

受新能源政策、经济环境、信息技术、韧性发展需求等多种因素影响，居民出行倾向于选择个体化、经济性的交通方式，近几年出行方式结构发生较大转变，全市绿色出行比例为 65.0%，中心城区绿色出行比例为 75%[1]，虽然基本满足国内相关规范要求，但对标国际城市，仍有较大提升空间。交通是城市碳排放三大重要领域之一，因此，从低碳城市建设的要求下，要引导步行和非机动车、公共交通等零碳排放或者低碳排放的交通方式。另外，伦敦和新加坡也提出了鼓励积极出行的理念，即从健康的角度，引导出行采用步行或者骑行等方式，既达到了出行目的也起到了锻炼身体的效果，在这种理念下，也给交通基础设施提出了更高的要求。综上，交通模式是以城市可持续发展、居民身心健康为目标的交通系统治理目标，广州也应围绕绿色、低碳、健康的交通发展目标来引导各种交通工具、各类交通方式协调发展。

（二）提出差异化的交通发展模式

2023 年，广州市常住人口为 1882.70 万人，根据《广州市国土空间总体规划》（公示版）[7]，2035 年规划常住人口为 2000 万人，服务人口

在 2500 万人左右。因此，在未来仍面临着交通需求的进一步增长。同时，广州市人口和就业岗位密度呈现越来越大的差异化特征。第一圈层为高密度区，1.3% 的面积承载 15.5% 的人口和 20.8% 的岗位，居住人口与岗位人口相当；第二圈层呈现高密度轴线走廊并区域性扩散，基本形成连绵成片的发展地带，11.3% 的用地承载 38.8% 的人口和 36.7% 的岗位；第三圈层为组团式聚集特征，总体人口密度较低。从交通设施供给水平上看，中心城区与外围区的道路网络和公共交通服务差别明显。因此，各圈层呈现出差异化非常明显的交通方式结构。如图 1 所示。因此，应根据各圈层交通供需特点，因地制宜地选择不同的交通模式，对于公共交通服务条件最好的第一圈层，应严格控制小汽车的出行，进一步提升慢行比重，第二圈层应强化公共交通服务，也应引导慢行更好地发挥接驳作用。对于第三圈层，应加强轨道交通对于人口和就业岗位的覆盖，大幅提高轨道交通的出行占比。

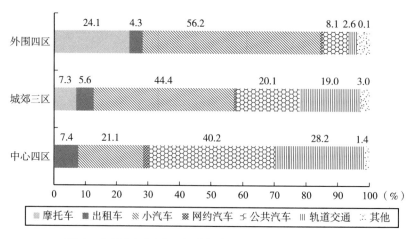

图 1　广州市不同地区机动化出行方式结构（2018 年）

（三）提出各类交通方式空间配置的优先度

当前，广州市在各种交通工具的资源配置上没有明确的原则。比如，广州市中心城区道路宽度相对较窄，老城区 7～10 米的道路居多，如果允许各类交通工具通行，势必会造成各类方式相互干扰，出行体验都不好。因此，应明确交通方式在区域和空间上的优先保障程度。如第一圈层步行交通基础好，可利用骑楼街、立体步行连廊、地下通道等构建全天候步行通道体系，引导第一圈层生活性道路的步行和骑行空间占比不低于50%，将步行出行优势进一步发挥出来。在公共交通欠发达的第三圈层，可鼓励自行车接驳公共交通的功能，给自行车更加舒适、安全的通行空间，并建立与轨道站点接驳的自行车网络。

（四）明确以轨道交通为主体的公交优先发展策略

广州应通过轨道交通建设覆盖城市主要通勤客流走廊，围绕轨道交通引导多种交通方式协同发展，以线串点、以点带面，支撑多中心、网络化城市空间结构的构建。引导常规公交功能定位转型，重点提供基础性、普惠性、公平性出行服务，优先保障客流走廊上常规公交的路权空间和行驶效率，提升公交的全过程出行体验。作为公共交通系统的重要组成部分，常规公交的发展应适应以轨道交通为主的出行模式，结合城市轨道交通建设进度，动态优化调整常规公交的线网及专用道，与轨道交通共筑城市公共交通系统。

四、结　　语

2021年，习近平总书记在第二届联合国全球可持续交通大会上提出要加快形成绿色低碳交通运输方式，鼓励引导绿色出行，让交通更加环保、出行更加低碳。[1] 在此背景下，制定合理的交通发展模式，明确城市交通发展方向。本文从现状交通模式、未来交通模式、交通发展策略

---

[1] 康柳江. 加快形成绿色低碳交通运输方式 [N/OL]. (2023 - 07 - 11). 央广网，https：//news. cnr. cn/dj/sz/20230711/t20230711_526324452. shtml.

三个方面梳理国外先进城市伦敦、新加坡、纽约的交通发展经验，结合现状出行结构特征，提出应明确低碳、绿色、健康的交通模式发展目标，分区差异化发展，明确各类交通方式空间配置优先级，明确以轨道交通为主体的公交发展策略四方面建议，提升居民出行幸福感，实现城市可持续发展。

参考文献

［1］广州市规划和自然资源局，广州市交通规划研究院有限公司. 2023广州市交通发展年度报告［R］. 广州：广州市规划和自然资源局，2024.

［2］Transport for London. Delivering the Mayor's transport strategy 2020/21［EB/OL］. ［2024 - 09 - 19］. https：//content. tfl. gov. uk/the - mayors - transport - strategy - update - 2020 - 21 - acc. pdf.

［3］Greater London Authority. Mayor's transport strategy［EB/OL］. ［2024 - 07 - 10］. https：//www. london. gov. uk/sites/default/files/mayors - transport - strategy - 2018. pdf.

［4］Land Transport Authority. Land transport master plan 2040［EB/OL］. ［2024 - 07 - 10］. https：//www. lta. gov. sg/content/dam/ltagov/who_we_are/our_work/land_transport_master_plan_2040/pdf/LTA_LMTP2040_Brochure_English. pdf.

［5］New York City Government. OneNYC 2050［EB/OL］. （2019 - 04 - 01）［2024 - 07 - 10］. https：//climate. cityofnewyork. us/wp - content/uploads/2022/10/OneNYC - 2050 - Summary. pdf.

［6］中华人民共和国住房和城乡建设部. 城市综合交通体系规划标准 GB/T 51328 - 2018［M］. 北京：中国建筑工业出版社，2018.

［7］广州市人民政府.《广州市国土空间总体规划（2018—2035年）》草案公示［EB/OL］. （2019 - 06 - 13）［2024 - 07 - 11］. https：//ghzyj. gz. gov. cn/zwgk/ztzl/gtkjgh/gzxx/content/post_6484475. html.

Lessons from Foreign Urban Transportation Development Models for Chinese Cities: A Case Study of Guangzhou

Xie Zebin, Zhang Haixia

(1. Guangzhou Transport Planning Research Institute Co., Ltd.,
Guangzhou 510030;

2. Guangdong Sustainable Transportation Engineering Technology
Research Center, Guangzhou 510030)

Abstract: This paper focuses on analyzing the current transportation mode, future transportation mode and transportation development strategy of 3 foreign benchmark cities, including London, Singapore and New York, and summarize the excellent experience. Combined with the experience of foreign benchmark cities and the development characteristics of Guangzhou, this paper proposes the goal of Guangzhou's traffic development mode, and suggests to create a rail-led central activities zone, public-transport-led central city, eastern center and Nansha new area which develop balanced. Moreover, this paper puts forward 3 crucial development directions: giving priority to the creation of pedestrian space, developing rail transit actively, and protecting the right of conventional buses. Specific strategies for each area are given according to the above directions.

Key Words: foreign cities; Guangzhou; transportation mode; green commuting; experience